新型智慧城市

理论研究与深圳实践

蒋威威 李存国 赵迎迎 等 / 编著

中国发展出版社
CHINA DEVELOPMENT PRESS

图书在版编目（CIP）数据

新型智慧城市理论研究与深圳实践 / 蒋威威等编著 . —北京：中国发展出版社 , 2021.10

ISBN 978-7-5177-1177-3

Ⅰ . ①新… Ⅱ . ①蒋… Ⅲ . ①现代化城市—城市建设—研究—深圳 Ⅳ . ① F299.276.53

中国版本图书馆 CIP 数据核字（2021）第 021871 号

书　　名： 新型智慧城市理论研究与深圳实践
著作责任者： 蒋威威 李存国 赵迎迎 等
出 版 发 行： 中国发展出版社
联 系 地 址： 北京经济技术开发区荣华中路 22 号亦城财富中心 1 号楼 8 层（100176）
标 准 书 号： ISBN 978-7-5177-1177-3
经　销　者： 各地新华书店
印　刷　者： 北京市密东印刷有限公司
开　　本： 710mm × 1000mm　1/16
印　　张： 23.75
字　　数： 300 千字
版　　次： 2021 年 10 月第 1 版
印　　次： 2021 年 10 月第 1 次印刷
定　　价： 78.00 元

联 系 电 话：（010）68990642　68990692
购 书 热 线：（010）68990682　68990686
网 络 订 购： http://zgfzcbs. tmall. com
网 购 电 话：（010）68990639　88333349
本 社 网 址： http://www.develpress. com
电 子 邮 件： fazhanreader@163.com

主　　编：蒋威威　李存国
执行主编：赵迎迎
编写组成员：耿雅楠　陈相宇　吴洪亮　刘晓静　李　赛
曾宪坤　杨雅莹　严　淦　姚　平　胡　帅
黄　亮　马志军　梅　丽　董睿博

序　言

城市是人类文明的结晶和文化传承的载体，是现代人类智慧的集中体现。内为之城，日中为市。从最初的聚居地交易场到如今的现代化大都市，“城市，让生活更美好”的主题从未改变。治理好城市，不仅事关中央提出的国家治理体系和治理能力现代化的进程，而且关系到广大人民的生活品质。

改革开放以来，我国经济社会迅猛发展，城市迎来大发展，城市面貌日新月异。根据世界城镇化发展规律，中国城镇化发展到了一个转型的必然阶段，从过去靠体力空间转移的城镇化阶段进入了靠智力创新的发展阶段。当前和今后一个时期仍然是我国城镇化的快速发展期，同时也可能是人口增长、环境污染、交通拥堵等各类“城市病”的集中爆发期。随着“创新、协调、绿色、开放、共享”发展理念的不断深入，以及网络强国战略、国家大数据战略、“互联网+”行动计划的实施和“数字中国”建设的不断发展，城市发展被赋予新的内涵，也对我们提出了新的要求。建设新型智慧城市是破解城市发展难题、继续保持较强城市竞争力和较快经济发展速度的必然选择。

深圳作为改革开放的“排头兵”，思想高度开放，体制机制灵活，信息基础全国领先，具备打造成为全国新型智慧城市标杆市的良好基础。中国电子科技集团（以下简称中国电科）作为电子信息科技领域的国家队、全军信息化建设的总体单位、国民经济信息化建设的主力军，在智慧城市建设领域拥有丰富的创新实践经验。在国家发展改革委、中央网信办、工信部等部委的支持下，深圳市与中国电科携手创建国家新型智慧城市标杆市。五年来，作为深圳市委市政府新型智慧城市建设的“技术助手”，中国电科整合内部优势资源，联合国内外优势单位，采用体系工程的思路，立足深圳市建设需求，协助深圳市加强统筹规划和顶层设计，创新新型智慧城市建设管理工作保障机制，构建统分结合的一体化建设模式，基本形成了高效集约的信息基础设施支撑体系、信息资源共享体系和大数据应用支撑体系。目前各区各部门利用信息化支撑便民服务和城市治理创新取得积极成效，智慧产业生态处于国内领先水平，以期尽早实现“联烟囱”、促融合、“真”智慧。

在新型智慧城市的建设过程中，深圳在基础设施共建共享、数据汇聚整合、业务协同联动、体制机制双轮驱动等方面进行了广泛实践，践行了国家“三融五跨”的新型智慧城市建设理念，积累了宝贵的经验，形成了可复制的创新发展经验和建设运行模式，可以为各地建设新型智慧城市提供参考与借鉴。

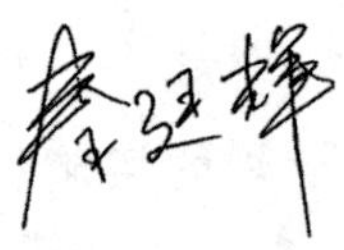

中电太极（集团）有限公司副总经理
中电科新型智慧城市研究院有限公司董事长
2021 年 3 月

前 言

新型智慧城市是城市发展的必然趋势，它通过体系规划、信息主导、改革创新，推动新一代信息技术与城市现代化的深度融合，推进城市生产、生活和管理方式创新，解决城市发展过程中的各类问题，提升城市治理能力，创新经济发展模式，增强市民获得感，最终达到“强政、兴业、惠民”的目标。新型智慧城市是党中央、国务院立足于我国新型城镇化发展实际而作出的重大决策，党的十九大报告首次提出“数字中国、网络强国、智慧社会”，是对新型智慧城市发展的新要求。

各地区、各部委积极探索新型智慧城市建设，取得突破进展，涌现出“织网工程”“城市大脑”“最多跑一次”“线上法院”等一批特色亮点应用。但是，不少城市在推进智慧城市建设中走入误区，出现信息孤岛、体验不佳、千城一貌、协同不足等问题，亟待在未来发展中解决。

作为改革开放的排头兵，2015 年深圳市被中央网信办批准创建国家新型智慧城市标杆市，先行先试开展新型智慧城市建设。同年 11 月，在中央网信办、国家发改委的共同见证下，中国电科与深圳市签订战略合作协议，助力深圳创建新型智慧城市标杆市。在深圳市新型智慧城市领导小组的指导下，深圳市携手中国电科探索新型智慧城市顶层设计和建设体制机制理论，并进行创新实践，经过三年的努力，深圳市新型智慧城市建设水平位居国内首位。根据中国社会科学院信息化研究中心发布的《第八届（2018）中国智慧城市发展水平评估报告》，2018年深圳市智慧城市发展水平达到76.3，排名全国第一。另外，深圳市在政府门户网站、网上政务服务能力、中国开放数林指数等国内权威排名中均位居榜首。

为总结新型智慧城市的理论创新和有益实践，中国电科携手深圳市专家编写了《新型智慧城市建设理论研究与深圳实践》。本书对新型智慧城市概念、顶层设计和体制机制进行了理论阐述，并以深圳为例详细展开了具体做法介绍，为各地制定新型智慧城市建设相关政策、规划和具体开展工作提供帮助，为产业界深入探索智慧城市新模式和新业态提供借鉴。

本书的成稿得到了深圳市相关部门领导及专家的指导和支持。感谢在起草深圳新型智慧城市顶层设计、六个一实施方案、数字政府综合改革试点方案过程中，领导的支持和专家的指导，对此，谨表示衷心感谢。

改革开放样板看深圳！

新型智慧城市样板看深圳！

编写组

2021年3月

目　录

第 1 章

新型智慧城市概述

亚里士多德有句名言："人们来到城市是为了生活，人们居住在城市是为生活得更好。"当前，世界城市规模持续加速扩大，移动互联网、物联网、云计算、大数据、人工智能等信息技术发展日新月异，智慧城市正成为世界城市发展新的制高点。

在中国步入发展"新常态"的背景下，新型智慧城市的建设将助推城市国际化步伐，促进发展方式转变，推动经济结构调整，并深刻影响和变革人们的生产生活方式，让城市发展更科学、管理更高效、社会更和谐、生活更美好。

本章从新型智慧城市的提出背景入手，阐述新型智慧城市的概念内涵、发展现状、发展趋势以及顶层设计。

1.1 新型智慧城市的发展背景

自 2008 年 IBM 提出"智慧地球"的概念以来，建设智慧城市，应对城镇化发展过程中带来的人口增长、环境污染、交通拥堵等各类“城市病”，促进城市健康、安全和可持续发展，已经成为全球城市发展的共同诉求和大势所趋。多年来，全球智慧城市建设如火如荼，中国在智慧城市建设的大潮中亦不甘落后，2013~2015 年，住建部和科技部一共发布了三批国家智慧城市试点名单，截止 2017 年年底，总计超过 500[①] 个城市在政府工作报告或“十三五”规划中明确提出，或正在建设智慧城市。中国已成为全球智慧城市建设最大的“试验场”。

各地区、各部门建设智慧城市的积极性很高，取得了不少进展，同时也暴露出许多问题：一是盲目跟风，无明确目标；二是缺乏顶层设计和统筹规划；三是试点较多，流于形式；四是体制机制缺乏创新；五是网络安全隐患和风险突出。这导致一些地方出现思路不清、盲目建设的苗头，亟待加强顶层设计，统筹规划，科学引导，有序推进。随着“创新、协调、绿色、开放、共享”发展理念的不断深入，随着网络强国战略、国家大数据战略、“互联网 +”行动计划的实施和“数字中国”建设的不断发展，随着国家治理体系和治理能力现代化的不断推进，城市被赋予了新的内涵和新的要求。

鉴于以上背景，为响应新时期的建设要求、落实党中央对城市工作的要求，从国家层面进一步统筹智慧城市建设中的重大议题和年度工作重点，2015 年底，中央网信办、国家互联网信息办提出了“新型智慧城市”概念，同时为加快新型智慧城市概念落地，中国电子科技集团提出新型智慧城市“六个一”建设理念，与深圳、福州、嘉兴共同签署了新型智慧城市建设战略合作框架协议，迈出了新型智慧城市建设第一步，将为国家新型智慧城市建设提供经验借鉴。

---

① 据德勤2018年发布的《超级智慧城市报告》显示。

党的十九大报告明确提出，要“加强应用基础研究，拓展实施国家重大科技项目，突出关键共性技术、前沿引领技术、现代工程技术、颠覆性技术创新，为建设科技强国、质量强国、航天强国、网络强国、交通强国、数字中国、智慧社会提供有力支撑”，对智慧城市建设提出了全新的目标和要求，为新型智慧城市建设指明了发展方向。新型智慧城市是数字中国的重要内容，是智慧社会建设的基础，是实施科教兴国、人才强国、创新驱动发展、乡村振兴、区域协调发展、可持续发展、军民融合发展等战略的综合载体。

党中央、国务院高度重视新型智慧城市发展，习近平总书记多次做出重要批示。2016 年 4 月 19 日，在网络安全和信息化工作座谈会上，习近平总书记指出，要以信息化推进国家治理体系和治理能力现代化，统筹发展电子政务，构建一体化在线服务平台，分级分类推进新型智慧城市建设，打通信息壁垒，构建全国信息资源共享体系，用信息化手段感知社会态势、畅通沟通渠道、辅助科学决策①。2016 年 10 月 9 日，中共中央政治局第三十六次集体学习中，习近平总书记强调要以推行电子政务、建设新型智慧城市等为抓手，以数据集中和共享为途径，建设全国一体化的国家大数据中心，推进技术融合、业务融合、数据融合，实现跨层级、跨地域、跨系统、跨部门、跨业务的协同管理和服务②。

“十三五”期间，国家开始高度重视新型智慧城市建设，已出台一系列促进其发展的政策和标准规范，并通过以评促建来推动全国各地新型智慧城市建设。从表 1-1 可以看出“十三五”期间，中央每年都会为推动新型智慧城市建设释放积极信号。

① 习近平：在网络安全和信息化工作座谈会上的讲话，新华社北京2016年4月25日电。

② 习近平：在中共中央政治局第三十六次集体学习时的讲话，新华社北京2016年10月9日电。

表1-1 2016~2020年新型智慧城市主要政策及中央有关精神

发布时间	来源	要点
2016年3月	《国民经济和社会发展第十三个五年规划纲要》	建设一批新型示范性智慧城市
2016年4月19日	习近平总书记在网络安全和信息化工作座谈会上的讲话	要以信息化推进国家治理体系和治理能力现代化……分级分类推进新型智慧城市建设，打通信息壁垒，构建全国信息资源共享体系，更好用信息化手段感知社会态势、畅通沟通渠道、辅助科学决策①
2016年4月	《新型智慧城市建设部际协调工作组2016—2018年工作分工》	成立了新型智慧城市建设部际协调工作组
2016年11月	新型智慧城市评价指标	城市居民感受、提升居民获得感和幸福感作为重要评价内容
2016年12月	《“十三五”国家信息化规划》	构建统一开放的大数据体系，开展新型智慧城市建设行动
2017年10月	中国共产党第十九次全国代表大会上的报告	提出了网络强国、数字中国、智慧社会的建设纲领，对新型智慧城市建设指明了战略方向
2019年10月	《中共中央关于坚持和完善中国特色社会主义制度推进国家治理体系和治理能力现代化若干重大问题的决定》	明确提出推进国家治理体系和治理能力现代化的具体路径
2020年3月4日	中共中央政治局常务委员会	要加大公共卫生服务、应急物资保障领域投入，加快5G网络、数据中心等新型基础设施建设进度
2020年4月29日	中共中央政治局常务委员会	要启动一批重大项目，加快传统基础设施和5G、人工智能等新型基础设施建设

1.2 新型智慧城市的概念和内涵

1.2.1 新型智慧城市概念

党的十八届五中全会强调“创新、协调、绿色、开放、共享”五大发展理念，为城市发展赋予了新的内涵，为智慧城市建设提出了新

① 习近平：在网络安全和信息化工作座谈会上的讲话，新华社北京2016年4月25日电。

的要求。中央网信办、国家互联网信息办在全面调查和摸清全国智慧城市建设情况的基础上，面对智慧城市建设遇到的新挑战和新要求，提出了新型智慧城市的概念。

“新型智慧城市”是以为民服务全程全时、城市治理高效有序、数据开放共融共享、经济发展绿色开源、网络空间安全清朗为主要目标，通过体系规划、信息主导、改革创新，推进新一代信息技术与城市现代化深度融合、迭代演进，实现国家与城市协调发展的新生态。

“新型智慧城市”是一种城市发展的新趋势，政府通过新型智慧城市建设推进城市生产、生活和管理方式创新，解决城市发展过程中的各类问题,提升城市治理能力,创新经济发展模式,增强市民获得感，最终达到“强政、兴业、惠民”的目标。

增强市民获得感。一方面，新型智慧城市以贯穿服务人的全生命周期需求为主线，提升市民办事便捷度，提供服务需求“智能感知”，服务内容“主动推送”，服务方式全生命周期“持续跟踪”的均等化惠民服务，让市民的生活变得更便利。同时，通过新型智慧城市建设有效缓解各类“城市病”，改善城市环境，提升城市宜居水平，让市民安居乐业，切实增强市民获得感。另一方面，引导市民广泛参与城市管理，形成多元共治的社会治理格局，提升市民的主人翁意识，增加市民归属感。

提升城区治理水平。一方面，新型智慧城市是一个系统工程，以智慧系统为黏合剂，优化提升城区运营管理、公共安全、综合治理以及应急联动等精准治理能力，全面提高跨部门、跨层级、跨领域的业务协同能力及效率。另一方面，以科技创新和体制机制创新双轮驱动城市治理的融合与创新，转变治理模式，切实提升城市治理能力。

创新经济发展模式。一方面，新型智慧城市建设将改变以往粗放型的经济发展模式，注重与高科技进行充分融合，将会带动云计算、大数据、物联网、智慧政府、智慧环保等一大批具有广阔市场前景、资源消耗低、产业带动大、就业机会多、综合效益好的产业发展，促进产业升级换代，提升经济发展质量，创造新的经济增长点。另一方面，切实落实国务院“放管服”改革，实现企业精准服务，有效改善整个城区的营商环境。

1.2.2 新型智慧城市内涵

新型智慧城市本质上是全心全意为人民服务的具体措施与体现，新型智慧城市的“新”，就是回归与超越，回到以人为本的核心，回到城市的本质，回到城市高质量可持续发展的要求上来。2016 年 4 月 11 日，国家发展改革委林念修副主任在新型智慧城市建设部际协调工作组第一次会议中强调：“围绕国家战略需求，扎实推进新型智慧城市建设。一是要把握好‘3 个新’，即理念上要新，更加注重以人为本；机制上要新，更加注重统筹协调；监管上要新，更加注重安全可控。二是要注重‘4 个结合’，即与新型城镇化发展、区域协调发展、稳增长调结构、已有试点工作等相结合”。[①] 对于新型智慧城市之“新”的理解，有专家指出，“新型智慧城市不是一种智慧，而是一种城市，这种城市要以智慧的方式运行；新型智慧城市不是一个工程，而是一个过程，这个过程要以工程的思维驾驭；新型智慧城市不是一次创新，而是一次改革，这次改革要以创新的方法推进”[②]。新型智慧城市是落实国家新型城镇化规划，富有中国特色、体现新型政策机制和创新

---

① 林念修，庄荣文.《新型智慧城市发展报告2017》[M].北京：中国计划出版社，2018

② 吴曼青.智慧城市顶层设计有“三大关键”[EB/OL]. http://tech.gmw.cn/2017-03/28/content_24079241.htm

发展模式的智慧城市；是在现代信息社会条件下，针对城市经济社会发展的实际需求，以提高人民群众的幸福感和满意度为核心，为提升城市发展方式的智慧化而开展的改革创新系统工程；是新时期新阶段以信息化引领城市创新发展，全面推进新一代信息通信技术与城市发展战略深度融合，提高城市治理能力和现代化水平的新理念和新模式。

具体而言，“新型智慧城市”的基本内涵包括以下四点。

1. 以人为本

新型智慧城市建设必须坚持以人为本，坚持民生优先，提高政府工作效率和城市治理水平，促使政府转变为以群众满意度为本的服务者，借助信息技术将市民融入城市管理体系，全民共建共享。

2. 协调发展

针对新时期的城市发展要求，2015 年 10 月，党的十八届五中全会提出了“创新、协调、绿色、开放、共享”五大发展理念。“协调发展”涵盖了区域协调发展、城乡协调发展、物质文明和精神文明协调发展、经济建设和国防建设融合发展、军民融合发展。“新型智慧城市”作为城市发展的终极目标，应积极推进数字技术创新向经济社会、科技研发、政府治理等各个领域扩展，推动信息化和工业化深度融合，工业化和城镇化良性互动，城镇化和农业现代化相互协调，推动传统产业转型升级，促进整个社会的协调发展。

3. 资源共享

跨部门协同、发展数据经济、释放数据能量，要求对信息资源进行有效的整合和共享。新型智慧城市建设要基于现有的信息化基础，完善信息化总体设计，科学地进行总体规划，通过数据公共平台建设解决数据资源的共享问题。

4. 安全可控

当前网络空间安全形势不容乐观，新型智慧城市下应构建一体化的网络空间安全体系，打造安全可控的网络环境，保护信息与信息交互安全，构建健康有序的网络秩序。网络空间安全体系应从“技术防护和管理机制”上双重保障，重点覆盖城市云中心安全、数据安全、物联网安全、城市工控系统安全、政务网安全、网络空间治理六大领域，在推动信息共享、数据开放的同时保障信息安全，实现设备安全、数据安全和行为安全的目标。

1.3 新型智慧城市发展现状

1.3.1 国外智慧城市发展现状

1. 国外智慧城市发展综述

信息技术的高速发展带来了全球普遍的信息化浪潮，世界各国政府都不约而同地提出了依赖互联网和信息技术来改变城市未来发展蓝图的计划。欧洲、美国和亚洲等都提出了“智慧城市”建设战略，如欧盟的“欧洲 2020 战略”、美国的“智慧地球”、韩国的“智慧首尔 2015”计划、新加坡的“智慧国 2015”战略等，全球掀起了一股“智慧城市”的建设热潮，许多国家在智慧城市的建设上也取得了比较突出的成果。据德勤 2018 年发布的《超级智慧城市报告》，目前全球已启动或在建的智慧城市已达 1000 多个，其中中国在建 500 个。

（1）美国

2008 年 IBM 公司提出了“智慧地球”战略，美国政府积极回应并将它写进创新战略。2009 年 2 月，美国总统奥巴马发布的《经济复苏计划》中提出，计划投资 110 亿美元，建设可安装各种控制设备的新一代智能电网。2009 年 4 月，美国正式公布了 72 亿美元的国家宽带网络发展计划。2009 年 9 月，美国中西部爱荷华州的迪比克市与 IBM 共同宣布，将建设美国第一个“智慧城市”。通过一系列 IBM 新技术“武装”的迪比克市将完全数字化，连接城市的所有资源（水、电、油、气、交通、公共服务等），可以侦测、分析和整合各种数据，并智能化地做出响应，服务于市民的需求。2010 年 3 月，美国联邦通信委员会（FCC）正式对外公布了未来 10 年美国的高速宽带发展计划。2015 年 9 月，美国发布《白宫智慧城市行动倡议》，提出美国政府将投入超过 1.6 亿美元进行联邦城市研究，并推动超过 25 项以上的新技术合作，帮助社区减少交通拥堵、打击犯罪、促进经济增长、应对气候变化、提高城市服务质量。

（2）欧盟

早在 21 世纪初，欧洲就开始了智慧城市的实践。2000 年英国南安普顿市启动了智能卡项目，自此欧洲智慧城市建设的序幕正式拉开。此后，欧洲各国相继开始建设智慧城市，并取得了相当可观的成绩。2000~2005 年欧洲实施了“电子欧洲”行动计划，2006~2010 年完成了第三阶段的信息社会发展战略，并在 2007 年提出了智慧城市的一套评价标准。2010 年“欧洲 2020 战略”把“欧洲数字化议程”确立为欧盟促进经济增长的七大旗舰计划之一。2010 年 9 月欧盟又启动了“欧洲网络基础设施项目（EGI）”。德国制定了“e- 欧洲宽带战略 i2010”，其目标一是所有家庭在 2020 年实现宽带接入，二是在 2014 年 75% 以上家庭宽带达到每秒 50 兆比特。2011 年，德国在汉诺威工业博览会上提出“工业 4.0”战略，力图推动信息技术与工业技术深度融合，力争在新一轮工业革命中抢占先机。2016 年 3 月 14 日，德国联邦经济与能源部发布了《德国数字化战略 2025》，在国家战略层面明确了德国经济转型的基本路径，重点提出了十大行动步骤：构建千兆光纤网络；开拓新的创业时代，支持初创企业发展；建立投资及创新领域监管框架；在基础设施领域推进智能互联以加速经济发展；加强数据安全，保障数据主权；促进中小企业、手工业和服务业商业模式数字化转型；帮助德国企业推行“工业 4.0”；注重科研创新，数字技术发展达到顶尖水平；实现数字化教育培训；成立联邦数字机构。

（3）日本

日本“智慧城市”概念最早由东京大学前校长小宫山宏提出。日本 2009 年推出“I-Japan 智慧日本战略 2015”，旨在将数字信息技术融入生产生活的每个角落。从政府层面来说，“I-Japan 智慧日本战略 2015”的主要关注点在政府治理电子化、医疗健康信息服务、教育与人才培育三大方面，在进行网络基础设施建设、重视新技术的研发和推广运用的同时，对远程医疗、电子病历等方面进行积极尝试。2011 年日本东部大地震之后，由于核电站的事故带来的巨大灾害，日本对自然能源利用与智慧城市建设的需求更为迫切，智能电网战略已成为国家重要战略，在政府统一主导和支持下，集国家以及相关力量来制定和推动。

（4）韩国

韩国为推动智慧城市的发展提出了多项战略计划与政策。2004 年 3 月推出的“IT839”战略，主要目标是提升韩国现有的资讯科技框架，期望在 2007 年达成韩国的全方位资讯社会愿景；随后，韩国信息通信部提出“U-Korea”战略，并于 2006 年 3 月确定总体政策规划，希望把韩国建设成智能社会。此后的“U-City”计划和“智慧首尔 2015”皆是“U-Korea”战略的具体体现。同时，韩国作为物联网国际标准制定的主导国之一，提出《物联网基本规划》，通过物联网产品及服务的开发，打造安全、活跃的物联网发展平台，推进政府内部及官民合作，力争使韩国在物联网服务开发及运用领域成为全球领先的国家。

2. 国外先进智慧城市案例

（1）新加坡

新加坡在 2006 年公布“智慧国 2015”计划，力图建立一个与国民互动、共同创新的合作型政府，以及一个无缝流畅、以民众为中心的整体型政府。过去 10 年，这些目标均提前实现。

电子政务领域。新加坡建立起一个“以市民为中心”，市民、企业、政府合作的电子政府体系，市民和企业可随时随地参与到政府机构各项事务中。

公共服务领域。新加坡采用数码服务平台和远程监督技术等，为年长者提供医疗服务；在教育方面，“未来学校”项目把人工智能以及自动在线系统等创新技术应用于教学过程中，实现对课程评估、教学内容和学习资源共享、人力资源开发等信息化处理。

公共安全领域。新加坡建立新加坡全岛统一的城市公共安全信息平台，通过实时监测城市公共安全运行情况，实现对影响城市公共安全事件的快速发现、实时响应、协同处置的统一监管、信息集成、高效协同指挥，并使城市公共安全各单一业务及监控系统实现网络融合、信息交互、数据共享。

城市治理方面。在路灯和公交车站等公共场所部署与光纤相连的技术设备，该设备与具有检测空气污染情况、雨量或交通堵塞情况等功能的传感器相连。传感器发回的信息方便工作人员采取措施，达到监测环境质量和清淤的目的。在解决城市交通问题方面，新加坡除了实行控制用车的政策，也采纳智慧科技交通方案。

（2）伦敦

2009年英国发布“数字英国”计划，明确提出将英国打造成世界的“数字之都”，伦敦长期被视为欧洲金融中心，伦敦市政府就如何更好地提供便捷的公共服务，先后提出“电子伦敦”和“伦敦连接”计划。

电子政务领域。早在2000年伦敦市政府就提出了打造“电子政府”概念。伦敦市政府指定伦敦市的各级机构、公务员和其他数据捐助者把数据积累到一个公共数据库网络，创立伦敦开放数据网站。该网站提供多种搜索数据方式和所有数据目录下载功能。通过开放数据网站，公众能够免费获得伦敦市政府在农业、运输、犯罪、社会保障、教育、医疗、人口等多个方面的统计数据。

城市治理领域。“虚拟伦敦项目”采用GIS、CAD和3D虚拟技术，将伦敦西区45000座建筑进行模拟，其成果覆盖近20平方公里的城区范围，为城市地理信息系统在城市景观设计、交通控制、环境污染控制、减灾等诸多方面的应用提供新的视角。伦敦市政府还利用数据管理交通。在2012年奥运会期间，负责运行伦敦公共交通网络的公共机构“伦敦运输（Transport for London）”，在交通网络使用者增加25%的情况下，使用收集自闭路电视摄像机、地铁卡、移动电话和社交网络的实时信息，确保火车和公交路线只是有限地中断，从而保证交通顺畅。伦敦金融城已经设置遍布全市的带有液晶显示屏的数字化垃圾回收箱，所有垃圾回收箱与Wi-Fi相连，通过无线信号指导居民对垃圾进行分类处理，同时可以收取天气、气温以及股市行情动态等信息。

绿色城市领域。作为世界顶级的绿色城市之一，伦敦正在将相关新技术应用于城市建筑中。如在 CrouchHill 建设的能源中心学校，可以吸收更多的二氧化碳，并向附近的家庭提供过剩的能源。又如在斯特拉特福德市的 Waitrose，所有的废弃食物都被转化为能源并重回国家电网。而在 Bow 地区的 BowZed，建筑采用了太阳能和风能发电，因而不需要传统的中央供暖系统。伦敦的“贝丁顿零化石能源发展”生态社区采取了建筑隔热、智能供热、天然采光等设计，综合使用太阳能、风能、生物质能等可再生能源。该社区与周围普通社区相比，可节约 81% 的供热能耗、45% 的电力消耗。

（3）首尔

首尔制定了“数字首尔（2002—2006）”规划，目标是建成“市民满意、世界最好的智能城市”，大力推进市民生活方式智能化、产业智能化、基础设施智能化、政府行政管理自动化，并设有“数字首尔”专项资金；2006 年公布“u-Seoul”，使智慧城市建设上升至国家战略层面；2011 年发布了“智慧首尔 2015”计划。

电子政务领域。为促进信息化技术的广泛应用，首尔市政府全力打造电子政府。如通过社交网络服务（SNS）施政，进一步提高了市政透明度和开发性。完善“市民参与预算制度”和“首尔市民规划参与团”等，力争使市民随时随地参与到市政预算使用、城市未来规划等各项政府机构事务中。目前，首尔市行政审批、费用缴纳、各类证件办理等市政业务已全面实现移动终端查询办理。现阶段首尔政务领域建设的重点是扩大公共服务范围，实现电子政务服务“惠及所有人”，从而实现无差别无歧视的信息化市政公共服务和高效率、智能化的政府工作。

信息化基础设施领域。首尔市的网络系统由正在普及的公共免费无线网络、连接市政府与各区政府的专用政务网络以及监控探头网络三个部分组成。首尔市的网速排名连续多年占据“世界第一”，并早在 2007 年就已经实现了光纤网络覆盖。该区域推进信息化建设的一个关键支柱是提高对智能设备的接入以及教会新用户如何操作它们，从而确保能够听到每个市民发出的声音。

城市安全领域。首尔市政府利用红外摄像机和无线传感器网络，在监测火灾时，可以突破人类视野限制。监控中心利用 GIS 可以对火灾发生地点进行定位，LCD 大屏幕可以播放火灾现场情况，视频监控系统可以实时监控火灾现场。

城市治理领域。在城市设施管理方面，首尔市政府利用无线传感器网络发回的信息，随时随地掌握道路、停车场、地下管网等设施的运行状态；在城市环境方面，智慧环境系统可自动将气象和交通信息发送到市民的移动终端，为市民是否适宜户外运动提供信息服务，利用“U- 环境系统”，可以根据空气可吸入颗粒物浓度，自动开启道路洒水系统，降低城市热岛效应；在城市交通方面，智慧交通系统可实现对公交信息和公共停车信息的管理，并智能地实现支持残障人士出行和控制交通信号。

（4）柏林

柏林在智慧城市和智慧经济的融合方面相当成功，这主要由柏林市政府为促进经济社会发展而成立的专门机构——柏林伙伴公司负责。其智慧城市主要致力于节能环保领域的建设。

智慧产业领域。柏林市政府通过智慧城市建设，促进了云计算、大数据、物联网等新一代信息技术的引进、应用和本地产业化。柏林阿德勒斯霍夫（Adlershof）科技园就是一个成功的实践案例。为支撑德国实现能源转型 2050 战略，其重点研发可再生能源应用综合解决方案，并在园区规划、开发和运营管理中落实生态与智慧理念，科技园区建筑节能水平达到德国领先，建造类型以被动式建筑和装配式建筑为主，区域能源供应直接 / 间接实现可再生能源全覆盖。

城市治理领域。2011 年 3 月，柏林市政府提出“2020 年电动汽车行动计划”，其中一个重要的项目是奔驰 smart 的 car2go 项目。其注册用户在 250 平方公里范围内都能租用到电动汽车，根据自己的意愿长时间驾驶，然后在运营区域内的任何公共停车场归还汽车。目前智慧交通项目基本涵盖了私家车到电动汽车共享、企业车队，再到卡车货运、电动自行车的广泛领域。

绿色城市领域。柏林的“被动式节能住宅”是在低能耗建筑的基础上发展起来的，对减少城市建设中二氧化碳排放量，改善生态环境有至关重要的作用。柏林“被动式节能住宅”建设处于世界领先水平，其能源主要来自可再生清洁能源，通过屋顶太阳能装置实现屋内供电，屋内自动通风系统通过从废气中提取热量实现为屋内空气加热的效果。

（5）东京

日本在 2000 年开始加速国家 ICT 战略，继“E-Japan”“U-Japan”之后，2009 年推出“I-Japan 智慧日本战略 2015”，旨在到 2015 年实现以人为本的“安心且充满活力的数字化社会”，让数字信息融入社会生产生活的每一个角落。东京作为日本的政治中心、文化教育中心以及海陆空交通枢纽，在社会公共服务、智能交通、绿色城市等方面取得显著成绩。

基础设施建设领域。实施“东京泛在计划”，在大规模信息基础设施建设的基础上，推动信息技术广泛深入应用，目前无线互联已在银座、新宿等地区推广应用。该计划主要采用泛在的 ID 识别技术，将东京市内所设“场所”及“物品”赋予识别码，通过系统平台将各种信息传送到游客或消费者的手持式接收器上，用户通过接收器便可读取实体位置或物体上的资讯信息，将真实世界的资讯或内容进行数字化处理后与虚拟空间结合。

公共服务领域。基本普及电子病历系统，实现了诊疗过程的数字化、无纸化和无胶片化。电子病历系统整合各种临床信息系统和知识库，提供病人基本信息、住院信息和护理信息等，为护士提供自动提醒，为医生提供检查、治疗、注射等一切诊疗活动的开单等功能。通过在家中设置感应器及无线网络，随时随地将患者的生理状况传送到医院数据系统，以提供更快速、便捷的远程医疗服务。“医疗健康云计算”系统作为“个人健康记录”的环节之一，将用户在家中测量的血压及体重等生命体征数据进行统一管理，与医院、诊所及保健所等保持联动。

智慧教育领域。建立电子账户，使学生及时方便地与学校各部门沟通信息；各大高校普遍建设“电子图书馆和数字化校园”，增加电子图书和电子期刊量，为教学和科研活动提供丰富的信息资源，实现整个校园从硬件基础设施、信息资源到组织活动的全方位数字化建设。各大高校提供基于BS模式的远程教育系统，提高远程教育画面的清晰度，实现教学资源的共享。

城市治理领域。东京市政府提出的“智能化高速公路”计划包括汽车、高速公路和交通管理三大块优化方案。首先，在汽车方面，实现汽车高度信息化，车载终端可以利用外部信息选择最佳行驶方案，从而避免追尾、碰撞障碍物和违规行驶等问题。其次，包括高速公路在内的所有公路均由信息技术控制和监测，随时提供重组的信息服务，避免各种交通事故的发生，进一步提升城市公路运行安全管理智能化水平。

绿色城市领域。将信息技术充分运用于写字楼、办公室等场所，有效减少了二氧化碳排放，造就了绿色的办公环境。例如，千叶县采用最新 IT 技术和太阳能、生物能发电技术，在彻底利用城市未利用能源的同时，构筑可整合每栋建筑物的能源管理系统，使整个地区的发电量及耗电量状况实现可视化，从而实现全面节能。

（6）巴塞罗那

巴塞罗那采取了一系列有利于低碳绿色环境发展的措施，同时它也是最早支持全城居民使用太阳能的先进城市之一，堪称智慧城市和低碳解决方案的先驱。

基础设施建设领域。大力采用传感器，使城市管理更便捷。在该市高新技术中心的试验区内，一个红绿灯上的小黑盒子，可以给附近盲人手中的接收器发送信号，并引发接收器震动，提醒他已经到达路口；地上突起的小东西就是停车传感器，司机只需下载一个对应的应用程序，就能够根据传感器发来的信息获知空车位信息；巴塞罗那宏伟的圣家族大教堂也建立了完善的停车传感器系统，以引导大客车停放；试验区草地上铺满了传感器——湿度传感器，它能感知地面的湿度，以确定何时应该给草地浇水；铺设在垃圾箱上的传感器能够检测到垃圾箱是否已装满，垃圾箱上还装有气味传感器，如果垃圾箱的气味超出正常标准，传感器就会自动发出警报，进行提醒。

公共服务领域。巴塞罗那努力尝试将数字技术转化为更多针对人文关怀的服务，市政府资助研发了一套养老服务电子系统，病患人员可以通过数字医疗平台在线咨询、问诊、挂号预约全西班牙 8 万多医生和专家，至今已有 8 万多名老年人从中受益。与此同时，巴塞罗那所在的加泰罗尼亚大区政府卫生局也在 2017 年底将大区所有医院和初级诊疗中心联网，实现病历共享，方便及时会诊并制订有效的治疗方案。巴塞罗那的医院还开发了远程医疗系统，可实时监控和获取心脏病人的病情及相关数据，以便随时调整治疗方案并进行及时有效的干预。当地残障人士联合会为目标人群推出的手机 App，现已拥有超过 165000 名用户。

绿色城市领域。为减少二氧化碳排放量，市政府推出涵盖能源替代、运输管理以及绿色建筑的新绿色城市运行计划。在该计划中，通过引入大量可再生太阳能资源，对建筑物、供水系统、信息广告牌、充电基础设施等实施智慧能源管理。巴塞罗那已成为欧洲使用太阳能电池板密度最高的城市。目前，巴塞罗那推出以可再生能源为动力的混合动力公交车计划，进一步提升城市管理过程中的低碳节能水平。

（7）维也纳

维也纳作为奥地利的首都，大力推行“智能城市发展规划”，在智慧城市建设上侧重于交通、住房、通信、能源、资源等领域的节能减排，为此相继制定“智慧能源愿景 2050”“2020 年道路计划”“2012~2015 行动计划”等一系列规划文件，进一步明确了智慧城市建设低碳减排目标。

城市治理领域。维也纳政府大力推动“城市交通总体规划”和“电动交通计划”，以改善城市建设管理中的交通拥堵、尾气污染等问题。通过扩大铺设市区自行车线路和步行区范围，用户可使用公共自行车停驻站终端机实现注册、租赁、查询车辆信息和报修损坏车辆等操作，服务中心根据终端机发回的信息及时采取相关智能化措施，保障公共自行车租赁业务的顺利进行。相关部门配合建立相应的智慧资讯和指挥系统，从而实现在提高环保交通与公共交通工具使用率的同时，保障交通资讯和票务的网络优化目标。通过在地下管网不同枢纽区安装 230 个监测设备，在暴雨天气时对管网内污水的流速、流量、水位等运行情况进行分层监测和实时监控，实时掌握管道淤积情况，保障水情及时疏通和其他可控操作。同时，维也纳管网公司设立 24 个气象监测站，通过与国家气象局紧密合作，及时向控制中心预报暴雨走向、降水量等，以随时跟进对排水管网的智能化管控。

绿色城市领域。制订“城市供暖和制冷计划”，禁止用填埋的方式处理垃圾，而主要将固态垃圾和废水回收利用，通过燃烧和气化技术使垃圾转化成新能源，满足地区供暖需求，同时又减少二氧化碳排放。维也纳市政府在绿色采购方面起到了良好的表率和带头作用。为引导和鼓励地区企业引入低碳环保管理理念，维也纳市政府加大了对绿色产品和服务的采购，相继颁布并全面实施 63 项生态采购标准，要求政府各部门及其下属事业部门严格执行此类标准，强化了维也纳市政府对绿色城市建设的顶层设计和统筹引领作用，并由此成为世界上第一个正式实行政府采购绿色标准的城市。

（8）多伦多

多伦多作为加拿大国家金融中心和重要港口城市，是全球多元化都市之一，在智慧城市社会公共服务、城市管理以及节能环保等方面取得了良好的成绩。2017 年 10 月，Alphabet 执行董事长埃里克·施密特和加拿大总理贾斯廷·特鲁多发布了未来城市合作协议，合作项目中有许多领先世界的科学技术，包括全自动驾驶汽车、不使用化石燃料的供热网、用途多样的低成本模块化建筑、机器人快递服务、零污染排污系统等。

电子政务领域。建成 Wellbeing Toronto 网站，旨在帮助居民能够更好地了解所住社区，进一步加强市民对市政府的了解，加强公众与政府之间的连接和沟通。同时，该网页上所登载的第一手民情资料，也给市政府的相关决议提供参考，以使政府提供更符合市民需求的公共服务。

信息基础设施领域。通过引入私人领域开发商提供启动资金，多伦多市湖滨社区打造全新尖端网络设施。社区内的居民和企业可直接与光纤相连，享受每秒 100 兆比特的高效无线互联网服务、无线社区网络及社区特有的门户服务等。

公共服务领域。信息化技术广泛应用于学习管理系统中，加强对相关教学管理信息的智能化管理和服务。在线教学、在线研讨会、视频会议等远程教学被普遍用于多伦多市各大、中、小学校以及其他组织机构中，实现网上授课和各种业务培训。

城市治理领域。制定多伦多智能通勤倡议，采用高速公路不停车电子收费和道路交通信息采集等先进技术，改善高速公路运营情况，提高交通运输效率，进一步提升城市交通管理智能化水平。倾力打造名为“发现之旅”的生态网络和步行系统，推出城市短途自行车自助租赁服务，最大限度减少对高能耗车辆的使用，以达到节能环保的目的。

绿色城市领域。采用新型科技天然气环保节能垃圾车，代替之前的柴油车，降低了城市环境污染和噪音污染。为居民提供十多种语言的垃圾分类指引和垃圾回收日历，帮助居民正确处理垃圾分类。融入绿色有机外墙和绿色屋顶的技术，降低建筑本身的能耗。大力推行“LED 节能照明城市”行动，推动市政当局之间合作开展节能照明活动。

（9）纽约

纽约是美国最大的港口城市，也是世界经济中心之一。21 世纪初纽约市政府提出旨在促进城市信息基础设施建设、提高公共服务水平的“智慧城市”计划，并于 2009 年宣布启动“城市互联”行动。

电子政务领域。纽约市政府通过《开放数据法案》将各部门所有已对公众开放的数据纳入统一的网络入口，允许市民从市政机构获取数据信息，包括1600个开放数据集，涵盖了犯罪统计数据、“311”电话，甚至是纽约市每条街道的绿化树。同时，改造升级政府部门的电子邮件系统，并建立“纽约市商业快递”网站，进一步提高政府工作效率和服务水平。开展了“NYC BigApps”市民创新竞赛，通过各种数据来减轻人们的住房压力，帮助市民进行申诉理赔、找工作，引导市民摆脱贫困。

公共服务领域。在医疗健康方面，纽约市各大医院和社区医疗保健机构普遍采用全套电子病历系统，方便了医生对病人病历的调档会诊，提高医疗措施的准确性；建立网上医疗信息交换系统，促进系统之间医疗信息交换和共享；开发移动医疗应用程序，为居民提供随时随地的医疗健康服务。在教育方面，加快推进宽带服务校园计划，扩大宽带铺设和数字服务覆盖率；各大校园广泛推进智能图书馆和智能校务管理计划，实现自动图书管理和教务信息智能管理等。

城市治理领域。建成一套智能化、覆盖全市的智慧交通信息系统，成为全美最发达的公共运输系统之一，可以及时跟踪、监测全市所有交通状况的动态变化，极大地方便了机动车驾驶者根据信息系统发布的交通拥堵和绕行最佳路线的信息选择行驶路线。在全市范围内广泛推行E-Zpass电子不停车收费系统。这种收费系统每车收费耗时不到2秒，提升通行能力5～10倍。集成的“311”代理呼叫热线从根本上转变了城市公用事业运作方式。建立全市下水道电子地图，清晰显示市内下水管道和相关设施，方便施工人员的下水道清淤等作业活动。通过在下水道井盖下方安装电子监视器，对水流、水质、堵塞等情况实施不间断监测，最大限度地预防灾害的发生，进一步提高了全市下水道的运行能力。

公共安全领域。启动先进城市报警系统，实时汇总并综合分析各种公共安全数据和潜在威胁资料，为执法人员快速准确应对提供科学依据，指挥人员也可以参照各种数据对不同来源的资料进行综合分析，制作相应的作战指挥图。通过数据挖掘，对城市中33万栋需要检验的建筑物单独进行打分，计算火灾危险指数，划分出重点监测和检查对象，有效降低火灾发生率。

绿色城市领域。制定PLANYC和市民行为设计指南等，启动“纽约市规划计划”，对该市每座面积超过5万平方英尺的建筑物的能源使用情况进行年度测量和披露，旨在将纽约建设成为一个更加绿色、更加美好的城市。

（10）斯德哥尔摩

瑞典首都斯德哥尔摩是一座历史悠久的城市，在国际智慧城市组织的评选中曾获得“全球智慧城市”奖项，其智慧城市建设的亮点体现在交通系统上。

城市治理领域。通过准确动态地测量并且跟踪道路使用情况，征收“道路堵塞税”，以解决交通拥堵问题。在通往市中心的道路上设置18个路边控制站，自动识别进入市中心的车辆，向在周一至周五（节假日除外）6：30 ~ 18：30进出市中心的注册车辆收税。征收“道路堵塞税”后，斯德哥尔摩市的交通拥堵降低25%，交通排队所需的时间下降50%，道路交通废气排放量减少8% ~ 14%，二氧化碳等温室气体排放量下降40%。

绿色城市领域。建成各种电子垃圾桶，分别用于接收食物垃圾、可燃物垃圾以及废旧报纸等不同类别的垃圾。垃圾桶通过各自的阀门与同一条地下管道相连，不同类别的垃圾进入地下管道，在电脑的控制下自动分离并输送到不同的容器里，进一步提升垃圾处理效率，改善城市建设环境。

1.3.2 国内智慧城市发展现状

1. 国内智慧城市发展综述

2010 年 11 月 2 日，备受业界关注的“2010 中国智慧城市论坛”在武汉召开，这是中国智慧城市发展史上的标志性事件。本次论坛以“发展更科学，管理更高效，社会更和谐，生活更美好”为主题，来自国内的专家、学者和企业家们，就“国内外智慧城市发展的最新动态”“我国发展智慧城市的机遇和战略选择”“信息通信技术、地球观测与导航、现代服务技术与集成在智慧城市中的应用”“智慧城市规划与评价体系、技术标准研究”等发表了专题演讲。

多年来，各地区、各部门建设智慧城市的积极性很高，也取得了一系列成效。

2. 国内先进智慧城市案例

（1）北京：为人工智能之都倾尽全力

《北京市“十三五”时期信息化发展规划》（以下简称《规划》）提出，紧扣信息化引领智慧发展，建设新型智慧北京，部署实施“一个基础、三个领域、两个专项”的“132”战略任务，实施八项重点工程。《规划》提出，到 2020 年，实现新型“智慧北京”信息化政策、制度、环境更加完善，信息化整体发展水平保持全国领先，迈入国际一流行列。信息化成为经济社会各领域融合创新发展的引擎，成为建设小康社会的重要助推器。北京成为全球互联网创新中心、两化融合创新中心、大数据综合试验区和智慧城市示范区。

2017 年以来，北京市推动人工智能发展的政策相继出台。作为国家自主创新示范区，中关村率先发力，开展人工智能政策先行先试，提出对 AI 领军企业实行“一企一策”政策，鼓励与硅谷等国际机构开展合作。《北京市加快科技创新培育人工智能产业的指导意见》提出，到 2020 年，新一代人工智能总体技术和应用达到世界先进水平，初步成为具有全球影响力的人工智能创新中心。2019 年初，北京国家新一代人工智能创新发展试验区正式成立，计划建设人工智能开放创新平台，开展人工智能应用示范，推动人工智能标准制定等。

为缓解交通压力，智慧北京在建设过程中，一直把智慧交通作为重要一环，并将无人驾驶作为智能交通的核心。2017 年 12 月，北京市政府颁布了《北京市加快科技创新培育人工智能产业的指导意见》与《北京市关于加快推进自动驾驶车辆道路测试有关工作的指导意见（试行）》，促进人工智能的发展；并提出到 2020 年人工智能总体技术和应用达到世界先进水平，形成具有全球影响力的人工智能创新中心，并成为全市新的重要经济增长点；同时在顺义区规划了全市首个无人驾驶试运营基地。2018 年 1 月，北京市第一条无人驾驶试点道路选定在亦庄，亦庄的部分路段将会采取“车路协同”模式。2018 年 3 月，北京市政府发放首批自动驾驶车辆路测牌照，无人驾驶即将实现。

（2）上海：围绕民生“补短板”

近年来，上海市全面推进面向未来的智慧城市建设，泛在化、融合化、智敏化水平显著提升。在“十二五”规划纲要中，上海市政府就正式提出创建面向未来的智慧城市。通过连续发布 2011~2013 年、2014~2016 年两个智慧城市建设三年行动计划，已经形成了相对完整的智慧城市建设顶层设计，初步建成智慧城市基本框架，明确 4 个主要的关注点：一是关注信息基础设施能级提升，二是关注信息技术的广泛应用，三是关注信息技术创新和产业化，四是关注信息化的发展环境。根据《上海市推进智慧城市建设“十三五”规划》要求，到2020年，上海市信息化整体水平要继续保持国内领先，部分领域达到国际先进水平，初步建成以泛在化、融合化、智敏化为新特征的智慧城市。

目前，在民生服务、城市管理、政务服务、产业发展方面，上海市已经取得了具有建设性的成就。一是民生服务方面。在医疗、教育、公共服务、养老服务、公共交通等诸多领域，基本实现了各个模块的信息化改造。二是城市管理方面。应急管理已成为城市管理的一个重要方面，城市交通与治安监控视频的整合、城市消防的智能化以及灾难预警机制的建立等工作都在持续推进。三是政务方面。网上办事大厅、“一网通办”、政务网站集群化管理、市民服务热线等协同化政务应用已广泛普及。四是产业发展方面，信息化与工业化深度融合，“两化”融合指数从2010年的75.5提高到2015年的85，首席信息官（CIO）制度建设正稳步推进，工业云、金融云、中小企业服务云、智能制造等在汽车、装备、航空等行业部署应用。

上海市着力深化信息化与经济社会各领域深度融合，围绕民生诉求“补短板”，着力打造智慧城市五大“新地标”：智慧社区、智慧商圈、智慧村庄、智慧园区、智慧新城。目前，上海在7个市级商圈推动了智慧商圈建设，在14个郊区行政村开展了智慧村庄建设，在30个产业园区推动了智慧园区建设，在嘉定新城和金山新城开展了智慧新城建设。其中，陆家嘴等街镇在智能停车App应用、自助快递箱、为老年人服务系统、与商业银行合作推行智慧城市炫卡等方面大力推进，为社区居民提供智能停车、失智老人监管、健康、门禁安全管理、快递物流等服务，取得了明显成效。截至2016年底，全市共实现767个公共停车场（库）的系统联网，同比增加200多个；全市在各区共实现超过120家公立医院与240家社区卫生服务中心接入“上海健康信息网”，过半数的区已实现两者联网率均达到100%。上海申通地铁集团与阿里巴巴、蚂蚁金服联合达成战略合作，推动实现购票、刷脸进站、智能客流分析等新技术的应用。

（3）南京：信用信息精细化治理

作为国内第一个提出着力发展智慧产业的城市，2003年南京市组建了政务内网，第二年又组建了政务外网。这两个网络都是由信息中心建设主导的，外网衔接到社区，一直到乡镇的自然村。2006年，南京市提出“发展智慧产业，构建智慧城市”的初步设想，于2009年正式提出“智慧南京”发展愿景。南京市在“转型发展、跨越发展和创新发展”战略统领下，以“智慧城市”战略为导向，谋划和推进产业发展、城市转型。2017年《“十三五”智慧南京发展规划》发布，提出到2020年，基本构建起以便捷高效的信息感知和智能应用体系为重点，以宽带泛在的信息基础设施体系、智慧高端的信息技术创新体系、可控可靠的网络安全保障体系为支撑的智慧南京发展新模式。

作为首批国家信用示范创建城市之一，南京市信用工作屡创佳绩。基于政务外网、大数据中心和云计算平台，南京市建立了覆盖全市79个市级部门、526家区级部门和12家第三方机构的信用信息共享大平台，提供政务外网、互联网、手机端、服务大厅、自助信用服务终端和诚信市民卡等多样化服务。

信用信息归集全覆盖。南京市公共信用信息共享平台涵盖了法人和自然人基本信息、许可资质、评价信息、行政处罚、法院被执行人信息、黑红名单、社保信息和其他辅助信用信息，形成了128万户法人、1179万自然人的信用档案。累计向江苏省和国家上报共享信用信息13.88亿条，占全国信用信息总量的1/10。

在智慧城市管理中，南京市利用城市信用、交通等大数据资源，对城市各类主体进行时间序列、经济分类、历程演化、区域分布、结构调整、政策模拟、失信行为、各类职业群体数量与结构的变化及趋势等大数据多维度关联、挖掘和分析，提出辅助决策依据和实例化应用。在开展信用舆情监测上，利用互联网信息舆情挖掘，结合“处罚”“判决”等负面信息，加强对食品安全、环境保护、安全生产、医疗卫生等22个重点领域和17个重点特殊执业群体的信用监测，提高城市信用水平。通过完善企业和个人信用“画像”，基于个人信用信息应用，市民通过“我的南京”手机App（实名注册用户262万），可申请享受“全线上、纯信用、5分钟”的“南京e贷”。推进信医贷，探索改善医患双方的信用关系、医院就诊秩序和患者体验，进一步强化个人信用意识。基于南京市公共信用信息共享平台，建立了专门的联合奖惩信用信息服务系统，为全市的联合奖惩工作提供系统支持。

（4）杭州：打造“城市大脑”

杭州是国内建设“智慧城市”的弄潮儿。2011年10月，浙江省政府办公厅正式发布《关于开展智慧城市建设试点工作的通知》，将杭州列为全省智慧城市建设示范试点城市之一。杭州市第十一次党代会明确提出要加强“三城三区”建设，推进“三网”融合，深化“无线城市”建设，打造“智慧杭州”。2017年7月，杭州市印发“数字杭州”（“新型智慧杭州”一期）发展规划，提出到“十三五”期末，基本形成统筹协调、合力推进的新局面，建成基础信息资源有效共享、政府决策科学精准、政府工作协同高效、城市管理精细智能、城市服务主动个性、市场环境公平开放、居民生活优质便捷、产业经济高效低碳的新格局。推动数据资源成为杭州市经济转型和社会发展的新动能，利用人工智能创新城市管理，建设新型智慧城市。经过多年实践，杭州“智慧城市”建设硕果累累。

打造移动生活之城。在杭州，超过95%的超市、便利店能使用支付宝付款；超过98%的出租车支持移动支付。截至目前，杭州市民通过支付宝城市服务，就可以享受政务、车主、医疗等领域60多项便民服务。2017年11月30日，“杭州政务”App上线，以政务办理为重点，在解决群众“办事难”问题的同时，延伸数据收集面，成为集政务信息共享和数据资源积累于一身的移动政务端。

打造“城市大脑”。2016年10月，杭州市政府在云栖大会上宣布推出“城市大脑”智慧城市建设计划。“城市大脑”将首先把城市的交通、能源、供水等基础设施全部数据化，并连通“城市大脑”的超大规模计算平台、数据采集系统、数据交换中心、开放算法平台、数据应用平台五大系统进行运转，对整个城市进行全局实时分析，自动调配公共资源。在杭州市城区的部分路段初步试验中，“城市大脑”通过智能调节红绿灯，车辆通行速度最高提升了11%。在“城市大脑”精准调控下，杭州“数字治堵”成效显著。在百城拥堵指数排名中，杭州从2015年的前3位降到了2019年的第35位。

2020年2月11日，在新冠肺炎疫情防控关键时期，杭州市率先推出“健康码”。“城市大脑”迅速从日常运作转入“战时”状态。“城市大脑”涉及的卫健委、数据资源管理局等相关部门，立刻实行“战时”赋能，应急打通公共数据，更快掌握人员流动情况。“战时”管用，“平时”好用。杭州“城市大脑”为防控疫情及时拉起了一道严密的数字屏障，通过数字化治理管活了人、盘活了城、激活了战“疫”下的经济发展新动能。作为“城市大脑”的重要组成部分，如今杭州健康码功能从“战时”逐步转为“平时”，正不断拓展深化，应用于城市全人群、生命全周期、健康全过程，成为助推“健康杭州”

建设的公共服务平台。

建成全球首个互联网法院。在钱潮路22号互联网法院大楼里，拥有全国最先进的涉网案件大数据中心，对案件来源、证据、调解、送达、审理、卷宗等进行全审判流程数据化管理，实现涉网纠纷网上审，老百姓足不出户就可享受高效便捷的司法服务。

（5）银川：一枚印章管审批

2016年9月，银川市政府通过《银川市智慧城市促进条例》，这是国内第一部地方智慧城市法规，而银川市也是全国首个以城市为单位进行顶层设计的智慧城市。在智慧城市建设上，银川市打破了国内建设模式的藩篱，首次采用PPP商业创新模式。通过政府购买服务、社会资本投入、专业公司运营，既解决了建设期间资金链条的断接问题，也解决了运营期间政府在升级换代上难以跟进的问题，是我国第一个完备的、统一规划部署的智慧城市样本。过去几年，银川市将“智慧的触角”延伸到城市的每个角落，搭建起“一图一网一云”的整体架构。通过建设涵盖平安城市、智慧交通等10大系统13个模块，已经成功地实现了数据全覆盖、跨部门共享，成功地解决了信息壁垒问题，在社会治理创新、城市立体管理、民生精细服务、产业融合发展等方面取得了明显成效。

政务服务方面。一是组建行政审批服务局，将26个部门153大类业务归由“一枚印章管审批”，审批效率整体提高86%。企业注册时间由5天缩减到1天，固定资产投资项目审批时间从148天缩减为50天以内。二是推进放管结合，在全国率先实行网上审批，505项审批事项中的242项实现了网上审批，将103项审批许可改为事后备案制。同时，建立审管互动平台，将备案信息及时传送到监管部门，提高对备案企业的抽检频次，并进行跟踪、采集、分析相关数据，为监管部门提供精准指向，实现精准监管。三是优化服务环境，在放权的同时，通过引进中介机构、公开政府信息等措施，加大对企业的服务力度。

城市治理方面。建立以大数据为支撑的银川市应急管理指挥中心，形成了以大数据分析为基础、历史数据与现场数据相结合、预案和方案相转换的科学应急管理体制，既提高了应急管理效率，又降低了事故损失。

公共服务方面。以智慧社区建设为平台，部署智能快递柜、智能垃圾桶、免费Wi-Fi、人脸识别门禁、大气与噪音监测系统、直饮水改造、智慧医疗系统等11项智能化设备，利用新一代信息技术建立一整套民生服务体系，实现智能化管理与日益复杂的城市实体系统的协调一致。以“12345”政府服务热线为平台，改革行政管理体制，改层级化管理为扁平化管理，全面了解市民诉求，建立问题导向机制。

（6）宁波：转型升级“智能制造”

自2010年起，宁波市围绕建设现代化国际港口城市的战略目标，率先系统部署智慧城市建设，以新一代信息技术与城市经济、管理和服务的深度融合应用，助推经济社会的转型升级，改善城市治理和服务，全面提升城市品质。2016年6月，宁波明确以发展智能经济为经济转型发展的突破口，智能制造计划取得一系列成效。

在制造工程上。鼓励企业实施智能化改造。在材料和装备革新上勇立潮头，设立宁波智能制造技术研究院，中国航天科工集团组建的光学、电磁特性评估与应用技术实验室，以及自动化（智能化）成套装备改造试点、市级智能化工厂和数字化车间等项目。例如，宁波吉利汽车杭州湾制造基地拥有德国模块化产能工厂以及先进的自动化生产技术，堪称大众全球工业4.0标杆工厂；宁波柏同科技四五个打磨机器人协同工作，上下料、加工、检测，形成一条完整的生产流水线；宁波均胜普瑞的数字化车间可实现工业长臂机器人拼接产品、自动焊接装料、自动挑选原料配方运输到车间一体化运作；宁波水表股份应用超声波、电磁传感、射流反馈控制技术，研制的大小口径智能水表、射流热量水表，可以实现设备与数据的通信，还可以实现用户通过预付费软件轻松缴费和智能供水，带来了极大便利。同时，宁波市还大力拓展以海洋工程装备、节能环保装备为重点发展领域的高端装备制造业。

在技术和企业管理模式上。实施“制造业＋互联网工程”，建设制造业行业云制造平台、工业大数据平台、工业物联网基础平台等7大重点服务平台。促成了中芯国际集成电路、百度大数据、华中数控机器人等项目成功落地；推进浙大智能制造研究院浙江机器人产业集团和海尔、阿里、凤凰网智能制造创新平台等项目合作；宁波智能模具工程公共服务创新中心已成功搭建了金融服务平台，为入园企业提供银行信贷、厂房按揭、设备融资租赁、税务咨询等服务。

（7）无锡：泛在物联感知

物联网在无锡的广泛深入运用正是无锡市打造“智慧城市”的具体实践。无锡在此方面可谓成绩斐然——国家唯一的传感网创新示范区、唯一的国家云计算创新服务地级试点城市，同时，又是云计算服务安全审查国家标准应用试点城市、首批国家智慧城市建设试点城市、首批国家智慧旅游试点城市、TD-LTE试点城市、下一代互联网试点城市、“三网”融合试点城市、电子商务试点示范城市、信息惠民试点城市、国际电气和电子工程师协会倡议实施的智慧城市试点计划中国唯一的试点城市、软件名城创建试点城市、国家金卡工程试点城市等近20个国家级试点城市。

作为国家级实验基地，无锡市拥有物联网企业近2000家，营收超过2000亿元，从业人员超过15万人，基本形成了涵盖感知、网络通信、平台、应用、基础支撑的产业链。如感知集团、大为科技、远景能源等企业已在全球17个国家和地区、200多个城市承建或参建应用示范工程，推广物联网应用。其中，无锡西泾变电站首次构建了变电站物联网系统，实现智能监测与辅助控制，具备智能监测、判断、管理、验证等智慧功能，成为我国首座220千伏智能变电站，其样本经验已全面融入国网标准，应用于国内150余个智能变电站的建设改造；远景能源首创的智慧风场管理系统成为首家为美国公司提供风场管理服务的中国企业；物讯科技研发的应急清点系统获得美国2016年物联网大会年度最佳IOT奖，已在秦山核电站成功部署；富华科技2014年与阿根廷政府合作建厂生产RFID牲畜电子耳标，项目总额达2000万美元，达产后中国产品将主导阿根廷畜牧业电子耳标市场。

（8）佛山：区块链解决身份认证

佛山市以“互联网+”力量引领城市治理现代化，探索构建“智慧城市”。2015年获全国“创新社会治理”最佳案例，2016年在国务院实地督导过程中被作为地方政府典型经验进行通报表扬。其中，禅城区的“一门式一网式”政务服务改革已成为全国学习的标本。当多数人对“区块链”这一名词还不熟悉时，禅城区再次第一个“吃螃蟹”，成为全国首个探索区块链政务应用县区。

2017年6月，禅城区发布了“IMI（我是我）身份认证平台”与智信城市计划两大基于区块链技术的创新应用成果。当使用“IMI身份认证平台”验证“我就是我”后，市民无需去现场办理，利用移动终端就能够填写表格、递交申请，完成事项的申办。

（9）嘉兴：新型智慧城市标杆

作为获批创建“新型智慧城市标杆市”的全国三个城市之一，嘉兴市于2017年全面启动了新型智慧城市标杆市建设。嘉兴市设计了“1245”计划，即：“1”是指城市信息基础设施，这是智慧城市的中枢神经；“2”是指城市综合运营管理中心和城市大数据中心，这是智慧城市的大脑和心脏；“4”是指重大领域的应用，这是智慧城市的骨架；“5”是指五类试点的建设，它们是智慧城市的细胞。基于嘉兴市城市大数据中心、嘉兴市城市运营管理中心及嘉兴市智慧应急指挥平台的成功打造，嘉兴市在2018年中国政府信息化大会上一举荣获三项大奖——“2018中国政府信息化管理创新奖”“2018中国政府信息化方案案例创新奖”“2018中国应急管理信息化管理创新奖”。

作为嘉兴新型智慧城市标杆市建设的“心脏”，嘉兴市城市大数据中心是全市数据和资源融合共享的重要载体。建立了大数据管理体系，发布了《嘉兴市公共数据资源目录2017版》，接入53个部门10350万条数据，清洗了其中5940万条数据，融合产生7792万条新数据。完成了首轮部门信息系统调查摸底工作，共梳理市级109个部门384个信息系统，县（市、区）179个部门735个信息系统。初步建成人口、法人、空间地理信息三大基础库，以及卫计、社保、市场监管、安监等20个部门库。上线公共数据服务平台、政府数据开放平台，已为11个部门提供目录管理、数据共享、视频调用等服务，向大众开放环保数据、治堵数据等一系列非涉密数据。

作为嘉兴新型智慧城市标杆市建设的“大脑”，依托大数据中心提供的有效数据，运管中心形成“城市运行全景图”，围绕产业经济、惠民服务、精准治理、生态宜居、智能设施、数据共享、网络安全、市民体验八大领域，通过整合城市运行各个环节的各类资源，实现了为城市管理者提供全景图和辅助决策数据，为政府各部门提供业务协同服务，为企业、市民提供数据资源和信息服务，探索形成了日常运行和应急指挥“平战结合”的综合运营管理模式。

结合“两中心”建设，率先在全省建成了一个基于“智慧城市+应急”理念，以大数据为支撑的政府智慧应急指挥平台，实现了应急指挥调度、应急决策支持、应急风险管理及专题数据支撑等功能，具有“统一指挥、反应灵敏、功能齐全、运转高效”等特点，可有效预防和应对自然灾害、事故灾难、公共卫生和社会安全事件，最大限度地减少突发事件造成的损失。

（10）济南：泉城智慧

济南新型智慧城市建设采取政府主导、政企共建、市场化运作、政府购买服务的运营模式。2017年，济南新型智慧城市开始建设。如今，群众办事一站通、爱城市网一点通、居民健康一卡通、市民出行一路通、公共安全一网通、和谐社区一格通、金融服务一贷通都已落地开花。

群众办事一站通。市民到政务服务中心，个人只需要拿着身份证，法人拿着营业执照号码（信用代码），就可以实现一站式办事。“爱城市网”是济南智慧城市建设的一个创新，它集查询办事、民生互动、交通出行、教育医疗、生活服务等城市服务于一体。市民和游客可以便捷查询“五险一金”、个人所得税、房产业务，预约医院挂号、出入境证件办理、在线生活缴费等，60余项便民服务可“一点即通”。

居民健康一卡通。一人一码终身使用。济南市在2017年被确认为省内首家国家电子健康卡试点城市，用电子健康卡就诊，逐步实现预约挂号、签到、诊疗、检查检验、处方、交费、取药、取报告单等诊疗服务全过程的应用。接下来，全市200多个社区卫生服务中心都计划上线“基层云 HIS”系统，未来还将与全市各大医院互通，争取以后不管你去哪家医院，都能“一卡通”。

市民出行一路通。打造“交通大脑”，将政府部门、社会机构、互联网企业、市民群众提供的数据资源进行整合和分析应用，初步实现城市快速路、主干道交通态势实时发布；在城市快速路匝道设置诱导屏，实现快速路出行诱导；制定全市交通感知设备建设规划，有针对性地补点建设。

公共安全一网通。建立公共安全视频监控体系，汇集全市公共区域视频资源，通过视频解析大数据平台，加强统筹链接和计算，促进深度应用，实现事先预警、远程治理、特殊人群监管、重点青少年管理、矛盾纠纷排查化解、校园及周边安全防护和重点场所行业监管等功能。

和谐社区一格通。统一全市条块各类服务管理网格设置、服务管理资源，充实新设网格力量，建立“全市一张网”的网格化服务管理体系；市民也可通过手机终端 App 二维码、济南城管微信公众号等途径进入系统，进行地图浏览、办事咨询、案件上报等。

金融服务一贷通。建成中小微企业和创新创业线上金融服务平台，打通 8 家政府数据，与 2 家银行进行合作，发布 4 款金融产品，小微企业注册 1700 家，通过小微企业授权成功调用 1.3 万条政府数据，成功为 735 家小微企业完成 9400 万元贷款。

1.4 新型智慧城市发展趋势

1.4.1 政策趋势

1. 政策发展环境逐步完善

近年来，党中央、国务院高度重视新型智慧城市发展，陆续研究出台和不断推进落实各项政策保障体系。从重要性看，党的十九大报告明确提出建设智慧社会，提高和改善民生水平，打造共建共治共享的社会治理格局，对未来城市发展提出全新的目标和要求，同时新型智慧城市作为重大工程项目，纳入了《中华人民共和国国民经济与社会发展第十三个五年规划纲要》，成为我国经济社会发展的重要组成部分。从标准规范看，国家发改委联合中央网信办、国家标准委发布了《新型智慧城市评价指标（2016 年）》，并出台一系列促进发展的政策和标准规范，以评价工作为指引，明确了新型智慧城市工作方向，推动全国各地新型智慧城市建设。从发展方式看，《国家信息化发展战略纲要》提出要分级分类建设新型智慧城市。从实施层面看，《“十三五”国家信息化规划》将新型智慧城市作为其中两大优先行动计划之一，明确了 2018 年和 2020 年新型智慧城市的发展目标，提出了建设方法和推进路径。特别是十九届四中全会以来，国家在城市治理现代化、政府数字化转型和新一代信息基础设施建设方面出台了一系列政策文件，将大大加快新型智慧城市建设。另外，粤港澳大湾区、长三角一体化、成渝一体化等城市群建设将带来新型智慧城市群建设新机遇。

2. 加强统筹，形成政策合力

为进一步加强跨部门工作协调力度，形成政策合力，国家发改委、中央网信办担任组长单位，23 个相关部门为成员单位建立了“新型智慧城市建设部际协调工作组”，形成了国家层面跨部门统筹协调的工作模式，建立了联络员会议制度、信息报送制度等部际协调工作机制，加强了智慧城市推进过程中的统筹协调和跨部门沟通配合，为加强我国智慧城市顶层设计、促进健康有序发展提供了有效的制度保障。

1.4.2　技术趋势

新一代信息技术发展是新型智慧城市建设的关键支撑，以云计算、大数据、人工智能、物联网、移动互联网、区块链等为引领的科技革命正在成为促进经济和社会发展的核心动力，技术创新倒逼制度和组织模式创新成为全面深化改革的重要方式，成为城市发展的加速器。

1. 云计算：集约建设、关注应用

信息和通信技术的进步，为无处不在的连接提供可能，云计算技术为数据的共享、整合、挖掘和分析提供可能。在新型智慧城市的建设中，云计算开启政务服务新思维，政务信息系统正向着更加集中、集约、高效、开放的方向发展。通过建立云计算数据中心，将基础设施、信息资源、应用支撑、应用功能、安全保障、运行维护等信息化公共资源作为服务提供给用户，可以打破城市各功能系统原有的条块分割，杜绝资源的重复建设，提高资源利用率，达成信息共享，改善政府效能。同时，将以社会民生服务领域为重点，建立社会服务云平台，提高社会管理的精细化、智能化水平。不仅如此，云计算中心还将促进“互联网+”产业的发展，促进传统产业转型升级。

2. 移动互联网：移动互联、便利生活

移动时代到来后，移动设备已经成为人的智能器官，改变了人们的生活习惯、社交方式、关系网络。在市民生活领域，移动互联使人们将空余碎片化时间利用起来，各种支付 App、社交 App 让人们在互联网中沟通畅通，消息传播不再受时间、空间限制。在公共服务领域，移动互联网的优势使人与公共服务通过数字化的方式全面联结起来，大幅度提升服务效率与服务水平，降低整个社会的运行成本。在城市治理领域，移动互联使移动办公、移动执法、网格化管理成为可能，大幅度提升政府行政效率，提升人民群众对政府的满意度。

3. 物联网：全面感知、连接一切

物联网技术是数据世界跟现实之间的边界，物联网中的传感器等设备将现实世界转化到数据世界。物联网在智慧城市应用建设中扮演的是感知触角的角色，为智慧城市提供了城市的感知能力，实现人、机器和系统三者之间的无缝连接。通过环境感知、水位感知、照明感知、城市管网感知、移动支付感知、个人健康感知、智能交通感知等，实现对城市信息的快速、及时的感知，敏捷地感知发生问题的城市设施对象，以便城市的管理者做出科学、及时的决策，找出有效的对策，消除导致“城市病”的病源。

4. 大数据：海量数据、智慧引擎

在智慧城市的建设和应用中，将产生从 TB 级到 PB 级的数据，监控视频数据、城市地理信息、交通数据、人口数据以及环境监测数据等呈现爆发式增长。大数据是智慧城市的智慧引擎，已经遍布智慧城市的方方面面，正在从道德、文化、制度、产业和生活等方方面面重构现实社会。在城市规划上，通过对城市地理、气象等自然信息，经济、社会、文化、人口及其他人文和社会信息的挖掘，城市规划能提供强大的决策支持，以及加强科学性和前瞻性的城市管理服务。在交通管理上，通过实时挖掘道路交通信息，可以有效地缓解交通拥堵，并快速响应突发状况，为城市交通的良性运转提供了科学的决策依据。在安全领域，通过挖掘大数据，可以发现人为或自然灾害、恐怖袭击，提高应急处置能力和安全能力。大数据是未来人们享受智慧生活的基础，将改变传统“简单平面”的生活常态。通过大数据的应用服务，将使信息变得更加泛在、使生活变得多维和立体。

5. 人工智能：深度学习、城市大脑

随着人工智能技术的不断发展，人工智能更像是一种能源，像水、

电一样成为驱动社会生产的一部分，当人工智能流入不同行业，就会滋养这些行业的发展。交通领域，阿里利用人工智能自动调配红绿灯，实现交通信号灯的智能配置，试点区域通行时间减少 15.3%。公共安全领域，生物识别与人工智能研判增强公安预测和决策能力，在构建"人事地物组织"的知识网络的基础上，实现监测预警、研判，切实增强公安的认知、预测和决策能力。教育领域，人工智能在老师教学与学生学习、测评各个环节切入，包括拍照搜题、分层排课、作业布置等方面。医疗领域，人工智能在影像识别、综合诊疗等方面深入应用，将医生从繁重的工作中解放出来，降低误诊率。

6. 区块链：高效透明、安全可信

区块链技术作为新型的"价值互联网"，可能会像互联网技术一样，对政府服务和功能产生变革性影响。区块链具有去中心化、透明性、隐私性、难以篡改、安全性、自治性和智能性的特点，可以为智慧城市提供更加安全、透明、高效的问题解决方案。在供应链领域，区块链技术主要有两方面的应用：第一是溯源。区块链技术能保障在整个链条中数据不被篡改；第二是信息共享问题。在个体供应商之间把信息打通，包括货物的生产、流转、销售、原料以及合同等情况，大家都能清楚地获知整个供应链各个环节的情况。在健康领域，区块链技术可以创建一个安全、灵活的电子健康记录（EHR），使公共健康更加透明。在农业领域，区块链技术可以对食品溯源追踪，提高食品来源透明度，降低食物价值链的复杂性和成本。

1.4.3　产业趋势

1. 政府数据开放，释放社会价值

数据是国家的战略性资源，一个国家有大量基础性、关键性的数据掌握在政府手中，涉及工商、税务、司法、交通、医疗、教育、通信、金融、地理、气象、房产、保险、农业等领域。激活政府数据价值，能释放不可限量的价值，在社会治理、服务方式变革与传统产业转型、创新中发挥难以预估的作用。开放数据能够提高社会运行的效率，例如，纽约犯罪记录数据的开放，提示公众避免进入犯罪率高发区域并提高警惕。开放数据还能够激发巨大的商业价值，例如美团、大众点评之类的饮食推荐网站上也可以同时纳入质监部门卫生检疫的测评。开放数据激发创新，开放数据平台会吸引大量高科技人才和企业的关注，激发前沿的创新和应用。

2. 形成新型智慧城市产业链和生态圈

智慧城市的建设和运营涉及城市各项主体和各个领域，将构建完善的上下游产业链形成协同效应。例如，供应链为智慧城市提供高效便捷的物流体系，金融为智慧城市提供租赁和创投等资金服务，产业园开发为智慧城市提供支撑环境。在智慧城市的基础设施建设过程中，还会推动传统意义上的信息技术企业与电信运营商、互联网、有线电视系统等多方的紧密合作，在无线宽带、“三网”融合、云计算中心、IPv6 等技术领域，共同为城市通信与信息基础设施建设提供服务，形成互相融合的产业链和生态圈。

3. 市场体量巨大，行业发展潜力大

智慧城市建设强调以科技创新为支撑，着力解决制约城市发展的现实问题。未来随着人们对信息化、智能化生活的熟悉程度不断上升，智慧城市的建设需求将逐步深入，应用领域不断扩张。行业发展需求的增加为行业提供了持续的发展动力。各大运营商与诸多 IT 公司均在该领域展开积极布局。《2017~2021 年中国智慧城市深度调研及投资前景预测报告》数据显示，2014 年，我国智慧城市 IT 投资规模达

2060 亿元，较 2013 年增长 17.0%；2015 年，投资规模达 2480 亿元，同比增长 20.4%。预计 2017 年我国智慧城市 IT 投资规模将达到 3752 亿元，未来五年（2017~2021）年复合增长率约为 31.12%，至 2021 年达到 12341 亿元[①]，如图 1–1 所示。

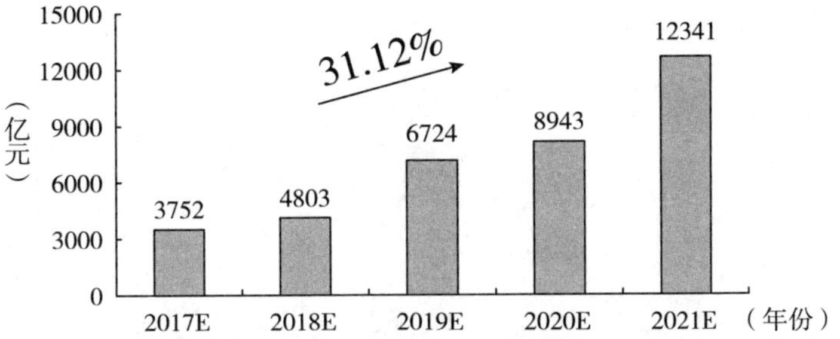

图1-1 中国智慧城市IT投资规模预测

报告预计，未来五年（2017~2021）我国智慧城市市场规模年均复合增长率约为 32.64%，如图 1–2 所示，2021 年将达到 18.7 万亿元。

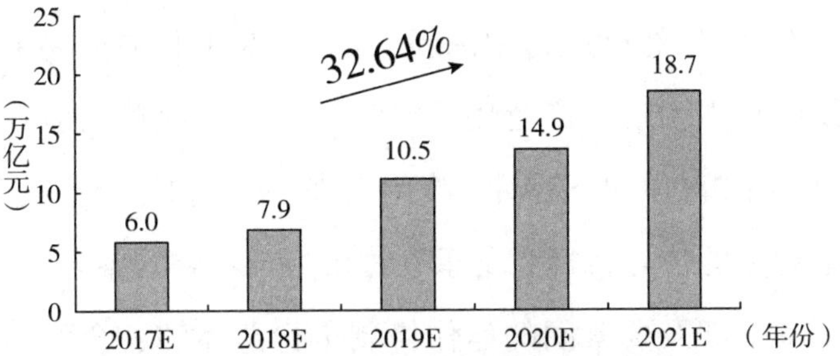

图1–2 中国智慧城市市场规模预测

① 中投顾问.《2017~2021年中国智慧城市深度调研及投资前景预测报告》。

第 2 章

新型智慧城市顶层设计

2.1 新型智慧城市顶层设计概述

2.1.1 顶层设计的概念

“顶层设计”虽然已成为中国新的热词，在中共中央关于“十二五”规划的建议中首次出现，广泛用于设计与政治的改革，但其本源是一个工程术语，由“自顶向下设计”演化而来。其本义是指“从全局出发，围绕着某个对象的核心目标，统筹考虑和协调对象的各方面和各要素，对对象的基本框架及要素间的运作机制进行总体的、全面的规划和设计”[①]。通俗地讲，就是指价值理念与操作实践之间的蓝图，是一项工程“整体理念”的具体化。

其主要特征有三个：一是顶层决定性，顶层设计是自高端向低端展开的设计方法；二是整体关联性，顶层设计强调设计对象内部要素之间应围绕核心理念和顶层目标形成关联、匹配与有机衔接；三是实

① 芮平亮.《信息系统顶层设计技术》[M]. 北京：电子工业出版社，2015：4

际可操作性，设计的基本要求是表述简洁、明确，设计成果具备实践可行性。

2.1.2 新型智慧城市顶层设计概念

新型智慧城市是一个复杂巨系统[①]，新型智慧城市建设涉及城市的各领域、各行业，综合性强、技术性高、协调面广。顶层设计对智慧城市建设的成效至关重要，如果没有一个整体性的顶层设计指导与统一的技术标准，在新型智慧城市的建设过程中必然会遭遇各自为政、信息孤岛、重复建设等城市信息化建设的老难题，增加智慧城市建设失败的风险。2016 年 7 月 27 日，中共中央办公厅、国务院办公厅印发了《国家信息化发展战略纲要》，提出“加强顶层设计，提高城市基础设施、运行管理、公共服务和产业发展的信息化水平，分级分类推进新型智慧城市建设”。

新型智慧城市顶层设计是基于城市定位、发展目标和发展需求，从全局的角度描绘新型智慧城市的信息化蓝图，从城市发展需求出发，运用系统方法统筹协调城市各要素，对新型智慧城市的愿景目标、总体架构、建设内容、实施路径、运营管理、体制机制等方面进行整体性规划和设计，通过定目标、定边界、定内容、定约束，指导城市开展新型智慧城市建设。其主要有如下几点作用。

1. 明确新型智慧城市建设蓝图

新型智慧城市顶层设计是对新型智慧城市全局性、整体性的设计，有效衔接建设理念与具体工程项目。通过定边界、定约束、定规范，为新型智慧城市建设提供统一指导。

---

① 胡小明.对新型智慧城市建设顶层设计的思考[J]. 智慧中国，2016（7）：11~13

2. 打通数据壁垒，实现互联互通

信息化初级阶段应用系统都是分散开发的，数据自采自用，必然产生“信息孤岛”。通过顶层设计，自顶向下建立统一的数据库、统一的数据标准、统一的接口标准，保证新型智慧城市建设具有开放、融合和服务的特点，逐步打破信息孤岛和数据分割，促进部门间的业务协同。

3. 推进体制机制改革

新型智慧城市顶层设计不仅从技术层面提出解决方案，还从城市建设管理的体制机制方面提出相应的措施，明确建设管理团队、完善保障机制，推动地方政府行政体制改革，加快政府智能转型，进一步推进经济体制改革，实现城市创新驱动发展。

4. 实现共建共享、集约建设

新型智慧城市顶层设计对跨部门、跨领域、跨行业的业务进行全盘考量，提出保障统一建设、集约共享的约束条件和措施，能够避免各自为政、重复建设，节约资金成本。

5. 降低新型智慧城市建设失败风险

新型智慧城市顶层设计保障新型智慧城市建设不是临时性工程，而是能够长期延续的理念，不因领导班子、工作团队的改变而改变。

2.1.3 当前智慧城市顶层设计存在的问题

顶层设计为解决智慧城市的发展难题提供了一条切实可行的道路，但实践过程中也存在着一些问题。总体来看，主要有三大症结，这将对智慧城市的快速健康发展产生一定的阻碍。

1. 技术驱动明显，忽视制度创新

新型智慧城市不是一次创新，而是二次改革。当前的顶层设计往

往技术驱动特征明显，基本都偏重技术架构，讲求技术先进、功能全面、性能高超。可见硬环境描述得比较清楚，但在软环境方面，比如制度、环境、配套机制、政策措施、商业模式等，往往语焉不详。没有实现信息技术与城市各功能模块的深度融合，缺乏对深层次体制机制弊端的有效改革措施，从而造成总体规划难以落地。

2. 重视工程建设，缺乏运营管理

为促进经济发展，政府与建设方均偏向于落实项目建设，导致当前的智慧城市规划设计基本是项目导向性的，基本都偏重于技术架构和具体应用的建设，对于与之密切相关的运行管理机制、服务模式、运维机制等，往往提及较少。由于缺少运营维护，导致不少应用系统建成即报废，造成国家财政的巨大浪费。

3. 关注短期目标，缺乏长远推进

建设新型智慧城市不是一个工程，而是一个过程，其总体规划必须要站位全局、着眼长远，既要着眼于解决当前“城市病”，也要着眼解决城市未来发展问题，更要考虑城乡协调发展和城市群一体化发展。但国内部分地区的智慧城市总体设计受领导班子换届的限制，先行建设成效快的政绩项目，而后建设成效慢的基础设施项目，导致数据孤岛，难以互联互通，重走原有信息化时代的老路。

2.1.4　新型智慧城市顶层设计原则

新型智慧城市是新时期新阶段以信息化引领城市创新发展，全面推进新一代信息通信技术与城市发展战略深度融合，提高城市治理能力和现代化水平的新理念和新模式。开展智慧城市顶层设计应遵循以下基本原则。

1. 以人为本、服务导向

贯彻以人为本的原则，立足市民生活、企业生产和运营、政府管理和服务的实际需求，发挥信息化对科学高效配置资源的支撑和服务功能，切实增强智慧城市建设带来的便捷、高效、创新的感受度，让智慧城市建设成果惠及全体市民。

2. 分级分类、一城一策

每个城市的行政区划、规划定位、自然环境、人口规模，因其发展水平、区位特点各不相同。智慧城市顶层设计应遵循城市可持续发展的客观规律，按照循序渐进的原则，分级分类，从城市发展战略全局出发，突出城市自然禀赋及自身特色，区分轻重缓急，设计有针对性的建设框架和建设内容，制定个性化发展路径。

3. 集约建设、共建共享

构建高度集约的信息基础设施，强化城市公共信息资源开发，通过技术融合、业务融合、数据融合，保持不同部门、不同层级之间信息化基础设施、数据及应用的共享，打破体制机制障碍。

4. 数据驱动、开放共享

充分发挥数据资源在服务创新、治理模式创新中的重要作用，通过统一规划建设数据资源体系，实现数据的汇聚融合和共享开放，建立“用数据说话、用数据决策、用数据管理、用数据创新”的全新机制，释放数据价值。

5. 政府引导、多元参与

发挥政府在统筹协调、总体规划等方面的引导作用，引入市场机制，创新建设投资模式，加大政府与企业、社会资本的交互融合力度，形成政府、企业、社会资本多方参与的新型智慧城市共建共赢新格局。

6. 城乡一体、协同发展

智慧城市顶层设计应坚持协同发展的原则，结合各地域各区县城市发展情况，建立城市管理、产业发展、社会保障、公共服务等多方面协同的发展体系，促进城乡各种资源要素的合理流动和优化配置，实现城乡协同发展和城市群间的资源优势互补。

2.2　新型智慧城市顶层通用设计理论

新型智慧城市总体顶层设计研究和实践众多，但由于新型智慧城市本身是一个复杂巨系统，内涵和边界不断变化，存在多种维度视角和各种不确定性，尚无成熟、通用的顶层方法论。体系结构设计方法是信息系统顶层设计技术体系中的核心技术，是复杂组织架构设计的方法论和工作指南，支持复杂组织、复杂系统、复杂任务的信息系统建设，解决信息共享和高效协同。由于体系结构方法注重采用规范化的设计过程，从多个视角对体系建设进行描述，能识别出系统中的主要结构组件及其之间的关系，便于设计人员从总体上分析、理解和构造系统，从而在需求和系统详细设计之间建立一座桥梁。这与新型智慧城市的设计特点契合度较高，结构清晰易懂，国内现行的新型智慧城市总体规划设计大多基于体系结构方法。

中国电子科技集团经过研究学习美国 DoDAF、FEA 等体系结构方法后，提出了基于能力的体系结构设计方法[①]，并在军事领域进行了充分的实践，同时将其运用到深圳、福州、嘉兴三个标杆市新型智慧

---

① P L Rui, R Wang, H Yu. A Capability-Based Method for System of Systems Architecting in the Net-Centric Environment[J]. International Journal of Computer and Communication Engineering, 2012, 1（4）: 419~422.

城市顶层设计工作当中，推出新型智慧城市体系结构设计的框架与方法，其成果最终作为重要内容编入《智慧城市顶层设计指南》（GB/T 36333—2018）。本小节从设计流程、调研分析、总体设计、架构设计、实施路径设计等几个方面介绍新型智慧城市顶层设计的通用设计理论。

2.2.1 新型智慧城市顶层设计流程

新型智慧城市顶层规划与设计需要从全局的视角出发，围绕城市发展过程中的重大问题及主要矛盾，深入分析新型智慧城市的发展现状与面临的形势环境，以此确定新型智慧城市的建设目标、主要任务，并设计出总体架构、实施路径等，力求体现指导性、约束性与可操作性。智慧城市顶层设计流程一般分为现状与需求分析、初步设计、架构设计、实施路径四个阶段，如图 2-1 所示。

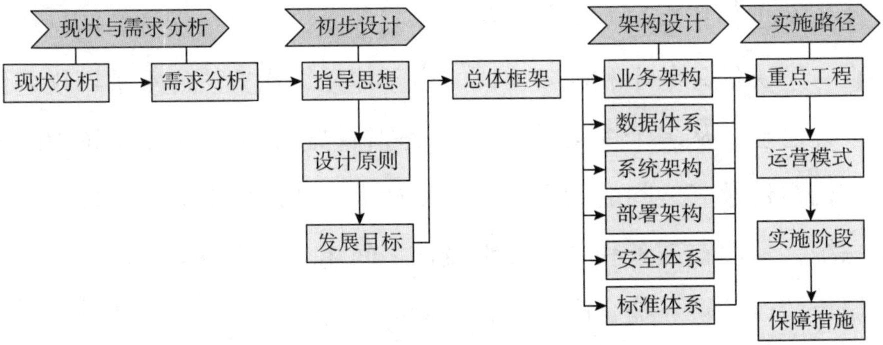

图2-1 新型智慧城市总体设计流程

2.2.2 调研分析

新型智慧城市建设要以人为本、因地制宜，不能盲目复制、千城一面，应该基于城市发展现状，通过分析城市发展战略与目标，围绕城市发展过程中的重大问题及主要矛盾，梳理出政府、市民、企业等主体对智慧城市的建设需求。

1. 收集资料

基础信息资料收集是了解新型智慧城市需求最重要的途径，同时也是一个复杂、庞大的工程体系。可通过资料分析法、现场调研、召开部门座谈会、领导访谈以及专家访谈等方式获取新型智慧城市发展基础以及需求。

需收集的资料主要源自：城市地图、城市近期总体规划、城市国民经济与社会发展规划、政府工作报告（本年度及上年度）、城市各类专项规划、城市信息化发展规划、城市信息化基础设施现状等。

访谈资料主要包括：政府主管部门近年工作的访谈、通信运营商近期工作的访谈、公用事业单位近期工作的访谈。

2. 需求分析

智慧城市顶层设计规划必须建立在详细的智慧城市需求分析的基础上。城市现状调研分析的内容包括但不限于以下几方面。

一是城市发展模式分析。中国城市数量大、分布广，在发展的历史条件、自然条件、地理区位、发展前景、发展模式和功能类型等方面都有着极大的差别，应综合考虑城市发展定位、经济社会发展水平、人口规模、区位特点等，根据城市的发展需求，突出城市的发展特色，明确城市智慧化建设方向，推动各地新型智慧城市实现特色化、差异化发展。

二是城市战略定位分析。新型智慧城市规划要高度重视城市的战略定位，统筹考虑历史传承与现实发展，主动融入国家和全省发展战略大局，更好地确定城市在国家、区域发展中的地位和职责，提出智慧城市规划的总体战略定位。

三是城市治理分析。从人居角度出发，分析人口规模、年龄结构、学历结构、就业结构。从空间尺度分析人口密度空间分布情况，人口职住平衡情况，主要居住区域的学校、医院、公园、交通等配套设施建设情况等。从城市管理角度分析城市社会治安、公共安全等现状。基于以上分析，确定城市治理中存在的问题及信息化重点建设内容。

四是信息化建设分析。调研包括各被调研单位业务口的信息化建设情况、资源共享情况、基础网络及信息安全建设情况、系统内数据运营中心建设情况等。在调研基础上，梳理分析区域信息化建设现状并确定信息化重点建设内容。

3. 能力要求

基于新型智慧城市建设的目标愿景，对标城市的战略定位和主要任务，结合城市发展需求、城市特色、发展现状、存在的主要问题等，提出新型智慧城市建设重点基础发展能力，每项基础能力分别由若干项二级能力进行支撑。

2.2.3　总体设计

在需求分析基础上，以国家、省、市要求为指引，以城市发展定位为牵引，以解决当前城市问题为导向，确定智慧城市建设的指导思想、基本原则、建设目标等内容，识别智慧城市建设重点任务。

1. 指导思想

指导思想又称行动指南，是指导我们全部活动的理论体系，是思想建设、政治建设、组织建设、作风建设的理论基础。智慧城市的建设工作也必须有一个正确的指导思想。指导思想明确智慧城市规划建设的理论体系，是智慧城市建设的主要方向，是指导智慧城市建设的理论基础。应以党的十九大关于新型智慧城市重要论述为依据，以中央城市工作会议、新型智慧城市建设部际协调工作组第一次会议、

“4·19”网信工作会议内容和各部委提出的建设要求为指导，突出“以人为本”的核心思想[①]，根据城市现状及智慧城市建设需求，明确开展智慧城市建设的指导思想。

2. 基本原则

新型智慧城市建设的基本原则是根据城市现状及智慧城市建设需求，对智慧城市规划建设进行总体规范和要求，是智慧城市规划建设过程中的依据准则。新型智慧城市建设应采取以人为本、服务导向，分级分类、一城一策，集约建设、共建共享，数据驱动、开放共享，政府引导、多元参与等原则进行建设。

3. 建设目标

新型智慧城市建设被视为一个系统工程，一个复杂巨系统，应首先厘清城市所承担的国家战略定位以及自身资源禀赋、地域特点、政府意向、经济社会发展情况及城市信息化现状等要素，结合对国内外标杆的研究与对比分析，从城市自身的发展定位、需求、现状和存在的问题出发，将新型智慧城市建设与经济社会转型、新型城镇化发展、城乡区域协调等相结合，明确提出契合城市特征的新型智慧城市战略定位全景图，统筹全局形成有前瞻性和现实性的城市近、中、远期发展目标。同时，要在现有信息化的基础上，合理设定智慧城市的建设目标，防止脱离客观条件、目标过于理想或是目标过低等问题，丧失新一轮城市创茅发展的机遇，失去竞争优势。

其次需要参考新型智慧城市评价指标体系。现行的《新型智慧城市评价指标（2016年）》设置了客观指标、主观指标和自选指标三类，前两类属于必选动作，且涵盖了八个方面内容。

---

① 林念修，庄荣文.新型智慧城市发展报告2017 [M].北京：中国计划出版社，2018：90

设定新型智慧城市建设目标需要符合 SMART 原则，具体如下。

一是建设目标必须是具体的（Specific）。新型智慧城市建设目标设定不能过于宽泛，不能主观。要用具体的语言清楚地说明要达成的成效，目标不能模棱两可，更不能口号化。

二是建设目标必须是可以衡量的（Measurable）。制定新型智慧城市建设目标的衡量标准遵循“能量化的质化，不能量化的感化”，使新型智慧城市建设有一个统一的、标准的、清晰的可度量的标尺，杜绝在目标设置中使用形容词等概念模糊、无法衡量的描述，应具备渐进性，作为定期追踪和衡量是否达成目标的依据。

三是建设目标必须是可以达到的（Attainable）。制定新型智慧城市建设目标，不能脱离现实、好高骛远，要根据城市的人力、财力、资源等综合实力和经济与社会发展规划目标，确定智慧城市必须建设的主要工作与实现的效果。

四是新型智慧城市建设目标要与其他目标具有一定的相关性（Relevant）。制定新型智慧城市建设目标，应与城市自身的智慧化发展设想相一致，同时与城市的其他规划目标相一致。

五是新型智慧城市建设目标必须具有明确的截止期限（Time-bound）。新型智慧城市领域的各类技术快速变化与发展，近年来中国的政府体制、公共事务管理模式与经济发展模式正在加紧改革步伐，要使智慧城市规划具有可操作性，一般只能把规划期定在 3 ~ 5 年。同时，应拟定出完成新型智慧城市建设目标的时间要求，定期检查项目的完成进度，及时掌握项目进展的变化情况，随时根据工作计划的异常情况变化及时地调整工作计划。

4. 重点任务

从智慧城市建设目标出发，以公共服务、公共安全、城市治理和产业发展需求为引领，以夯实信息基础、提升城市治理水平、增强市民获得感以及创新经济发展模式为抓手，充分挖掘新型智慧城市建设需求，明确新型智慧城市建设的重点任务。

2.2.4　架构设计

本小节从全局视角出发，自顶向下对新型智慧城市建设技术体系进行系统分析与设计，围绕新型智慧城市建设需求和目标定位，从业务、数据、系统、安全、标准、部署六个维度，描述新型智慧城市建设的技术体系和组成架构，描述体系结构各组成部分以及各组成部分之间的相互关联关系，指导新型智慧城市的建设，如图 2–2 所示。

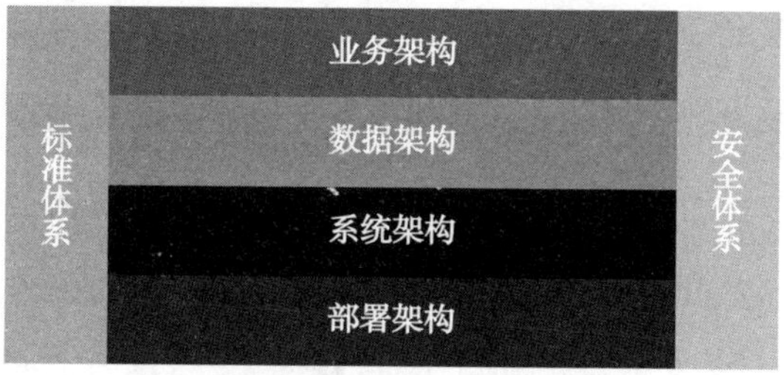

图2-2　新型智慧城市体系架构

1. 业务架构

业务架构是采用有效的建模技术，规范化地描述业务发展战略、业务运作模式、各个业务之间相互作用的关系结构，以完成任务的信息流为支撑，描述基本业务模型。业务架构是用来将其后架构工作的业务价值阐述给相关干系人所必不可少的工具。在描述新型智慧城市业务时，对现存机构、管理、职能、业务等进行宏观分析，在分析过程中，以业务为中心进行职能梳理，而不涉及具体执行业务的部门机构，有利于厘清部门之间的合作关系，厘清不合理的体制、管理、职能、业务、流程等方面的问题，优化业务服务过程，在不冲破现有政府体制的前提下实现部门内部以及部门之间的协同。

业务架构为多级结构，应从城市功能、政府职能、行业领域等维度进行划分并层层细化与分解，一般分为两级。一级业务架构通常从城市功能角度（如社会生活与保障、城市治理、产业发展、环境与资源保护、交通与运输服务、IT 基础与通信设施服务等）划分业务结构，如“民生服务”“城市治理”“产业发展”等；二级业务架构依据行业领域进一步分解，每项一级业务由“公共服务”“政务服务”“教育服务”“医疗服务”等组成。

2. 数据架构

数据架构建设的目标是通过一种完整、一致、稳定且能够为干系人所理解的方法对支持业务所必需的数据的类型与来源进行定义。需要注意的是，数据架构的建设并不关注数据库的设计，即数据架构并不是针对存储系统在逻辑或物理方面的设计，而是对企业相关的数据实体进行定义。数据体系架构是描述支持业务流程运行中信息与数据交换共享的数据标准，它提供了信息标准化描述和组织的模型，从数据架构、数据标准、数据治理及数据服务等方面进行整体设计。

数据架构：对来自不同域（政府、社会）、不同形态（结构化、非结构化）、不同作用（感知监控、业务办理、分析决策等）的数据进行整理、分层、分类。

数据标准：对数据的采集、融合、共享开放、安全等方面进行规范和统一。通过数据标准规范的建立和应用，统一数据的语义和语法，统一数据调用接口标准，促进数据在不同系统间的共享共用。

数据治理：通过建立监督、政策与规程、培训、流程和实践、问题解决方案、考核指标 / 奖励等方式，达到数据整合的目的，实现数据规范化的目标。

数据服务：建立了支撑相关方面数据利用的服务，包括数据采集、预处理、存储、管理、共享交换、建模、分析挖掘、可视化等服务。

3. 系统架构

系统构架是对已确定的需求的技术实现构架，其主要任务是界定系统级的功能与非功能要求、规划要设计的整体系统的特征、规划并设计实现系统级的各项要求的手段，同时利用各种学科技术完成子系统的结构构建。系统架构由基础设施架构、通用功能架构以及应用架构组成，如图 2–3 所示。

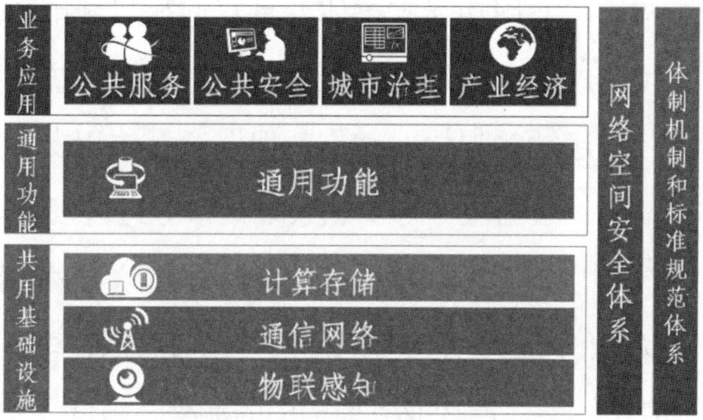

图2-3　新型智慧城市系统架构

基础设施架构。智慧城市基础设施体系把系统的物理资源和其性能特征与业务架构及由数据架构所定义的标准要求联系起来，是新型智慧城市的物理根基，一般包括物联感知基础设施、通信网络基础设施、计算存储基础设施等。

物联感知基础设施：由感知设备、感知传输网络以及一些其他硬件组成，扮演的是感知触角的角色，为智慧城市提供了城市的感知能力，实现人、机器和系统三者之间的无缝连接。物联感知基础设施设计对感知技术、感知对象、应用领域等进行统筹规划，覆盖地下、地面、空中等全空间的物联感知基础设施。

通信网络基础设施：由电信网、互联网、电视网组成，扮演的是数据传输的角色，为数据资源的交换、共享、开放等提供信息传输服务。网络通信基础设施架构设计从城市公共基础网络、政务网络及其他专用网络等维度对网络基础设施的建设进行规划，构建网络基础设施体系。

计算存储基础设施：建设统一高效、弹性扩展、安全可靠、按需服务的云计算平台。计算存储基础设施架构设计对城市公共的数据计算与存储服务中心等进行规划。

通用功能架构。通用功能支撑体系是新型智慧城市智慧化应用的平台保障，提供基础性、共性服务能力，形成业务系统与核心支撑的可插拔式架构。通用功能架构对城市数据资源、应用支撑服务（如通用服务、核心服务、数据服务等）、系统接口等进行规划。

应用架构。应用架构描述在统一的数据架构上，各个相对独立的应用系统的部署以及和核心业务流程之间的作用与关系，统筹规划和整体布局智慧城市应用体系，连接业务架构中的流程、组件、功能、人员，连接数据架构中数据的管理和使用，全面展现面向市民、企业和政府机关提供服务的整体设计，是智慧城市建设取得成效的关键内容。

新型智慧城市的应用架构设计，要以面向服务对象的规划为出发点和落脚点，体现城市特点，满足不同利益主体的需求，建立以服务对象为中心，跨层级、跨地域、跨系统、跨部门、跨业务的融合服务，结合城市业务架构以及数据架构要求等，对应用系统、系统功能模块、系统接口进行规划和设计。

4. 部署架构

部署架构是物理架构的一种，根据软硬件的部署关系，编制部署架构图来显示系统中软件和硬件的物理架构。使用部署图可以显示运行时系统的结构，描述软件和硬件组件之间的物理关系以及处理节点的组件分布情况，传达构成应用程序的硬件和软件元素的配置与部署方式。部署架构设计各级数据中心、城市运行管理中心以及各类应用的交互关系。

5. 安全体系

城市网络空间安全体系建设的主要目标是打造安全可控的网络环境、保护信息与信息交互安全、构建健康有序的网络秩序。网络空间安全体系设计应从安全理论、安全模型、安全技术、安全政策和实践经验等方面考虑，利用现有的城市信息化资源，以“安全技术防护、网络空间治理、网络安全管理、法律法规”框架为核心，重点覆盖城市云中心安全、数据安全、物联网安全、城市工控系统安全、政务网安全、网络空间治理六大领域。

安全技术防护：由城市基础设施信息安全防护、信息安全防护、数据层安全、云平台管理、应用层安全五个部分组成。

网络空间治理：针对各类网络元素，主动收集设备运行数据、承载的内容信息，结合市民反馈的信息，通过大数据分析、预测等技术手段，能够识别城市网络空间中的非法或涉恐内容、病毒扩散风险，提供综合安全态势，并联合有关部门共同作出响应，提升公安、工商等部门对网络安全事件的反应能力，以及对涉事人员和企业做出协同处置的能力。

网络安全管理：根据中央城市工作会议、网络安全和信息化工作会议和有关文件精神，以及《涉及国家秘密的信息系统分级保护管理规范》《信息系统安全等级保护基本要求》等国家规定和相关标准，结合新型智慧城市各个领域在网络安全方面的需要，从安全管理机构、安全管理制度、人员安全管理、系统建设管理、系统运维管理、应急预案六个方面制定相关管理标准和规范。

法律法规：在《中华人民共和国国家安全法》《中华人民共和国反恐怖主义法（草案）》《中华人民共和国网络安全法（草案）》《中华人民共和国电信法（草案）》《中华人民共和国电子商务法（草案）》等国家法律框架下，制定符合城市特点的地方法律法规，保障网络空间安全、有序。

6. 标准体系

新型智慧城市标准以遵循和参考为主，制定、修订为辅。新型智慧城市标准体系主要依据国家智慧城市标准化总体组、全国信息技术标准化技术委员会（SAC/TC268）、全国通信标准化技术委员会（SAC/TC485）、全国智能建筑及居住区数字化标准化技术委员会（SAC/TC426）、全国信息安全标准化技术委员会（SAC/TC260）等制定的和智慧城市相关的标准。新型智慧城市标准体系框架包括总体标准、城市基础设施标准、信息技术与支撑标准、安全与保障标准、建设与运维标准、应用与服务标准六大类。

总体标准：应涵盖与新型智慧城市建设有关的术语和定义标准、图形符号标准、顶层规划类标准、总体模型标准、评价指标类标准等总体通用标准。

城市基础设施标准：应涵盖与新型智慧城市建设有关的能源基础设施标准、环保基础设施标准、水基础设施标准、交通基础设施标准等，应包括与智慧城市建设相关的能源、电力、环保、气象、水资源、交通等技术要求、数据监测与反馈标准等。这些城市基础设施标准对于智慧城市决策者、建设方、基础设施的提供方以及运营商来说具有参考和指导决策的重要作用。

信息技术与支撑标准：应涵盖与新型智慧城市建设有关的信息技

术的各类标准，包括物联感知标准、网络通信标准、数据管理与融合标准、服务融合标准、接口及互操作性标准等。

安全与保障标准：依据网络空间安全技术架构，涵盖通用技术与管理标准、基础设施安全保障标准、数据与网络通信、各级平台系统以及应用领域等所需的安全要求与管理规范，保障新型智慧城市建设、实施与应用各环节的信息技术、网络空间安全。

建设与运维标准：新型智慧城市在建设过程中需要有设计规划、项目实施、管理、评估方面的标准提供支撑，在运营过程中需要有运营管理、运行测试以及维护方面的标准进行保障。

应用与服务标准：新型智慧城市的建设运营将保障城市民生服务、城市治理、产业经济、低碳绿色可持续发展各领域的智慧应用建设与高效运转。该领域标准主要涉及应用领域在信息化建设中的总体框架与技术模型标准、基础数据集标准、特有的信息数据标准与系统网络标准、运行与调度标准、市场与服务标准等。

2.2.5　实施路径设计

在前期阶段成果的基础上，依据智慧城市重点建设任务，提出智慧城市建设重点工程，并依据工程属性、目标任务、实施周期、政府与社会资金等，设计各工程项目的建设运营模式、实施方案与保障措施，保障智慧城市建设顺利推进。

1. 重点工程

从智慧城市建设目标出发，基于建设现状、现实条件和发展需求，以城市管理、生态、民生和经济发展需求为引领，依据新型智慧城市基础设施建设、数据资源建设、业务应用等主要任务，提出新型智慧城市建设具体的、可实施、可落地的重点工程，包括建设目标、建设内容、责任主体、建设期限等，以支撑新型智慧城市业务需求和发展目标的实现。重点工程应分清轻重缓急，有序推进。

2. 运营模式

城市的建设和运营是一个投入、转换、产出的过程。智慧城市建设涉及多种建设内容，而且其项目属性、涉密性、专业性、投入以及市场发展前景各有不同，需要根据其特性选择不同的建设和运营模式。因此，在智慧城市的建设过程中，必须通过对项目建设运营的各方面影响因素进行评估，通过对比分析现有成熟的商业模式针对各项重点工程建设运营模式逐一展开论证，提出切实可行的投融资建议。探索以政府为主导，以客户为中心，整合资源、多方参与、合作共赢的项目建设和运营的商业模式，即多种商业模式并存，并呈现出以其中一种或两种模式为主、其他几种模式为辅的多元化运作形式。

智慧城市的建设是一项庞大复杂的系统工程，持续时间较长、牵涉面较广，与市民的生活、城市的运行都息息相关。因此，各个城市在进行智慧城市建设时，其模式也各有特色，主要有以下三种模式。

一是市场运营模式。这类运营模式适用于完全由市场主导的业务领域，侧重于社会服务领域，政府部门基本不参与，通过商业公司灵敏的市场嗅觉，再加上其专业的技术和运营团队，完全可以找到有效的商业盈利模式，从而开发出各种智慧化的应用。如基于位置服务的滴滴打车、大众点评，乐视通过大屏幕植入一些可链接社区服务的功能和应用，顺丰的“嘿客”布局等。

二是合作运营模式。这类运营模式适用于社会管理和服务综合的领域，需要政府和企业的通力合作进行运营，其具体的实现方式有以下三种。

BOT 模式：由政府提供政策和资源等的支持，鼓励和引导社会资源出资建设，重点由政府主管部门进行监管。政府前期利用非政府资金进行涉及政府工作领域的建设，主要吸引社会资本参与，在项目建设完成和移交后，政府向投资方支付项目总投资和合理回报。这种模式主要针对基础非经营性设施建设项目。

BT 模式：由社会机构负责项目的融资、建设，并在规定时限内将竣工后的项目移交相关政府部门，政府部门根据事先签订的回购协议分期向社会机构支付项目总投资及确定的回报。

PPP 模式：由政府主导、吸引社会资金参与，成立联合公司运作的 PPP 模式，是指政府与私人部门组成特殊目的机构，引入社会资本，共同设计开发，共同承担风险，全过程进行合作。合资公司作为一个运营主体，可以采取结构性融资的方式，其能从根本上解决 BT 模式所不能解决的问题——项目后续的长期性维护和运营。智慧城市本身就需要全社会通力合作进行建设，这种模式可以有效融合政府、企业的力量，并吸引社会优质资源，将政府、企业捆绑成利益共同体，充分发挥各自优势，实现优势互补，将相关信息化产业做大做强，促进地方经济的发展。

三是政府运营模式。这是适用于政府内部管理和服务业务领域的建设运营模式。在该种模式下，政府不借助于运营商，而是利用自己的资金、凭借自己所掌握的技术手段对政府工作领域的智慧化建设进行整体计划、独立投资和后期运维。在此过程中，政府可将设计、建设、运营等业务外包给其他公司。在这种模式中，政府投资网络建成之后，首先保证用于政府机关和相关单位的公共服务部分的网络能力容量，然后将剩余容量出租给网络服务提供商，通过这种方式获取利润。

综合考虑智慧城市建设运营的特点，可以分为七种典型模式，如表 2–1 所示。前四种模式有一个共性特征——政府主导或参与，而它们之间的差异更多的是参与程度的不同。

表2-1　　　　　　　　　智慧城市融资模式

典型模式	特征描述	典型代表
模式一：政府独自投资建设和运营	政府负责基础设施/平台的投资、建设、维护和运营	美国Corpus Christi市“无线城市”
模式二：政府和运营商共同投资，运营商建设并运营	由政府和运营商共同出资、共同拥有，日常建设及运营管理由电信运营商进行	费城“无线费城”
模式三：政府投资，委托运营商/第三方建设、运营	政府进行投资，并通过招标等方式委托一家或多家运营商建设和运营	新加坡“智能国家2015”
模式四：政府牵头，BOT/BT模式	通过市场化方式引入企业资金投资基础设施建设，许诺投资方在建成后的一段时期内拥有经营权，到期后再由政府收回管理经营	台北“无线台北”
模式五：运营商/第三方独立投资建设和运营	综合实力较强的电信运营商或者第三方独立负责智慧城市子任务（例如一项基础设施、平台或者应用建设）的投资建设和运营工作	上海市智慧虹桥商务区
模式六：联合建设运营	产业链上电信运营商、应用开发商、系统集成商、终端设备提供商中的两家或多家联合开发智慧平台或应用并共同推广	台北市智慧园区
模式七：联合公司化运营	由产业链中成员，如电信运营商、应用开发商、系统集成商等共同成立一个管理公司及系列子公司进行智慧城市的投资、建设、运营	杭州市一卡通项目

3. 实施阶段

以“基础先行、急用先建”为原则，在全面详细调研、需求确认的基础上，按照项目的重要程度和紧迫程度，通过项目实施优先级分析模型确定智慧城市建设最有效、最有可能成功的实施路径，然后定制可量化的具体年度目标，围绕确立的目标配置各项资源，进行分步实施，期间配合严格的项目控制机制和绩效考核机制，从环境匹配性、目标一致性、能力适应性以及运作可行性等方面进行检测，使项目顺利完成并交付使用。

4. 保障措施

信息技术在推动新型智慧城市发展的同时，也受到体制机制的约束。新型智慧城市建设是技术创新和制度创新协同推动城市内涵式发展的重要战略举措，同时也是推动地方政府行政体制改革，加快政府智能转型，进一步推进经济体制改革，实现城市创新驱动发展的重要战略选择。为切实保障新型智慧城市建设落地，需从组织、机制、资金、考核、人才等方面拟定相关措施，保障整体建设工作有序推进。

组织保障：新型智慧城市涉及面广，推进和监督难度大，要树立大科学、大工程的理念，建立全市自上而下推进新型智慧城市建设的组织架构，明确决策主体、责任主体、监管主体和考核主体。

机制保障：加强智慧城市建设的顶层设计保障，包括智慧城市自主标准、体系架构、功能组件、应用场景、指标体系，形成智慧城市建设的总体方案；建立部门间协调机制，以便组织协调和指导督查。完善相关的法律法规和标准规范，优化发展环境，规范建设行为。

资金保障：对新型智慧城市建设资金实行统筹使用、集约管理、重点保障。建立以政府为主导、企业为主体，金融服务支持，社会投资跟进的多元投融资体系，解决智慧城市建设的资金问题。

考核督办：明确落实措施、责任分工、时间进度，建立涵盖智慧城市建设效果、过程、进度的绩效考核指标体系，定期评估推进情况，及时通报进展情况。

人才保障：加大相关优秀人才的奖励力度，为智慧城市建设、运营、维护提供坚实的智力支持和人才保障。抓好城市各级干部的信息化知识和技能培训，逐步形成一支结构合理、相对稳定的信息技术人才队伍。

交流合作：强化开放合作，充分吸收借鉴先进做法和经验，立足自我、面向市场、面向世界、面向现代化，汇聚智慧、加强合作、强化统筹，促进区域间智慧城市建设的优势互补和共同发展。

第 3 章

新型智慧城市体制机制研究

与传统城市建设相比，新型智慧城市更强调从行业分割、相对封闭的信息化架构。迈向作为复杂巨系统的开放、整合、协同的城市信息化架构，更强调通过政府、市场、社会各方力量的参与和协同，实现城市公共价值塑造和市场价值创造。新型智慧城市建设是技术创新和制度创新协同推动城市内涵式发展的重要战略举措，同时也是推动地方政府行政体制改革、加快政府智能转型、进一步推进经济体制改革、实现城市创新驱动发展的重要战略选择。由此看来，新型智慧城市建设不仅需要投入大量资源以推动技术创新和应用，同时要用改革打破发展的天花板，营造良好的城市创新环境。

本章对现有智慧城市建设模式进行了调研梳理，以全局化部署和可持续发展的视野，推进体制机制创新，探索政企合作运行新模式，创新提出统分结合一体化建设模式，建立适应新时代、新发展和新理念的新型智慧城市建设模式。

3.1　新型智慧城市建设领导小组

为加强对全市新型智慧城市建设工作的领导，城市一般会成立市新型智慧城市建设领导小组，由城市一把手担任组长，分管市领导和技术单位负责人担任副组长，有关职能部门主要负责人任成员。以深圳为例，如图 3–1 所示。

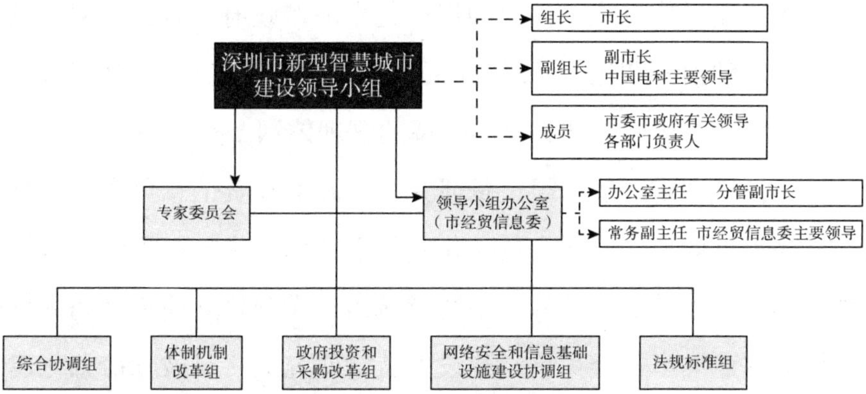

图3-1　深圳市新型智慧城市建设领导小组

领导小组负责统筹全市新型智慧城市建设工作，加强顶层规划设计和资源整合共享，协调推进新型智慧城市建设的重大事项，创新智慧城市建设运营新模式。

领导小组下设专责工作组和专家委员会。专责工作组负责推进新型智慧城市建设各领域重点改革创新工作。专家委员会为新型智慧城市建设提供专家咨询指导和决策支持。

领导小组办公室设在新型智慧城市主管部门，负责承担领导小组日常工作，具体推进新型智慧城市建设工作。领导小组办公室主任由信息化工作分管市领导兼任，负责领导小组的组织协调工作。新型智慧城市主管部门主要负责人担任领导小组办公室常务副主任。

综合协调组（领导小组办公室）负责新型智慧城市建设领导小组办公室日常工作职能，统筹协调推进全市新型智慧城市建设工作，制定新型智慧城市建设工作方案和顶层设计，组建新型智慧城市专家委员会，开展新型智慧城市建设评估和督查督办等。

体制机制改革组负责推进信息化条件下的政府职能转变、业务流程再造和机构编制优化等，创新以服务对象为中心的政府工作模式和服务方式，建设信息化条件下的现代化服务型政府；研究新型智慧城市的运行管理模式和运营管理中心的日常运行管理协调机制和机构，建立全市统一的运行管理和协同指挥的管理体制。

政府投资和采购改革组负责研究优化政府投资信息化项目审批方式，提高审批效率，以适应信息化发展形势和要求；组织编制新型智慧城市建设年度计划，统筹新型智慧城市建设项目立项审批和预算安排，加强共建共享，避免重复建设。负责研究进一步鼓励信息化建设向社会购买服务的相关政策，加大向社会购买服务的力度；研究信息化集约化建设模式下的政府统一购买服务方式；研究优化信息化项目采购方式，保障信息系统的长期运行和升级换代；研究智慧城市运营管理中心的购买服务和经费保障机制。

网络安全和信息基础设施建设协调组负责加强网络安全管理，确保基础网络、重要网站、信息系统和工控系统安全，构建统一的网络空间安全保障体系，创建安全可控、健康有序的网络空间。负责推进全市光纤宽带网建设和光纤入户改造，推进5G应用试点，提升网络带宽和服务能力；统筹建设全市统一的政务云服务平台；统筹全市感知网络体系建设。

法规标准工作组负责推动各政府部门对不适应信息化和信息共享要求的规章制度进行调整；研究互联网和大数据条件下的法规规章制

定工作，完善智慧城市建设的法规支撑体系。负责推进新型智慧城市标准体系建设工作，积极参与国家智慧城市标准研究、制定和验证，支持将深圳智慧城市相关成熟标准上升为国家或行业标准。

3.2　统分结合一体化建设模式探索

3.2.1　建设模式现状与问题

当前，智慧城市建设取得了一系列的成效，但是整体建设效果呈现“项目化、碎片化”，市民体验感不强和业务协同不顺畅。具体表现在如下方面。

一体化建设成效不明显。一是全市虽然制定了新型智慧城市建设顶层设计和工作方案，但在市区结合、条块结合上统筹推进不理想，全市建设缺乏从体系的角度描述各部分组成和相互之间的关系，互联互通的标准规范和接口不完善，顶层设计落实不到位，项目建设与顶层设计脱节，一体化的城市管理和服务集成能力尚未形成。二是部分行业领域缺乏业务整合和一体化设计，部分单位仍以业务处室为主体开展项目建设，业务处室遇到新业务就考虑单独建设新系统，多头申报和各自为政的现象较为严重，造成部门内信息系统种类繁多、开发主体杂乱，直接或间接造成体系内的资源孤岛和投资浪费。

市区建设分工界面不清晰。一是条块矛盾突出。一些市直部门仅考虑本部门自身业务需求，对本领域和市区跨层级统筹的考虑不够，应用系统直接延伸到街道和社区，形成“信息烟囱”，给基层带来较大压力。为解决区级管理需要，各区均独自建设类似功能的业务系统。最终形成市、区重复建设严重，不仅缺乏市区协同，更给基层工作人员带来负担。二是由于财政体制问题，市区两级财政在系统建设方面具有较强的自主性，在市区分工不明确的情况下，各区会根据自身的管理需要开展信息化系统建设。

现有审批管理模式已不适应信息化特点和发展新要求。一是目前信息化项目主要参照建筑工程管理模式进行管理，由市发改委按固定资产投资模式进行审批管理，没有针对信息化技术发展变化快、技术与业务密切相关、系统在使用过程中需要根据业务变化不断更新迭代等特点建立相应的管理制度。二是财政部 2017 年发布《政务信息系统政府采购管理暂行办法》（财库〔2017〕210 号），提出“应当落实国家支持云计算的政策要求，推动政务服务平台集约化建设管理。不含国家秘密、面向社会主体提供服务的政务信息系统，原则上应当采用云计算模式进行建设”。当前模式不适应云计算条件下信息化建设模式。近年来电子政务资源中心已初步具备向各单位提供云平台服务的能力，各类信息系统将基于政务云平台构建，各单位新建信息化项目的重点是应用软件，不宜再按固定资产投资进行立项管理。

面向服务对象的整体建设成效不明显。目前智慧城市建设成效仍不明显，其问题主要体现在两方面：一是公众体验感不强。现各区、各部门分头建设管理各自的公众服务系统，没有形成统一、高效的全市政务服务体系，跨部门跨层级的业务联动较为困难，导致市民办事往往要面对不同部门，与“最多跑一次”、主动服务和精准服务的要求存在较大差距。二是城市运行管理缺乏支撑。缺乏城市运行的跨部门综合协调机构和联动机制，一旦城市出现重大事件，目前没有单位能够提供反映全面情况的信息。没有单位能够提供反映全面情况的信息，信息分散在不同部门的不同系统中，急需进行资源和系统整合，建立市区联动、部门协同的城市运行管理机制。

3.2.2　统分结合一体化建设模式概述

1. 理论基础

新型智慧城市建设需要用体系工程的方法来驾驭。新型智慧城市是一个动态持续演进的过程，包含政务、交通、公安、环保、社区等若干个系统，服务个人、家庭、社区、企业、政府等多类型用户，是系统的系统，是一个开放的复杂巨系统。面对这种复杂性以及在发展过程中目标的不确定性，需要一种科学的方法整合多种技术、创新管理机制来满足城市体系对政府治理和民生服务的能力需求。因此，新型智慧城市需要按照体系工程方法开展建设。

体系工程是对现有或新开发系统组成的复杂系统的能力进行规划、设计、组织和集成的过程。体系工程与系统工程的不同之处在于，系统工程强调的是特定目标的实现，体系工程强调的是能力的形成。在体系工程建设中，为了保障一体化的建设成效，一般采用“联合使用总体 + 联合技术总体”组织模式开展建设。

“联合使用总体”主要负责明确需求、审查设计方案、评估研制成果等工作，具体包括：论证拟制研制总要求；负责审查顶层设计、技术体制和标准规范；负责检查评估技术总体单位工程研制和集成试验时间节点和工作成果；推进各类应用的推广。

“联合技术总体”主要负责具体设计方案、集成方案的拟制和项目研制工作，具体包括：论证拟制顶层设计方案、技术体制和标准规范；论证拟制总体技术方案、集成测试方案等；组织开展工程研制和集成测试；负责解决工程研制中的重大技术问题；组织开展工程质量和标准化工作；推进工程成果应用等技术保障工作。

通过“联合使用总体”和“联合技术总体”的紧密配合，协同开展各项工作，实现了“统需求、统架构、统标准、统平台、统建设”。

2. 建设模式概述

为解决智慧城市建设存在的“项目化、碎片化”问题，提升整体建设效果，基于体系工程方法论和相关建设经验，结合信息化基础和现状，提出新型智慧城市建设模式。

新型智慧城市领导小组负责统筹全市建设工作，审定资源整合共享及建设运营模式方案，协调推进重大事项；领导小组办公室负责按照领导小组的决策推进建设，日常工作由市新型智慧城市主管部门承担；专家咨询委员会负责在新型智慧城市顶层规划设计、重大项目方案审核等方面提供咨询。

在领导小组的统一领导下，由“联合使用总体”和“联合技术总体”组织开展具体建设工作，以深圳为例，如图 3–2 所示。

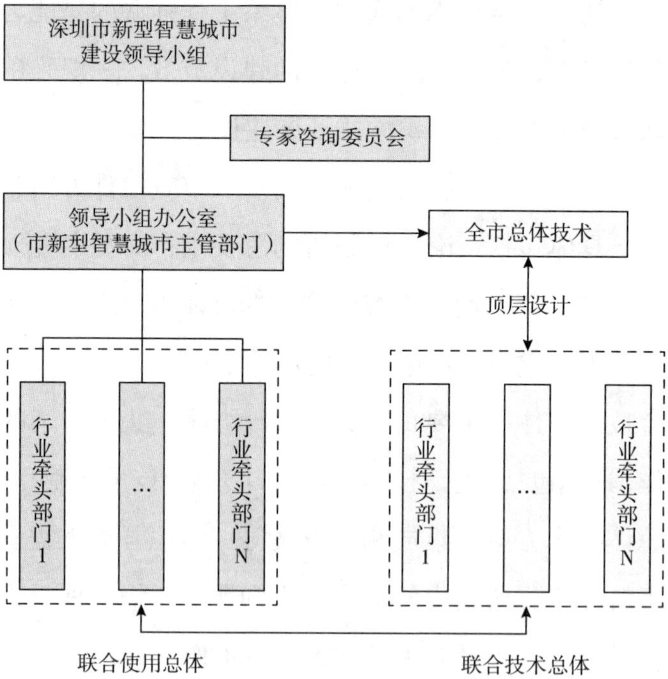

图3-2 深圳新型智慧城市建设组织架构

从城市角度研究梳理需求，通过总体规划（含行业）、顶层设计、建设实施（统分结合、分步实施）、能力集成和运营维护，成体系地推进新型智慧城市建设，形成万物互联能力、信息共享能力、公共服务能力、城市全局运行态势掌控能力、城市资源调度能力、跨部门协同联动能力和决策支撑能力。

“联合使用总体”包括市新型智慧城市主管部门和各行业牵头部门，负责“统需求、统建设”，主要职责是拟制总体建设要求，审查顶层设计、技术体制和标准规范，检查评估建设里程碑，以及推广各类应用成果。市新型智慧城市主管部门具体承担总体规划、统筹协调、项目管理（包括立项、验收和绩效评估）等职能，组织各牵头部门编制行业规划、项目方案并评审，形成智慧城市项目库。行业牵头部门负责编制行业总体规划、审定行业顶层设计和标准规范，加强本行业统筹管理。政务办负责政府大数据中心、政务云平台、“互联网＋政务服务”和行政办公系统建设，协助党委系统、群团组织开展部门的信息化。

“联合技术总体”包括总体单位和行业总体单位，负责“统架构、统标准、统平台”，主要职责是拟制顶层设计方案、标准规范、集成方案等，以及组织开展系统工程建设和集成测试。总体单位由市新型智慧城市主管部门按照政府购买服务的程序选定，承担顶层设计、标准规范设计、体系集成及验证，确保各行业系统按照统一的架构和标准开展建设，建成后能够实现互联互通、数据共享和业务协同，切实提高全市整体建设成效。行业总体单位是由行业牵头部门择优选定的一家本行业领域内顶尖企业，具有本行业领域信息化建设服务项目承接资格。行业总体单位按照全市顶层设计规范和接口互联规范在共性平台基础上具体推进本行业领域的设计和实施。

从体系工程角度来看，需要对已建、在建与新建系统所组成的复杂系统的能力进行规划、设计、组织和集成，如图 3–3 所示。

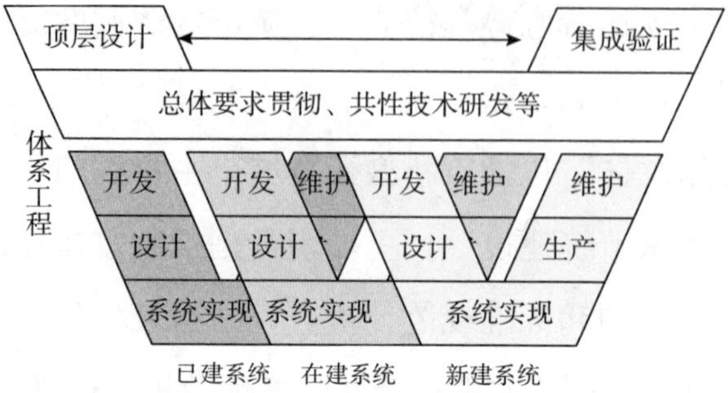

图3-3　已建、在建、新建系统与体系工程的关系

对于已建系统，要充分利用。从保护政府投资和投入产出比角度考虑，对于不符合规划的系统，直接废除，保留数据资源；对于符合规划但是功能不能满足要求的系统，进行系统重建，导入原有数据；对于符合规划且功能满足要求的系统，通过接口改造接入城市集成环境。

对于在建系统，要充分利用前期建设成果。对于不符合规划要求的系统，充分利用已开发功能模块，按照规划要求重新设计开发；对于符合规划要求不符合接口要求的系统，进行接口重新设计或者改造，以保证未来接入城市集成环境。

对于新建系统，严格按照顶层设计要求和接口标准进行开发。在推进新型智慧城市建设过程中，按照“共用、通用、专用”的思路，进一步加强市区建设项目的统筹协调，更好促进市区协同和联动。

一是在共性基础平台方面，全市统筹规划建设包括党政机关网络、政务云平台、应用支撑平台和大数据中心等在内的统一信息化支撑体系，为各区、各部门提供网络、计算、存储、灾备，以及统一、实时、准确的基础数据等服务。各区可建设区级政务云平台和大数据分中心，为本区信息化应用提供支撑服务。市、区政务云平台和大数据中心应实现统一监控管理、互联互通和数据共享，各区各部门数据原则上应向市大数据中心归集。

二是对于覆盖市区两级的全市性应用，如行政审批、安全生产等，应由市级部门统筹规划建设，并建立市—区—街道联动机制，实现横向到边，纵向到底，各区不再单独建设，市级系统应向区级平台开放接口和数据权限，以满足区属职能局对业务办理的过程控制和管理需要。如果区已建相关系统，需根据接口标准进行改造，与市级系统实现互联互通；如果区级系统待建，应按照全市统筹规划和统一部署进行建设。

三是全市统筹建设智慧城市运行管理体系，市和各区分别建设城市运行管理中心和城区运行管理中心，并实现市—区运行管理中心的互联互通和业务协同，建立市—区—街道平战结合的智慧城市运行管理机制。

为加强新型智慧城市建设项目统筹，缩短立项周期，加快实施进度，借鉴广州市、深圳市坪山区等地做法，对现有项目建设管理模式进行调整。具体做法是：将现有的按固定资产投资管理的信息化项目审批模式调整为财政预算管理，由市新型智慧城市主管部门负责统筹组织项目规划、立项、验收和绩效评价，市财政部门负责信息化项目的预算安排。

3.3　政企合作运营模式探索

结合新型智慧建设实际情况，为更好的推动新型智慧城市建设，探索成立一个政企合作的新型机构来承担城市创新研究、技术总体服务、城市运行管理服务等核心职能，以满足新型智慧城市建设过程的全市统筹性需要。

智慧城市建设与发展需要专门的综合性研究机构。智慧城市建设是一项复杂的系统工程，我国智慧城市相关理论体系、研究方法等与国外相比仍然落后，存在着诸多尚未被认识的问题和风险。成立智慧城市创新研究院，能够更好地开展智慧城市理论研究，加强在城市发展理论、智慧城市总体架构、智慧城市建设方案、智慧城市建设模式和智慧城市建设路径等方面的理论研究。通过试点示范建设优化完善理论方法，在此基础上结合实际制定新型智慧城市建设工作方案并持续完善，确保到新型智慧城市取得良好成效。

智慧城市建设需要选定合适的全市技术总体单位。智慧城市在建设需求、体系设计与集成、建设推进过程上都比较复杂，应采用体系工程方法，以能力集成为导向，加强一体化建设，才能真正在全市、各行业、各部门实现“五个统”（统筹需求、统一架构、统一标准、统一平台、统筹建设）。通过成立智慧城市创新研究院，在需求统筹的基础上整体规划、统一指导，基于统一的开放体系架构、统一的信息基础设施、统一的共性基础平台和统一的能力集成环境，按照统一的标准规范，采用“政府主导、企业主体”的建设模式，在各个环节建设主体发挥自身优势的基础上，共同合作、通力配合，真正将新型智慧城市建设落地。

市级城市运行管理中心需要运行管理单位。城市运行管理中心建设的总体目标是打造“城市大脑”，通过信息服务提升治理体系和治理能力现代化水平。通过汇聚政府数据和社会数据形成城市大数据，以跨域的数据融合分析实现对城市运行状态的全面感知、态势预测，帮助领导快速掌握城市运行状态，对应急指挥提供信息支撑，作为重大突发事件的指挥场所，形成“平战结合”的新型智慧城市运行管理模式。最终构建 1（市运行管理中心）+M（区运行管理中心）+N（应急、公安、城管、等部门）的新型智慧城市管理体系。这个运行管理体系直接支撑市委应急指挥中心和市政府应急指挥中心的日常值班和应急指挥。

城市运行管理的主体是政府，核心是体制机制变革与创新，成立智慧城市创新研究院，将更好地构建政府与企业协同的平台与桥梁，真正实现政府体制机制变革和企业信息技术创新与支撑的“双轮驱动”，实现城市运行管理中心的实体化运行，有效发挥城市运行管理中心的作用。

“一带一路”沿线国家智慧城市建设的交流展示平台需要专业机构支撑。“一带一路”倡议提出至今，已有 100 多个国家和国际组织积极支持并参与，74 个国家和国际组织同中国签署合作协议，30 多个参与国与中国签订产能合作协议。成立智慧城市创新研究院，成体系地研究新型智慧城市建设推广策略，并作为智慧城市建设成果对外交流展示平台，向“一带一路”沿线国家推广新型智慧城市建设成果，将更好地发挥产业优势、开放优势、粤港澳大湾区等优势，更好地带动信息技术企业“走出去”，推动开展跨国互联互通，提高贸易和投资合作水平，把模式传播出去。

城市大数据价值需要深入挖掘。新型智慧城市建设是国家网信事业的重要组成部分，本质是信息共享，关键是大数据融合，强调以数据说话，用数据驱动城市管理和发展。真正的“智慧城市”来自对各种数据的充分分析和利用。目前国内城市大数据分析技术研究才刚刚起步，依托智慧城市创新研究院开展大数据交易、大数据分析技术研究，为政府各业务部门提供城市大数据分析工具，在整合政府数据和社会数据的基础上，面向政府各部门、企业的需求，开发数据融合产品，提供各种数据增值服务，构建大数据交易的市场机制，充分发挥城市大数据的价值。

第 4 章

深圳新型智慧城市顶层设计

新型智慧城市是一个动态持续演进的过程，包含政务、交通、公安、环保、社区等若干个系统，服务于个人、家庭、社区、企业、政府等多类型用户，是系统的系统，是一个开放的复杂巨系统。面对这种复杂性以及在发展过程中目标的不确定性，需要一种科学的方法整合多种技术、创新管理机制来满足城市体系对政府治理和民生服务的能力需求。体系工程是对现有或新开发系统组成的复杂系统的能力进行规划、设计、组织和集成的过程。因此，新型智慧城市建设需要用体系工程的方法来驾驭。

本章从新型智慧城市顶层设计通用设计理论出发，综合考虑深圳实际，采用体系架构的设计方法，规划深圳新型智慧城市的总体方案，明确建设目标和工作任务；设计深圳新型智慧城市的体系架构，全面规范和设计深圳新型智慧城市建设需要遵循的体系框架，指导各区各部门开展新型智慧城市建设；并对深圳新型智慧城市“六个一”发展目标进行进一步解读，进一步明确工作任务和实现路径，加快推进“六个一”发展目标落地；对深圳的网络安全体系和标准体系进行指导，并做出实践。

4.1 深圳新型智慧城市发展现状与挑战

本章重点总结深圳新型智慧城市建设的信息化基础，立足现状，分析当前问题，明确未来发展方向。

4.1.1 发展现状

在全面建成小康社会的伟大实践中，深圳经济特区始终坚持把信息化作为创新发展、转型升级、惠及民生的战略举措。《深圳市国民经济和社会发展第十二个五年规划》专门提出“加快建设智慧深圳”的战略目标，制定了中长期发展规划《智慧深圳规划纲要（2011—2020年）》，在第六次党代会明确了“打造国家新型智慧城市标杆市”的部署，并积极推进新型智慧城市建设有关工作。目前，已初步建立了新型智慧城市建设的工作机制，全市统筹协调、指导力度进一步加大，基本建成了高效集约的信息基础设施，实现了信息资源共享和应用，各区及各部门利用信息化支撑惠民服务，城市治理创新、生态环境改善取得初步成效，智慧产业生态处于国内领先地位。

1. 信息化发展水平国内领先

深圳市在中国互联网络信息中心（CNNIC）关于中国最互联网城市（2016年）评比中，互联网普及率达86.2%，居第一名；在中国社会科学院信息化研究中心关于中国智慧城市发展水平（2016年）评估中得分排名第一。国内权威机构发布数据显示，深圳市在新型智慧城市相关的多项排名均位于国内第一。如在国家信息中心发布的《中国信息社会发展报告2017》中，深圳市信息社会指数（ISI）达到0.88，是国内率先进入信息社会发展中级阶段的城市，排名位居国内第一；2018年腾讯研究院发布的中国“互联网+数字经济”指数，深圳获得第一名。

2. 承接国家多项试点工作

深圳市承担了国家信息化及智慧城市相关领域的多项试点工作。2006 年成为国家发改委确定的首个国家“信息惠民”试点城市；2009 年成为国家发改委确定的首个国家电子商务示范市；2010 年被国务院办公厅评选为首批三网融合试点城市；2013 年被工信部评选为首批国家信息消费试点城市，同时被国务院办公厅评选为首个国家政务信息共享示范市；2014 年入选工信部评选的首批国家宽带中国示范城市，同时被国家发改委确定为首批国家信息惠民试点城市。

3. 各区各部门建设成效显著

在区层面。龙岗区推行总包模式。由一把手负责推进，实行区委书记、区长双组长领导，各街道、各部门建设首席信息官（CIO）和数据专员（DA）团队模式；推行总包 + 技术与工程总体模式，引入技术实力强、工程经验丰富的企业参与总体工作。目前形成一体化安全防控体系，依托时空信息共享平台，实现公安、消防、应急、安监的协同联动；运用视频识别技术，为人车监控、事件追溯提供有力抓手。宝安区建成一体化的智慧城区管控体系。创新体制机制，确立“三统三分”推进机制，并创立“1+10+124+4833”网格化工作体系；落实一体化管控指挥体系，创立“1+10+15+124”智慧宝安管控指挥体系，建成区—街道—部门—社区一体化管控机制；在政务方面，实现“两个 100%”（100% 网上申报、100% 网上审批），创建了“一门一窗一网一号”服务模式，实现“24 小时自助、全区通办、一次到现场、一机通宝安（宝安通 App）”的智慧服务模式。

在市直部门层面。地税局“四化”建设支撑智慧税务生态，建立“信息化、风险化、标准化、数据化”税收征管模式；在 PC 端、移动端等智慧税务惠民服务渠道“全面开花”。市交委积极推进市民出行服务，形成了“1+17”综合交通运行载体；创新性开发“宜停车”App，解决停车位资源紧张和乱停车现象问题；公交、地铁实现移动支付乘车，大大提升了乘车体验。市公安局“智慧警务”模式树立了全国标杆，首先确立了“四统”机制（经费统筹、平台统建、数据统管、应用统一）；其次建成深云移动警务平台、深微民生警务平台，提高警务全流程管理效率，并为市民提供多样化、跨区域、一站式服务。海关运用大数据实现精准监管服务，通过“二建四改”（搭建网上办事大厅和业务运行监测平台，实施通关业务处置、加贸业务审核、查验监管和后续监管等四项集中改革），实现了99%的业务在网上“一站式”办理和所有窗口“通受通办”；最后基于大数据技术和企业通关诚信数据进行精准抽查，提高通过效率，消除寻租机会。

4. 基本建成高效集约信息基础设施支撑体系

截止到2016年底，深圳市社区光网覆盖率达到99%，“城中村”光网覆盖率达到82%，光纤接入用户超过300万户，光纤入户率达到80%，基本实现“百兆到户、千兆到企、百米光接入”的目标；全市重要公益性公共场所免费WLAN覆盖率达99%；IPTV用户规模超过100万户。

5. 逐步建设全市统一的信息资源共享体系

深圳市基本形成一体化的政府大数据中心，为各部门大数据应用提供数据支撑和可视化工具等服务。公共信息资源库建设方面，建成全市统一的公共信息资源库，形成了人口、法人、楼栋、房屋的公共基础信息资源库，数据总量达到136亿条；建成全市统一的空间地理信息平台，存储地下管线数据、电子地图数据、三维模型数据、地址编码数据、公共设施数据、地理国情普查数据及专题图层空间数据。政务信息资源共享建设方面，建成全市统一的政务信息资源共享平台，为市场监管、社会信用、商事主体登记、网上办事大厅等多项重大工程提供了有力支撑。政府数据开放应用方面，建成统一的政府数据开放平台，发布包括30多家单位超过900类数据集、2000多万条数据，数据被下载24855次，使用API进行数据调用的应用91个，总计被调用超过10万次。

6. 民生服务水平逐步提升

深圳市已逐步实现“一网通办”。一是建成市、区、街道和社区四级通用的市公共服务综合信息系统，包含统一申报系统（网厅系统）、网上办事大厅手机版、一窗式综合受理系统、统一审批系统、市权责清单系统和“两个网页”等六个系统，实现政务服务统一申请、统一受理、集中办理、统一反馈和全流程监督等功能；二是已基本完成“i深圳”App建设，823个市级及1800多个区级政务服务事项可通过移动客户端办理；三是深圳政务自助服务平台建设完成并上线，实现事项办理、打印证照、查询等各类自助服务；四是发布全程通办和不见面审批事项清单，可办理事项已超过300项；五是优化办事流程，在应届生入户等领域已实现秒批办理；六是打造深微平台，该平台以微信作为统一入口，建立的民生警务平台通过“一网、一窗、一机、一号”，可提供多样化、跨区域、一站式服务，不仅为广大深圳市民所熟知，还曾向国家领导人作了专题汇报。

卫生医疗领域。建立了1500多万份健康档案，居民健康建档率达90%以上，实现了居民健康档案信息的共享；“健康深圳”公众号提供基于手机终端的预约挂号、诊前咨询、费用支付、结果查看、诊后服务等移动互联网医疗服务，除必须面对面的看诊和治疗，其他环节基本可以在线完成。搭建医疗健康大数据平台，已完成部分诊疗数据的清洗、脱敏及导入等工作；与部分科研院所合作，开展医疗健康大数据应用项目，在公共卫生、疾病防控、慢病管理等领域已取得一定科研成果；已完成深圳市统一的远程医疗服务平台软件开发部署，可开展远程会诊、远程门诊、视频问诊、远程影像诊断等9个业务应用，并将和省远程医疗平台对接。

社保领域。深圳养老金领取采用“人脸识别”技术，实现“刷脸”认证，让退休人员无论身在何处均可便捷完成养老金资格在线认证。

教育领域。全市中小学网络接入率及课室多媒体教学设备配备率均达到100%；中小学入学申请实现网上一次申报，公安、工商、计生、国土、劳动保障、出租屋等各部门协同审核，减轻了家长负担。

税务领域。市地税局积极推动信息化条件下的体制机制创新，基于信息化条件对部门设置、业务流程、岗位设置和人员配备进行调整优化，推动了信息化与业务的融合创新，并有效利用大数据和信息化打造了贴近纳税人需求、覆盖全面的办税服务体系，实现了90%以上的税务业务全程、全时网上办理和全城通办。

住建服务领域。“深圳市物业管理”公众号集成小区信息公开和实时推送、维修金账户实时查询、业主投票、业主自行管理维修金四大功能亮点，创新基于移动互联网的物业管理模式。

气象公共服务领域。每6分钟实时发布覆盖全市的177个自动气象监测站数据，形成7大类68种气象服务产品，通过微博、微信、App、微网页、网站、短信等13种渠道广泛发布，并能根据实时位置信息推送精准的气象服务。

智慧交通领域。在全国创新利用移动互联网和物联网技术，推出“宜停车”App，实施路内停车智能化管理，提高路内停车位的利用效率和对违法停车的执法效率，目前注册用户接近200万人，日均使用量超过2万人次；推出公众出行移动支付，全市公交、地铁均实现刷二维码直接进出站服务。

7. 城市治理能力全国领先

针对深圳市城市运行管理中存在的多头管理、底数不清、数据不明、缺乏统一综合协调机构等问题，深圳市创新开展智慧城市运行管理中心建设，通过对政府数据、社会数据和城市感知数据的融合分析，逐步实现对城市运行状态的全面感知、态势预测、事件预警，支撑跨领域协同指挥，构建“平战结合”的城市运行管理新模式。市级智慧城市运行管理中心于 2016 年 12 月投入试运行，目前按照“物理分散、逻辑集中”的思路分批接入政府各类系统，归并数据，并以政府数据开放为基础，逐步汇聚企业、互联网以及城市物联网数据；同时大力探索城市运营管理中心的运行模式。目前政府数据汇聚了 19 个部门，79 个数据目录，1340 个数据项，15 亿多条数据；政务系统接入 15 个委办局，4 个区的 56 个业务系统；社会数据接入 9 大方面，249 亿多条数据。并且打造集信息汇聚、运行监测、协同指挥、辅助决策、应用评价于一体的城市运行管理平台，初步形成了“一图全面感知、一键可知全局、一体化联动”的基本服务。深圳市城市运行管理中心如图 4–1、图 4–2 所示。

图4-1　深圳市城市运行管理中心

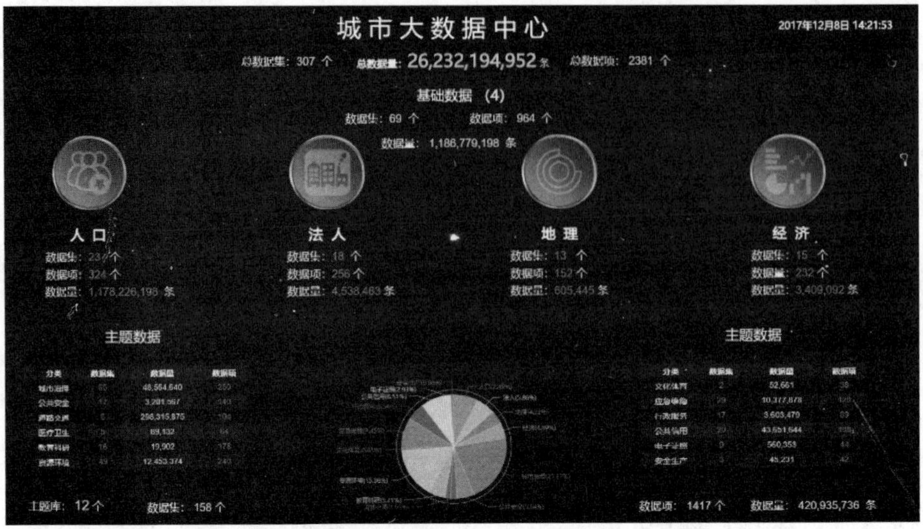

图4-2　深圳市城市运行管理中心资源汇聚情况

深圳市城市运行管理中心建设应用效果包括以下五个方面。

一是实现市、区、各部门信息汇聚。城市运行管理平台连接各区和应急、公安、安监、交通、城管、环保、水务等部门的业务系统，实现信息互联互通。已经互联互通的部分系统如图 4–3 所示。

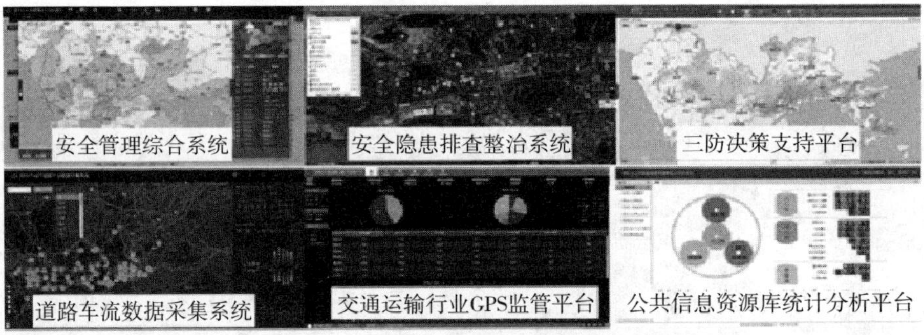

图4-3　深圳市城市运行管理中心互联互通的部分系统

二是实现城市运行态势监测。充分整合全市政务信息资源和公共服务机构、互联网、运营商等社会信息资源，并充分接入和整合各部门相关业务系统，对全市安全、民生、交通、政务、事件等板块进行全面监测，实现综合态势呈现、基本信息查询和事件监测预警，为掌握城市整体运行状况提供依据。例如针对深圳市夜间时光秀活动，可以对人群聚集进行实时分析，并提前一小时预测预警潜在的公共安全隐患。具体如图 4–4 所示。

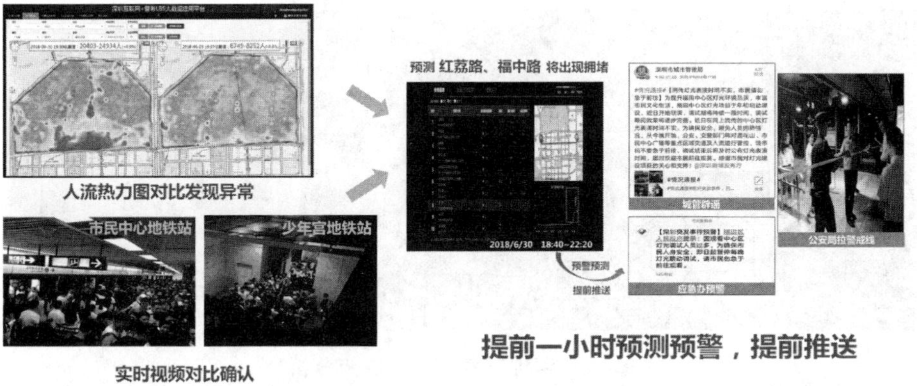

图4-4　时光秀预警人群高峰并提前推送

三是实现城市运行管理协同指挥。提供全局统一调度、应急要素态势感知和应急辅助决策等服务，保障救援工作的顺利实施。同时支持任意中心成为指挥中心，实现各类系统调用、信息查看和决策指挥，实现“指挥官在哪里，指挥中心就在哪里”，如图 4–5 所示。

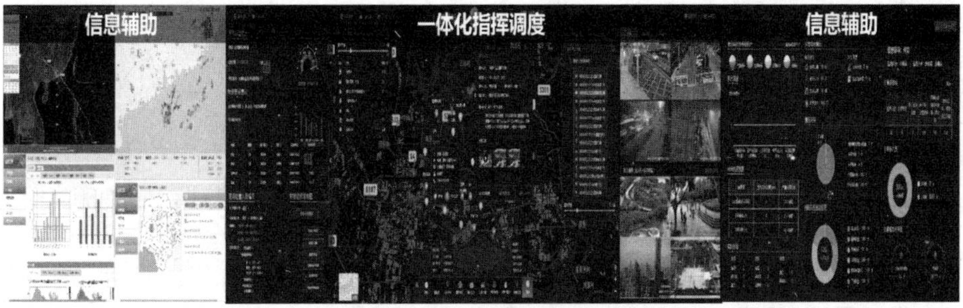

图4-5　一体化协同指挥

四是实现城市运行管理辅助决策。作为城市治理的综合智库，管理中心通过指标体系建立、数据分析挖掘和仿真模拟演练，对城市运行管理各领域进行评价，主动发现城市运行管理中的风险和问题，提出应对方案并通过模拟演练进行验证，不断积累、丰富、优化相关的知识库、模型库和预案库，为城市治理决策提供科学的支撑。例如基于多源数据融合，对照指标体系，形成各区营商环境发展态势，为各区提供个性化的营商环境提升建议，如图 4–6 所示。

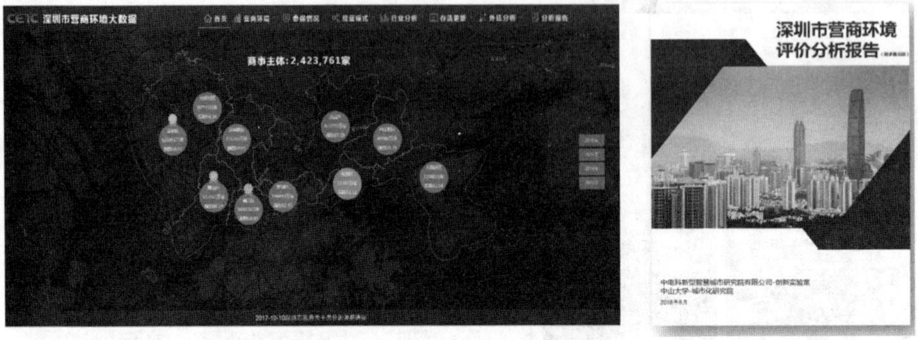

图4-6 深圳市营商环境决策分析

五是实现城市运行管理应用评价。围绕城市运行管理各领域，在科学性、时效性、可操作性和目标导向四个原则指导下，建立由城市行政管理、经济管理、社会管理、环境管理、空间管理、基础设施管理、文化管理 7 个子系统组成的关于城市管理水平的评价指标体系，对全市管理水平进行评价。已完成城市大数据支撑、综合管理应用、应急协同指挥等重点服务的开发，初步接入了政府数据。智慧宝安管控指挥中心于 2016 年 1 月建成并投入运行，目前正在与市运行管理中心探索市区两级中心协同联动方式；福田运行管理中心在规划设计阶段就考虑了市区联动，建成后可与市运行管理中心实现无缝衔接。

8. 提升城市公共安全和环境治理能力

社会治安领域。市公安局打造全方位、多层次、立体化的信息感知“科技护城墙”，2016 年以来，累计新建电子围栏、Wi–Fi 热点、车牌识别点 1.5 万个，全市新建高清探头 1.2 万个，对已建的 8500 个标清探头完成了高清改造，形成覆盖海陆空铁的前端感知采集体系，形成了"一张视频专网、统一的视频云存储、视频应用一张图、一个视频联网共享与应用平台"，利用"视频 + 信息"侦破的刑事案件接近 2/3。首创"深云平台"移动警务办公，实现双系统终端、可信体系加固安全的深圳公安无线虚拟专网、"五个一"的用户体验和以租代购的终端配发模式等应用，除涉密业务外，其他警务工作基本实现移动化，实现"一机在手、全程无忧"，自 2016 年 9 月确定移动化战略，在市公安局内部，"深云"平台的应用突飞猛进，移动警务月均使用次数从 120 万人次增长到 3000 万人次，增长 24 倍，平台受理量 205 万宗，网上办事率超过 60%，极大提升警务工作效率。该项目获评《南方都市报》2017 年度街坊口碑榜十大金牌项目第一名。

食品安全监管领域。"食品安全追溯"App 可供监管人员、企业用户及公众使用，手机扫码可实现食品追溯链条、索证信息、食品风险的查看。

交通运行管理领域。建立了综合交通运行监管及应急协同体系，支持全市综合交通运输智能化数据采集分析、运行监测、调度指挥、决策支持、信息发布。

环境治理领域。初步建成水污染监控预警溯源系统，可以实时掌握工业废水排放状况和对污染来源进行快速溯源追踪；空气质量预报预警系统可对未来三天的空气质量进行高精度预报，在国内处于领先水平。

城市管理领域。实施网格化精细管理，建立了统一的网格化管理平台，实现事件的统一采集、统一分拨、统一评价，提高城市管理效率；推出"美丽深圳"公众互动服务平台，并在 2016 年推出微信红包奖励工作法，市民一键爆料既可解决城市管理问题又能得到红包奖励。2018 年上半年，数字城管共接报微信案件 117099 宗，占公众来源案件的 81.30%，平台还推出多项城市管理便民服务，如“公园在线购票”“养犬服务”等，并计划推出“野生动物科普展览馆”“识花君”等市民需要的公共资源服务，开展线上与线下宣传活动，扩大公众号知名度，吸引更多市民参与城市共治共建共享。

4.1.2 存在问题

深圳市具有良好的信息化基础，但与其国际化现代化创新型城市的战略定位和创建国家新型智慧城市标杆市的建设要求仍有较大差距，主要表现在缺乏顶层设计、体制机制和管理方式改革创新力度不大、城市治理协同不够以及老百姓和企业获得感不强四个方面，具体如下。

1. 缺乏真正意义上的顶层设计

尽管深圳市在智慧城市工作上起步较早，但总体来看，站位还不高，还停留在从信息化角度考虑问题，未能从整个城市发展战略高度去谋划和推动新型智慧城市建设，更没有真正意义上的顶层设计。一是全市虽有建设规划，但统筹推进不够，全市一体化的顶层设计不足，数据标准和全市共用平台的接口标准缺失，条块建设明显。二是各单位在建设业务系统时，仅考虑本部门自身业务需求，对本领域和市区跨层级统筹的考虑不够，造成市直部门和各区均独自建设类似功能的业务系统，形成市区重复建设，不仅缺乏市区协同，更给基层工作人员带来负担。三是行业内部缺乏业务需求整合和一体化设计，缺少建设的协同推进机制。四是部分单位仍以业务处室为主体开展项目建设，形成新的信息孤岛。

2. 体制机制和管理方式改革创新力度不大

一是政务服务职能没有理顺，政务服务机构和职能较为分散，如市政府办负责政府网站和政务公开，市政务办主要负责政府网上办事大厅（线上）和行政服务大厅（线下）建设，市编办负责政务办事事项梳理，市信访局负责“12345”政府热线电话，各部门分头管理，没有形成统一的政务服务体系。二是在工作机制上，市、区、各部门分工机制不清晰，重复建设多，没有形成全市一体化的信息化建设格局。三是投资管理模式落后，信息化项目投资审批按固定资产立项模式管理，不适应信息技术发展快、业务需求变化多的特点。

3. 城市治理协同不够

一是在城市运行管理上，缺乏城市日常运行管理的跨部门综合协调机制和一体化联动机制，城市管理者在遇到突发事件时出现事情不清、情况不明的问题，而且缺乏一体化联动指挥的信息化支撑工具。二是一些跨部门工作，如安全生产、交通服务与治理，往往按照传统职能进行简单任务分工，各部门各管一段，缺乏业务上的整合和牵头部门，导致信息系统建设的割裂，未能发挥信息化的全局和协同效益。

4. 老百姓和企业获得感不强

一是在政务服务方面，目前全市各区各部门分头建设了不同的审批系统，但缺乏整合，没有形成一个整体和统一入口，导致系统对接和资源共享困难，市民办事和咨询要面对政府不同部门，市民体验也不好。二是创新服务欠缺。许多部门还普遍存在“重信息系统建设、轻业务改革创新”“重自身业务需求、轻服务对象感受”“重部门内部应用、轻跨部门共享协同”的现象，将智慧城市建设当作简单的信息化应用，存在技术主导思维，遇到工作任务首先想到建设新的信息系统，未充分利用互联网、大数据和信息共享思维对传统的管理模式、服务方式和业务流程进行优化创新，在系统设计上往往是从自身工作需要而不是从服务对象需求角度出发，出现技术和业务“两张皮”现象，导致建设成效不佳，公众体验不好。

4.1.3 面临形势

建设新型智慧城市，是党中央、国务院立足我国城市发展实际，顺应信息化和城镇化发展趋势，落实网络强国战略和大数据发展战略，主动适应和引领新常态、打造经济发展新动能而作出的重大决策部署。党的十九大报告明确提出“建设网络强国、数字中国、智慧社会”。习总书记在2016年中央政治局第三十六次集体学习会议上强调“以推行电子政务、建设新型智慧城市等为抓手，以数据集中和共享为途径，建设全国一体化的国家大数据中心，推进技术融合、业务融合、数据融合，实现跨层级、跨地域、跨系统、跨部门、跨业务的协同管理和服务。”[①] 按照国家战略部署和深圳市第六次党代会要求，深圳市高度重视智慧城市建设工作。

目前，全球已有多个国家、地区通过加快智慧城市建设，在政务服务、智慧交通、公共安全、信息基础设施等领域达到国际领先水平。如新加坡打造“数字政府”，为市民在线提供全生命周期的主动式政务服务；伦敦市大力推广利用绿波带、自适应智慧交通灯，形成全球领先的智慧交通体系；纽约市在公共安全领域建成了预测预判、快速响应的统一指挥体系；巴塞罗那市在信息基础设施领域构建了无处不在的感知网络。

同时，国内各城市也高度重视智慧城市建设，形成不同亮点。如银川市高度重视民生体验，成立了专门的行政审批局（政务服务中心），整合了政府部门的大部分审批职能，实现一个部门一个章管审批，其行政审批改革创新走在国内前列，并受到国家领导人的充分肯定；贵州把大数据产业发展作为转型升级的战略重点，省市县均成立专门的

---

① 习近平：在中共中央政治局就实施网络强国战略进行第三十六次集体学习时的讲话，新华社北京2016年10月9日电。

大数据管理机构，并组建国有控股的大数据产业发展公司，全方位推动大数据产业发展，在全国范围内形成了示范效应。

4.2 深圳新型智慧城市总体方案

为落实深圳市第六次党代会部署和市委六届七次全会精神，努力打造国家新型智慧城市标杆市，促进深圳现代化国际化创新型城市和社会主义现代化先行区的建设，特制定 2018~2020 年的总体方案。

总体方案在需求分析基础上，提出了深圳市新型智慧城市建设的总体要求、重点工程、实施机制与保障措施。

4.2.1 工作思路和总体目标

按照党的十九大提出的建设网络强国、数字中国、智慧社会的发展战略，紧紧围绕现代化国际化创新型城市发展定位，以提升民生服务和城市治理能力为重点，以体制机制创新为保障，坚持全市“一盘棋”“一体化”建设原则，到 2020 年，实现“六个一”发展目标，即“一图全面感知、一号走遍深圳、一键可知全局、一体运行联动、一站创新创业、一屏智享生活”，建成国家新型智慧城市标杆市，达到世界一流水平。

“一图全面感知”：建成全面感知城市安全、交通、环境、网络空间的感知网络体系，更好地用信息化手段感知物理空间和虚拟空间的社会运行态势。

“一号走遍深圳”：建成电子公共服务体系，个人通过身份证号 + 生物识别、企业通过社会信用代码 + 数字证书可办理各类公共服务事项。

“一键可知全局”：建成基于大数据、信息共享和人工智能的决策辅助体系，在一个地方鼠标一点即可获取所需的来自全市各部门、各系统的所有数据，并且能提供各类定制化决策支撑报告。

“一体运行联动”：在公共安全、城市运行管理的各领域通过信息化手段建成反应快速、预测预判、综合协调的一体化城市运行管理体系，实现市区联动、部门联动、军地联动。

“一站创新创业”：通过数据开放平台和大数据交易平台，释放数据红利，打造基于开源数据的创新创业服务平台，提升数字化产业经济活力。

“一屏智享生活”：融合政府、企业和社会组织提供的与市民生活相关的各类服务，建设一体化市民服务平台，市民通过手机等移动终端可方便快捷获得高品质生活服务。

4.2.2 总体框架

深圳新型智慧城市建设在充分利用现有资源的基础上，构建从支撑、平台到应用的一体化建设格局，具体如图 4–7 所示。

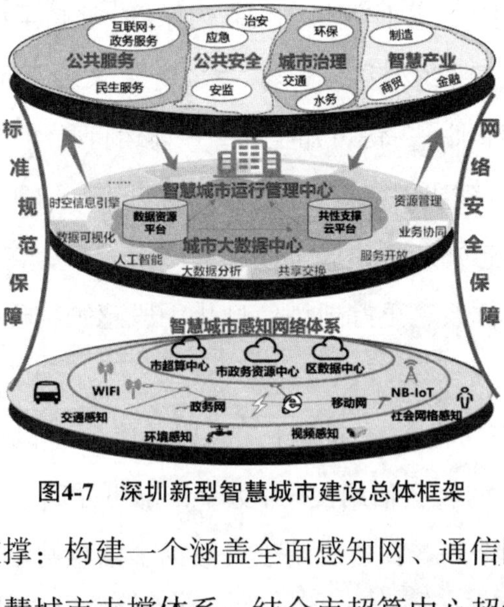

图4-7 深圳新型智慧城市建设总体框架

构建统一支撑：构建一个涵盖全面感知网、通信网络和计算存储资源的集约化智慧城市支撑体系，结合市超算中心超级计算能力，为新型智慧城市建设统一提供计算、存储、网络、物联感知等资源服务。

建设两个中心：即城市大数据中心和智慧城市运行管理中心。城市大数据中心包括城市数据资源体系、数据共享开放服务和共性支撑功能服务；智慧城市运行管理中心包括城市运行态势展现、跨域业务协同和决策支撑服务。通过两个中心建设，打造智慧城市的“大脑”和“中枢”，构建信息开放集成环境，支撑应用系统集成和跨部门跨领域信息共享及业务协调。

实施四大应用：基于统一支撑体系和城市大数据中心，推进公共服务（包括政务服务、医疗、教育、社区服务等）、公共安全（包括公安、应急、安全生产等）、城市治理（包括交通、环保、水务、城管等）、智慧产业（包括智慧园区、智慧工厂、创新服务平台和大数据产业等）四大领域应用工程建设，并与智慧城市运行管理中心实现联动协同。

强化两个保障：即建立“防御、监测、打击、治理、评估”五位一体的网络安全保障体系，构建满足新型智慧城市建设需求的标准规范体系。全市统筹规划，建设统一信息化支撑、技术标准和评价指标，各区各部门遵循集约建设、共建共享、互联互通原则，按照统一规划、技术标准进行分步实施。

4.2.3　建设原则

1. 集约建设，共建共享

全市统筹规划建设包括党政机关网络、政务云平台、共性应用支撑平台、大数据中心和基础信息资源库等在内的统一信息化支撑体系，为各区、各部门提供网络、计算、存储、灾备，以及统一、实时、准确的基础数据等服务。各部门应在全市统一的信息化支撑体系上构建业务应用，避免单独建设、重复建设。各区可建设区级政务云平台和大数据中心，为本区信息化应用提供支撑服务。市、区政务云平台和大数据中心应实现统一监控管理、互联互通和数据共享，各区各部门数据原则上应向市大数据中心归集。

2. 统筹推进，统分结合

按照全市统一部署，统筹推进新型智慧城市应用系统建设，并根据不同特点采用不同建设模式。对于覆盖市区两级和多个部门的全市性应用，如行政审批、安全生产、应急指挥等，应由市级部门统筹规划建设，并建立市—区—部门联动机制，实现横向到边、纵向到底，各级各部门不再单独建设。对于明确由业务主管部门牵头，涉及同级多个部门协同的业务系统，如商事登记、政府投资管理等，应由牵头部门统一建设，建成后在各个部门进行应用部署，形成完整、不间断的业务处理链条。对于单个部门业务应用，应加强一体化设计和流程优化，充分利用全市统一支撑体系，以模块化的方式在政务云平台上进行建设和完善。

3. 政府引导，多元参与

加强政府统筹协调和组织引导，充分发挥市场机制和企业作用，提升新型智慧城市建设活力。鼓励各部门加强和行业优势企业的长期战略合作，持续提升本行业信息化建设成效。在面向民生服务的领域，鼓励 PPP 或政府购买服务模式，通过政府开放数据和服务接口，企业投资建设运营，以移动互联网方式向市民提供服务，提升市民体验和项目可持续运营能力。

4. 建立机制，保障安全

全市统筹建设完善网络与信息安全管理制度、技术标准和应急处置方案，各区各部门遵照执行、协同联动，确保网络空间安全运行。采用安全可信的网络产品和服务，提升新型智慧城市建设安全可控水平。强化信息资源和个人信息保护，确保信息共享和大数据的安全使用和管理。

4.2.4 实施机制

智慧城市是一个开放复杂巨系统，涉及多个行业领域，传统信息化建设总包模式较难适应超大型城市的建设要求。结合深圳市信息化基础和现状，采用“联合使用总体＋联合技术总体”建设模式推进深圳新型智慧城市建设。

“联合使用总体”包括市经贸信息委和各行业牵头政府部门。市经贸信息委具体承担智慧城市总体规划、统筹协调、项目管理等职能，指导各部门编制行业规划、项目方案并组织评审，形成智慧城市建设项目库。行业牵头政府部门负责编制本领域总体规划、顶层设计和标准规范，加强本行业的市、区统筹管理。

“联合技术总体”还包括总体咨询单位和行业总体单位。总体咨询单位由市经贸信息委按照政府采购程序选定，承担全市智慧城市顶层设计、标准规范、体系集成及验证，确保各行业信息系统按照统一的架构和标准开展建设，建成后能够实现互联互通、数据共享和业务协同，切实提高全市整体建设成效。行业总体单位由行业牵头，政府部门按照政府采购程序，选定本行业领域优势企业组成，并形成长期战略合作伙伴关系，在全市顶层设计和公共平台基础上，加强本行业信息化总体规划和一体化设计，具体推进本行业智慧城市建设项目的实施，解决“碎片化”“项目化”建设问题，提升建设成效和投资效益。

4.2.5 重点工程

按照总体框架和实现“六个一”总体目标的思路，重点推进十大工程建设。

1. 高速宽带网络工程

加强统筹规划，构建高速安全、随遇接入、国际一流的高速宽带网络基础设施。

加快高速宽带网络建设，深入推进宽带网络光纤化改造，推进城市老旧小区、“城中村”光纤改造，到2018年，实现城中村光纤覆盖率达到95%。到2020年，实现“千兆到户、万兆到企、百米光接入”的城市光网发展目标，家庭用户宽带接入能力达到每秒1000兆比特。大力推进全域高速无线网络建设，推进Wi-Fi全面深度覆盖，开展“4G+”技术普及应用，积极部署5G实验网建设和商用进程，加快量子通信研究。到2018年底，实现人流密集公共场所免费Wi-Fi全覆盖，服务质量全面提升。完善NB-IoT网络覆盖，加大在智能抄表、大气环境监测、水文监测、智能交通等领域的推广应用。

2. 全面感知体系工程

坚持标准统一、安全可控的原则，加强城市感知信息覆盖和共享共用，推动万物感知和万物互联，构建全面感知物理社会和网络空间运行态势的感知体系，促进基于全面感知的新型智慧城市建设。

推进智慧多功能杆建设，完善物联感知手段。加快集照明控制、Wi-Fi天线基站、视频监控管理、广告屏播控、城区环境实时监测、紧急呼叫、水位监测、充电桩和井盖监测等功能于一体的智慧多功能杆建设，形成共建共享、集约高效的城市物联感知网络建设模式，提升公共安全、城市管理、道路交通、生态环境等领域的智能感知水平。建立时空基础设施，实现全市遥感遥测、卫星定位、移动定位、物探、激光、雷达等各类地理空间数据和时空大数据的统一标准、统一汇聚和统一服务。建立开放式城市感知平台。加强感知数据标准化处理和共享共用，以及感知设备的规范化接入和数据汇聚，结合互联网数据，实现对物理社会和虚拟社会的全面感知，形成智慧城市全量信息视图。支持企业开展新型智能终端应用。支持企业在社区、公共场所、办公楼宇等区域部署智能服务终端，支持智能机器人、智能支付、虚拟现实等智能化应用。

3. 城市大数据工程

构建全市统一高效、安全可靠、按需服务的城市大数据中心，包括数据汇集、数据融合、数据服务和数据开放等功能，实现城市感知数据、政府数据、社会数据的全面汇集与融合，有效支撑各区、各部门大数据应用。

推动城市大数据中心建设。加快政府数据的汇集，原则上各区、各部门业务数据需无条件汇聚到城市大数据中心。加强与腾讯、通信运营商等社会企业合作，促进政府、社会数据有效融合和共享，形成全市集中共享的一体化大数据中心，并为各区、各部门提供统一、实时、准确的人口、房屋、法人、地理信息等基础数据服务。建立大数据管理体系，建设全市大数据应用服务平台，为各区、各部门开展基于大数据的社会治理和公共服务创新应用提供支撑；完善城市大数据决策支撑平台，通过数据挖掘分析为市委市政府提供辅助决策支持。推动全市统一的云服务平台建设和应用。统筹规划建设集中与分布式相结合的全市云服务平台，推进“云优先”战略，各部门新建及更新的业务系统应依托全市云基础设施进行建设，已有业务系统应逐步向云平台迁移。大力推动政府数据开放，制定政府机构数据开放管理规定，通过政府向企业开放数据，企业基于开放数据为市民提供增值服务，促进治理多元化，形成社会共治的治理新模式。

4. 智慧城市运行管理工程

统筹推进智慧城市运行管理中心和公安指挥中心建设，实现“双中心”互联互通、数据共享。建设第三代应急指挥平台，与智慧城市运行管理中心建设有机结合，创新城市运行管理和协调机制，形成平战结合、快速响应、联动协同的一体化城市运行管理体系。

推动智慧城市运行管理中心和第三代应急指挥平台建设。智慧城市运行管理中心充分整合深圳市政务信息资源和公共服务机构、互联网、运营商等社会信息资源等，并充分接入和整合各部门相关业务系统，通过对政府数据和社会数据的全面整合、深度挖掘、综合应用，实现对城市的全面感知（智能化）、态势监测（可视化）、事件预警（可控化），运用系统整合、大数据分析和数据可视化展示技术，实现一张图实时掌控城市运行态势，同时与各区、各部门分中心互联互通，形成协调联动机制。依托智慧城市运行管理中心建设第三代应急指挥平台，与市政府总值班室协同联动，建立平战结合、预测预判、快速反应、互联互通、市区及各部门一体化联动协同的第三代应急指挥管理体系，实现问题及隐患“第一时间发现、最短时间响应、最快时间处置、第一时间反馈”，提升跨区域、跨部门、跨领域的协同处置能力，以及突发事件响应速度和处置效率，推动从被动式、应急式向主动式、预警式城市管理模式转变。

推动智慧城市运行管理中心和公安指挥中心形成“双中心”运行联动机制。加强智慧城市运行管理中心和公安指挥中心之间的互联互通和数据共享，加强数据安全保障和监管，形成数据共享使用、互为备份的双中心运行联动格局，更好支撑城市运行管理和公安指挥业务。“双中心”在职能上和功能上互为补充，共同推动城市治理能力的提升：公安指挥中心承担公共安全、维稳、反恐、重大安保等工作任务，提升深圳公共安全预警预防能力；智慧城市运行管理中心对城市大数据进行分析挖掘，形成智慧城市运行态势一张图，与各区、各部门协同联动，支撑应急、交通、城管、安全生产等领域的运行管理与协同指挥，建立平战结合的城市运行管理新模式。

5. 智慧公共服务提升工程

按照“以人为本、服务导向”原则，以贯穿服务市民和企业的全生命周期需求为主线，优化整合各级各部门服务内容，建成国内领先的“互联网+政务服务”体系和基于移动互联网的民生服务体系，市民及企业服务体验和便利程度极大提升。

推进“互联网+政务服务”体系建设。建立前台统一受理、后台分类审批的“一门集中、一窗受理、一网通办”政务服务新模式，建设覆盖多渠道、多层级的公共服务终端体系，统一市、区、街道三级政务服务要求。建设企业和市民个人门户，推动基于移动互联网的政务服务模式。整合政府门户网站、政务公开、网上办事大厅、“12345”公开电话等功能，建设统一的政府电子公共服务门户，实现市民一站办事、一号咨询。

构建新型卫生管理和医疗服务模式。构建区域卫生计生信息平台和数据中心，建设全员人口信息库，完善公共卫生、计划生育、医疗服务、医疗保障、药品管理及综合管理等系统，实现医疗机构、公共卫生机构之间的业务互联互通和信息共享；建立全市统一的市民健康服务门户，提供在线健康咨询、预约、诊疗、办理入院等全流程服务；推进智慧医院、智慧社康中心建设，实现医疗行为全流程标准化管理，提高医疗保健安全和质量。

建设面向社会需求的教育智慧服务体系。建设教育云服务平台，面向学校和社会提供全方位教育云分享服务；建成“一师一优课”“一课一名师”示范课程资源库，探索建立优质数字教育资源云超市，满足个性化学习需求；推进智慧校园建设与应用，打造100所智慧校园示范学校，促进智慧校园示范学校创新发展、特色发展、持续发展；升级改造教育基础设施，实现95%中小学多媒体教室全覆盖（“班班通”），实现90%中小学校（含职高）开通网络学习空间（“人人通”）。

建立智慧社区公共服务平台。搭建居民意见反馈与在线交流渠道，鼓励居民参与社区治理，提升社区服务水平。建立社区养老助残服务平台，为老年人、残疾人等群体提供办证、领取补助等公共服务。建设社区医养一体化系统，将社区医疗和养老相结合，为老年人、残疾人等提供移动医疗、养老信息管理、生命体征监测等服务，有效解决老年人及残疾人的就医及养老问题。打造智慧司法服务平台，开展法律服务大数据应用，为市民和企业提供高效优质、主动精准的公共法律服务。鼓励进行社区微创业，如社区电商、社区物流等，提供创业咨询服务，激发社区活力。

提升智慧住房保障服务水平。建立住房租赁交易服务平台，实现智慧租房；全面升级公共住房基础信息平台和住房公积金管理信息系统，提升政府住房公共服务水平；开展“智慧物业”建设，建立物业监管与公共服务平台。

打造智慧气象服务新模式。推进“智慧气象”与相关行业的融合发展，建立基于影响的气象灾害智能预报和风险预警业务，构建气象灾害四级防御联动协同体系，建立气象灾害防御决策辅助一张图，完善突发事件预警信息发布系统，升级“深圳天气”App和微信等移动互联网应用，向公众提供用户体验更愉悦的个性化气象服务产品。

6. 智慧公共安全体系工程

以社会治安、生产安全、食品药品安全和边坡地质安全隐患治理为抓手，建设城市公共安全智慧化体系，实现对各类安全隐患的全覆盖，提升安全预警预防能力。

健全立体化社会治安防控体系。推动雪亮工程建设，实现深圳公共安全视频监控联网共享应用，基本实现“全域覆盖、全网共享、全时可用、全程可控”的公共安全视频监控建设联网应用；推动公安第三代指挥中心建设，加大对维稳、反恐、打击犯罪、治安防控等信息的综合应用。

完善安监综合管理系统建设。建立全市安全隐患一张图，特别是对城市的港口、危化品等重点区域重点领域进行实时监控和预警，全面提升监测预警能力、精准高效执法能力和安全事件协调处置能力，实现“事前预警、事中可控、事后联动、可追溯可评估”。

推进全市智慧消防建设。绘制建筑外部、内部结构三维模型，建设以单栋建筑为基本管理单元的城市消防安全基础数据库；全面铺开消防物联网系统的应用，建设建筑消防安全自我管理平台，构建警民互动和快速灭火救援指挥体系。

建立全市统一的食品安全追溯服务平台。深入推进“互联网＋食品安全”战略，实施《食品可追溯一致性控制点及准则》等四项标准，推进食品经营数据采集管理，完善风险评估模型，构建食品安全防控体系。

构建智慧口岸服务体系。加大新型智能化红外体温监测设备、核辐射监测车、无人机辅助检测系统、机器人等口岸智能装备的应用，提升口岸人、车、货异常监测与处置能力，提高检测速度与准确率，探索建立口岸快速通关模式，提升智能化便捷化通关水平。针对全球传染病疫情、动植物疫情、核生化有害因子等非传统安全输入性风险，建立“全覆盖监测，全流程防控，全智慧管理”的智慧口岸检疫平台，最大限度防范全球非传统安全风险输入深圳。

7. 智慧城市治理优化工程

重点推动智慧交通、智慧水务、智慧环保、智慧城管等领域建设，提升交通运行效率，能够全面及时发现和处理污水排放、内涝等问题，使环境治理能力显著提升，城市更加宜居。

建立综合管控、低碳绿色的综合交通运行体系。开展交通信息基础设施提升工程，加强自适应交通信号灯、路边停车感知、电子屏、视频资源等在交通领域的应用，打造综合交通一体化管控中心，推动交通、公安、气象等数据汇聚融合和共享应用，提升交通综合指挥调度能力；在非限行区域，大力推广有电子围栏固定停车位置的互联网共享单车；整合全市停车场信息，推进普及全市智慧停车，提高停车位综合利用率；开展无人驾驶试点建设，加快人工智能在无人驾驶中的应用，让无人驾驶汽车更加安全。

深化智慧水务建设。推进城市水务网络化、流域化、综合化管理，实现源、供、排、污、灾全过程量化监控管理模式；推进水量水质信息采集、水资源综合管理、涉水管网地理信息、数据中心、视频监控综合共享；建设全市性的智慧海绵平台，实现智慧化、系统化、科学化、精确化管理，全面提高深圳市海绵城市建设和管理水平；加强污水排放监控体系建设，实现重要污水排放点实时监控。

推进集数据采集、环境预警决策和应急于一体的智慧环保建设。建立陆海统筹、天地一体、上下协同、信息共享的生态环境监测网络，主要是对重点污染源、空气质量、噪声、重点餐饮企业油烟排放等的全面监测；加强水、气、声、固废、生态资源等环境资源汇集整合，全面汇集整合环境质量、污染源、环境管理等基础数据；完善环境保护决策支撑平台和应急指挥平台。

深化智慧城管建设和应用。依托智慧城管指挥平台，推动城管执法下沉社区和“城中村”，提升“城中村”市容市貌水平；建立城市垃圾的智能分类和监管，引导居民前端分类，监测垃圾流通信息，实现从源头到去向全程量化监控的物联网管理模式，最终实现垃圾整体减量化，并使有害垃圾得到专业处理。

推进政府建筑工程大数据监管。运用BIM、智能感知、物联网、大数据等先进技术，采集政府工程建设期和使用期的完整数据，并进行集中管理、分析、应用，实现政府工程全方位的大数据智慧监管和廉政风险智慧防控，同时形成政府工程建造和使用期的数据资产，为深圳智慧城市建设提供基础支撑数据。

8. 智慧产业发展工程

构建全程全域的创新创业环境，打造智慧化的产业孵化体系，着力建设有国际竞争力的新一代信息技术应用创新中心，推动物联网、互联网、人工智能与各行业融合创新发展，形成创新活跃的数字化产业体系。

以“互联网+制造”为重点，加快推进两化深度融合。深化制造业与互联网融合发展，促进互联网与设计、制造和物流过程融合。大力发展互联网型工业设计，鼓励工业设计资源网上共享、网络协同设计、众包设计、在线3D打印服务等新模式、新应用、新业态发展。推动网络协同制造、个性化定制和服务型制造发展，开展智能制造试点示范，提高企业生产效率和产品服务质量。

推动数字经济快速发展。大力推动政府数据和公共事业数据的开放，充分释放数据红利，支持社会第三方开展基于政府开放数据的增值开发和创新应用。建设大数据交易所，促进数据资源流通交易，打造一个协同开放的智慧城市开源数据创新服务平台，推动全社会数据的共享交易增值，激发大众创业、万众创新活力，提升数字经济产业活力。

打造创新平台，营造互联网创新创业环境。支持围绕中小企业生命周期各环节实际需求的创新平台发展，推广软件即服务（SaaS）服务模式，为中小企业提供财务电子化、办公自动化、电子商务等应用，降低企业信息化建设和使用成本；鼓励大型互联网企业、行业领军企业通过网络平台向各类创业创新主体开放技术、开发、营销、推广等资源，加强创业创新资源共享与合作，构建开放式创业创新体系。

推动产业园区智慧化建设。完善园区光纤宽带、新一代移动通信网络和免费 Wi-Fi 等基础设施优化覆盖。建设基于园区的云平台，鼓励园区面向入驻企业提供各类云服务。以特色重点产业园区为试点，形成一批“信息网络高速泛在、精细管理高效惠企、功能应用高度集成、智慧产业高端发展”的“四高”智慧园区。

9. 网络安全保障工程

以网络安全保障为核心，通过“规划、实施、检查、评估”的持续改进，建立健全“防御、监测、打击、治理、评估”五位一体的网络空间安全保障与综合治理体系。

构建网络空间基础设施层安全保障体系。落实基础设施安全监管职责，保障关键基础设施、通信网络设施、数据中心、计算中心、终端设备的运行安全。建设网络安全监测预警平台，构建主动防御和监测预警体系，加强网络安全运维与协同防御指挥，实现网络安全管理“看得见、用得好、管得住”。加大大数据安全技术的研究与应用，强化大数据安全管理和隐私保护。开展多种形式的信息化和网络安全知识宣传普及。开展全民网络安全教育，增强全社会网络安全防范意识和公众自我保护技能，提高市民信息化使用和信息安全防范能力。

10. 标准规范保障工程

提升全市对新型智慧城市的认知水平，加快配套法规制度和标准体系的建设，保障建设成效。

构建满足新型智慧城市建设需求的法规制度体系，研究出台数据开放共享、数据安全和数据脱敏使用等法规制度，规范数据合理使用；完善深圳市新型智慧城市建设标准体系，按急需先建的原则制定城市运营中心服务管理、统一数据服务接口、跨部门业务协同指挥流程规范等服务城市运营需求的标准规范；加强体制机制保障，推动各部门从整体上转变观念，从管理和服务对象角度出发，对工作模式和业务流程进行创新和优化再造，建立完善信息化条件下与创新管理和提升服务相适应的体制和机制。

4.2.6 保障措施

1. 加强统筹推进

在市新型智慧城市建设领导小组的统筹领导下，各区、各部门应高度重视，按照“对标国际先进”的建设要求，主动谋划并加强本领域的智慧城市规划和一体化设计，明确建设目标、工作任务和实施计划，并积极推进落实。组建“联合使用总体”和“联合技术总体”，按照统分结合的建设模式全面推进，形成各区、各部门和各行业优势企业共同推进的良好局面。

2. 强化创新保障

市编办、政务办应基于互联网和信息化条件的要求，从市民和服务对象角度出发，对部门间同类业务进行梳理和整合，加强政府职能优化和流程再造，构建高效协同的现代化服务型政府治理体系。各区、各部门应以服务对象为核心，以市民获得感和服务效果为导向，加强改革创新和流程优化，同时加强信息化工作机构和人员配备，切实推动信息化与业务工作的融合创新。市保密主管部门应加强智慧城市和信息化建设的保密管理工作。

3. 加强资金保障

结合信息技术和业务需求变化快的特点，以及云服务条件下的信息化建设模式要求，优化政府投资信息化项目审批模式，提高审批效率。进一步加大信息化建设向社会购买服务的力度，鼓励社会资本参与智慧城市建设投资与运营，并获得合理回报。建立市区两级政府智慧城市建设分级投入机制，完善财政资金向智慧城市建设、应用和推广的保障机制，争取国家和省级对试点示范项目的资金扶持。

4. 加强人才保障

充分利用党校等培训平台，做好全市各级干部的信息化知识和技能培训工作，提升机关公务员利用互联网技术和信息化手段开展工作的意识与能力。制定适应深圳新型智慧城市发展要求的人才战略和措施，建立人才培养、引进、流动和使用机制，在各方面增强对信息化人才的吸引力和凝聚力。各部门应加强信息化机构和专职工作人员的配备，推动信息化与业务的融合。

5. 加大宣传力度

积极运用传统媒体和网络媒体等多种宣传手段，全方位、多渠道加大对深圳智慧城市建设的宣传引导，促进全社会广泛参与，汇聚各方合力共同推进。举办具有国际影响力的新型智慧城市展会和高峰论坛，推动政企深入交流，促进新型智慧城市建设顺利落地，提高公众对深圳智慧城市建设的认知度和参与度。

4.3　深圳新型智慧城市体系架构设计

新型智慧城市架构是新型智慧城市建设的蓝图，是业务与信息化建设的桥梁，在同一个平台上，用双方都能理解的语言，描绘出业务和信息技术之间的关系，实现业务、数据、应用之间的协同。深圳新型智慧城市顶层设计运用体系工程的方法，依据智慧城市建设需求和目标，从业务、数据、系统、部署、标准、安全六个维度，分析各维度组成结构及组成部分间的关系，全面规范和设计深圳新型智慧城市建设需要遵循的体系框架。

4.3.1　业务架构

围绕市民、企业、政府三大主体，依据深圳新型智慧城市建设的业务需求，分析业务提供方、业务服务对象、业务服务渠道等多方面因素，梳理智慧城市的业务架构。一级业务架构分为四个业务域（公共服务、公共安全、城市治理、智慧产业），二级业务架构依据行业领域进一步分解，具体二级业务的组织架构和流程由行业总体进行梳理，如图 4–8 所示。

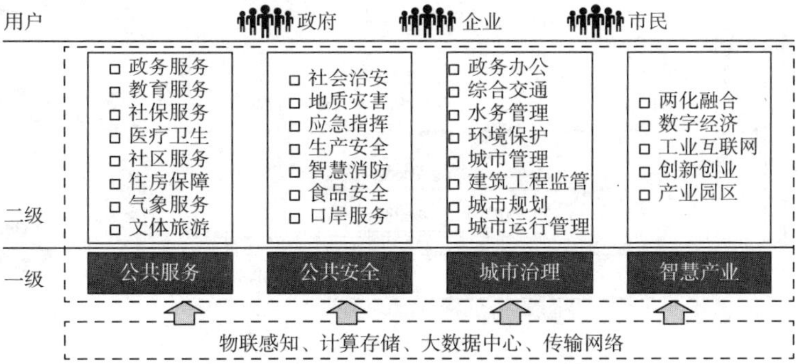

图4-8　深圳新型智慧城市业务架构

4.3.2 数据体系

深圳新型智慧城市建设的数据体系由数据架构、数据标准规范、数据治理及数据服务四部分组成，如图 4–9 所示。

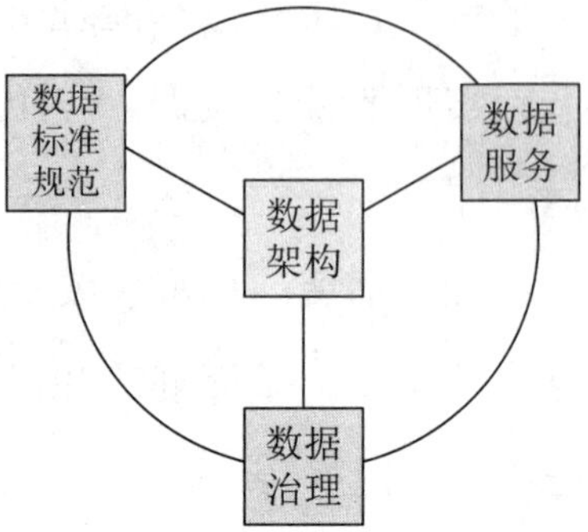

图4-9 深圳新型智慧城市数据体系

1. 数据架构

“数据架构”是对来自不同域（政府、社会）、不同形态（结构化、非结构化）、不同作用（感知监控、业务办理、分析决策等）的数据进行整理、分层、分类。深圳新型智慧城市数据架构如图 4–10 所示。

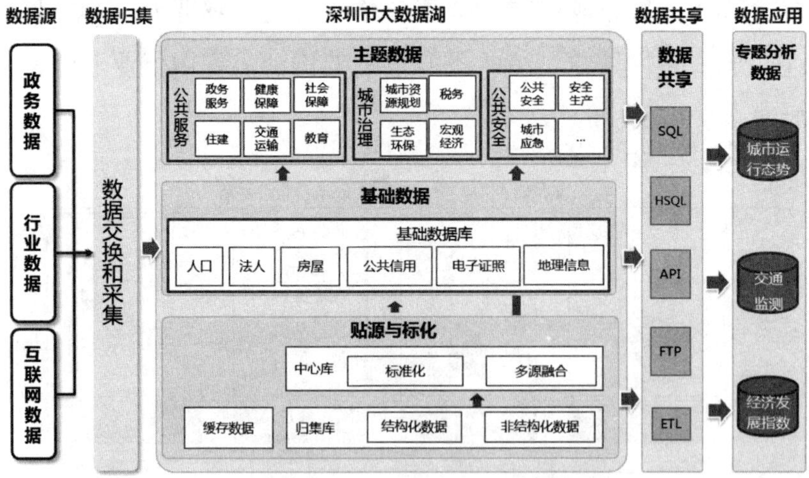

图4-10 深圳新型智慧城市数据架构

政务数据、行业数据、互联网数据等通过数据交换与采集系统统一归集到大数据中心，形成和原始数据保持一致的归集库；归集库数据经过清洗加工、数据项取值标准和统一以及按“一数一源”对多委办局的相同数据项进行梳理和融合，构建中心库；中心库数据再经过关联、整合，形成国家规范要求的六大基础库。在此基础上，各政务部门根据部门资源需求从基础库和中心库抽取数据构建各自的主题库；各部门则通过数据共享服务结合具体应用需求从中心库、基础库、主题库中抽取数据，建立各种应用专题分析数据。

2. 数据标准规范

深圳市新型智慧城市数据标准规范是在遵循国家、行业、深圳市相关标准和规范基础上，重点拟定数据在采集、融合、共享开放、安全等方面的规范。

（1）数据资源管理

为规范深圳市数据资源管理工作，保障数据质量及安全，推进数据资源“聚、通、用”，根据《国务院关于印发政务信息资源共享管理暂行办法的通知》（国发〔2016〕51号）、《深圳市促进大数据发展行动计划（2016~2018年）》等有关要求，结合深圳市实际，制定深圳市数据资源管理办法，起草并发布《深圳市数据资源管理办法》。

（2）数据规范制定

根据《深圳市电子政务公共资源管理暂行办法》，各部门对照人口基础库各字段要求，检查、核对并补充完善人口基础库，出台《深圳市人口基础库暂行管理办法》，修订《公共基础信息数据元规范（人口部分）》。

参照《政务信息资源目录体系》《政务信息资源交换体系》《深圳市社会建设“织网工程”综合信息系统建设工作方案》，各部门对照法人基础库各字段要求，检查、核对并补充完善法人基础库建设，出台《深圳市法人库暂行管理办法》《深圳市房屋基础库暂行管理办法》，修订《公共基础信息数据元规范（法人部分）》《公共基础信息数据元规范（房屋部分）》。

归集市税务局等部门相关数据，构建公共信用基础库，制定《深圳市公共信用信息管理系统异议信息处理工作指引》和《深圳市公共信用信息系统信用修复工作指引》，整理并发布新版《深圳市公共信用信息资源目录》。

3. 数据治理

数据资源的构建涉及中心前置节点、归集库、中心库、基础库、主题库和应用专题数据集，其构建与治理过程如图 4–11 所示。

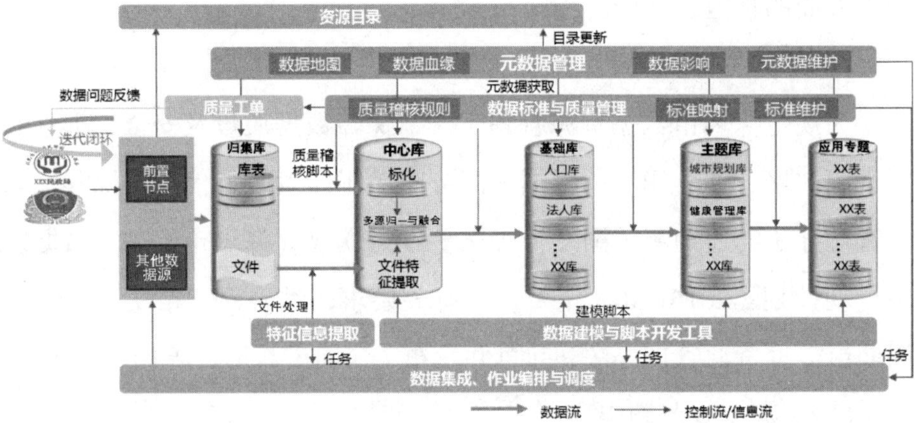

图4-11　数据资源的构建与治理

归集库构建：数据不做任何处理，从中心前置节点或其他数据源完整地拷贝，保障大数据平台的数据和外部数据源数据的一致性，即贴源数据。

中心库构建：对于结构化数据，首先进行数据质量稽核，实现归集库到中心库数据字段的标准化处理，进一步对标准化后的数据结合数据权责清单，遵循“一数一源”的原则对来自多个部门的重复数据表和数据项在表结构层面进行归一和融合；同时对于非结构化数据则进行文件解析和特征信息提取，并和上述结构化数据进行关联融合。

基础库构建：根据六大类基础库的数据要求从中心库中抽取数据并进行整合，采用合适的 E-R 关系模型构建基础库。其核心是保障数据扩展的灵活性。

主题库构建：根据业务需求或部门特点从六大类基础库、中心库抽取数据并进行整合，采用合适的 E-R 关系模型构建主题库。其核心是保障数据扩展的灵活性。

应用专题数据集构建：根据特定应用需求从主题库、基础库，甚至中心库抽取数据并进行整合，采用大表或星型模型构建。其核心是保障应用对数据访问的高性能。

在整个资源库的构建过程中，数据治理服务于数据的全生命周期，通过元数据管理、质量管理、标准管理、模型管理等系统，对数据资源进行有效治理。数据治理介入采集、汇聚、校验、加工等数据全生命周期过程的各个环节，通过元数据管理中的“血缘关系”追溯数据上下游的流转过程，做到完整化的质量管理、规范化的标准控制、系统化的模型管理，使所共享交换的数据资源规范化、标准化。

元数据则根据数据共享策略，将建立的各种资源库信息更新到资源目录中，各委、办、局能及时了解可获取的数据资源。

在数据治理全流程（从前置机到专题库构建）中发现的数据问题通过质量工单系统，并遵循“一数一源”原则反馈到数据所属的委办局，进行数据的修正与更新，并重新反馈，通过不断的迭代保障数据的质量逐步改进和提升。

4. 数据服务

数据服务包括数据采集、预处理、存储、管理、共享交换、建模、分析挖掘、可视化等服务。数据服务的对象包括社会公众、政府各业务部门、数据治理统筹机构，如图 4–12 所示。

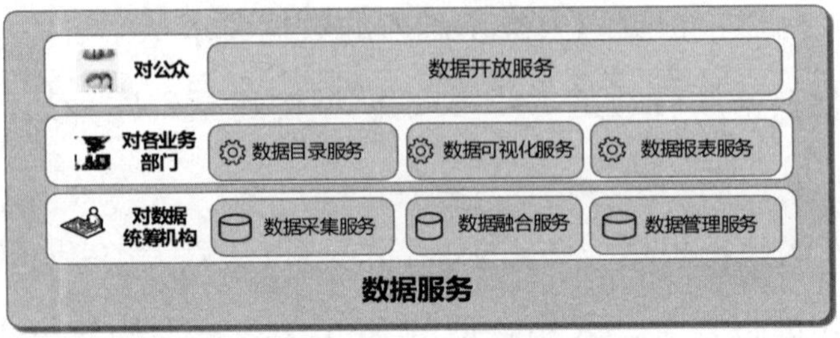

图4-12　数据服务内容与服务对象

（1）对数据统筹机构

数据采集服务：从不同数据源及时收集不同类型数据。

数据融合服务：对采集的数据进行清洗融合，提升数据质量。

数据管理服务：包括元数据管理和数据质量管理等。

（2）对各业务部门

数据目录服务：将数据目录按照多种分类方式进行发布，各业务部门可以浏览和查询。

数据可视化服务：将数据或数据分析结果进行可视化展现。

数据报表服务：利用报表工具生成各种数据报表。

（3）对公众

将数据脱敏后对社会公众进行开放，探索全社会信息采集、整合的联动机制，推动政府、企业与社会多方的跨级、跨域、跨界融合，挖掘和释放数据资源的潜在价值。

4.3.3　系统架构

深圳新型智慧城市系统架构是在《深圳市电子政务总体框架》（深经贸信息信安字〔2014〕107 号）的基础上进行拓展延伸：通过打牢

共用基础设施建设，促进感知、通信和计算资源集约；通过通用功能整合，促进城市信息资源开放利用；通过开放应用服务，建设充满创新活力的开源城市；通过健全网络空间安全体系，实现网络空间健康清朗；通过创新机制体制和完善标准规范，保障智慧城市建设项目的实施落地。架构如图 4–13 所示。

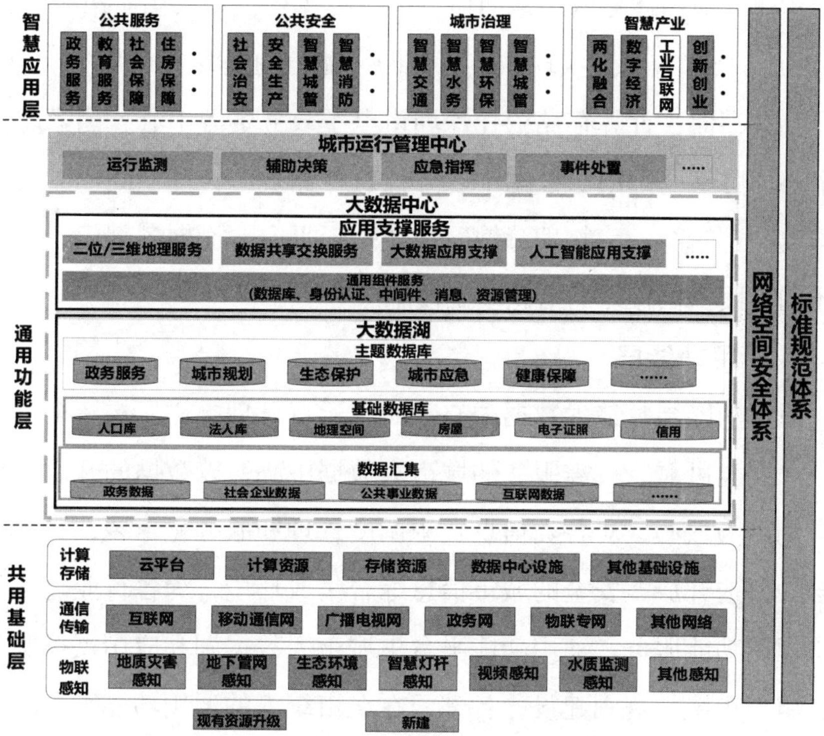

图4-13 深圳市新型智慧城市系统架构

1. 共用基础层

共用基础层由物联感知、通信传输、计算存储设施构成，以打通信息壁垒，构建信息资源共享体系为目标，由全市统一规划，各部门、各区按照业务需求分工建设，并实现互联互通。

物联感知：基于网格化理念，采用全球地理剖分技术，将技术网格和管理网格相统一，实现网格层面的多元信息汇聚，构建城市泛在感知系统。物联感知设施由公共安全感知、地质灾害感知、生态环境感知、交通运输感知、气象监测、环境感知、公共设施和建筑物感知等感知系统构成。

通信传输：重点结合国家“十三五”天地一体化网络发展规划，布局互联网、移动通信网、广播电视网、政务网、卫星通信网等，在深圳构建天地一体化网络地面信息港，实现空、天、地网络的一体化，通过 SDN 技术应用，实现城市通信网络能力的提升。

计算存储：计算存储依托深圳市电子政务资源中心、国家超算深圳中心、各区（部门）数据中心等计算存储资源，基于同一的技术平台构建“逻辑统一、物理分散”的统一云平台，面向各部门、各区、企业和市民提供按需的信息基础设施服务。

2. 通用功能层

通用功能层打造大数据中心和城市运行管理中心，构建全市统一高效、安全可靠、按需服务的城市大数据中心，以数据的开放共享和融合利用为核心，对各类信息资源调度管理和服务化封装，实现功能整合，打造开放、安全的城市信息综合集成环境，为各行业、各部门提供通用功能服务。通用功能平台由城市大数据湖和应用支撑服务构成，由全市统一规划建设，各部门在全市统一的通用功能平台之上构建业务应用，避免单独、重复建设。

统筹推进智慧城市运行管理中心和公安指挥中心建设，实现“双中心”互联互通、数据共享。创新城市运行管理和协调机制，形成平战结合、快速响应、联动协同的一体化城市运行管理体系。

3. 智慧应用层

充分发挥市场的决定性作用，调动各领域、各行业和企业的积极性，营造大众参与的局面，推进大众创业、万众创新，形成各具特色的智慧应用领域。

在公共服务方面，按照“以人为本、服务导向”的原则，以信息惠民工程试点建设为基础,通过提高信息服务的智能化水平,构建智慧医疗、智慧教育、智慧人社、智慧安居、智慧社区等融合模式，为市民提供全程全时、全城通办的服务，解决办事难、办事慢、办事繁的问题。

在城市治理方面,以提高城市智慧化和精细化治理能力为出发点,建设城市运营管理中心与智慧政务管理平台，打造智慧化公共安全体系与市场监管体系；通过大数据应用与开放，实现公共服务配置与宏观决策能力的全面提升，促进多元社会主体参与社会治理，集全社会智慧提升政府精细化治理能力。

在创新经济发展方面，着力建设有国际竞争力的高科技产业与互联网应用创新中心，实现电子信息、物流、制造业、电子商务等深圳优势产业智慧化升级；开放政府数据，有效分析挖掘社会数据资源，打造智慧化的产业孵化环境与平台，促进信息消费，拉动信息产业发展，实现数字经济快速有序发展。

在绿色低碳宜居方面，强化信息技术在城市资源管理和节约利用等方面的应用，提升城市获取、控制和转化资源的能力。针对城市发展面临的急切、重大难题，重点推进环保、水务、土地、能源、交通、城管等领域智慧化建设，夯实城市发展基础，实现城市低碳绿色发展。

4. 网络空间安全体系

以实现网络空间安全清朗、生态良好为目标，将网络空间安全作为新型智慧城市的重要内容同步规划、同步建设、同步运行，通过建立统一的网络空间安全服务体系，实现网络安全从多点防护向体系防护演进，提高新型智慧城市网络空间的整体防御能力，实现网络空间安全体系支撑下的国家信息安全。

在网络基础设施安全方面，建立针对网络核心设备和网络关键节点的安全监测与评价体系，通过核心设备自主可控、关键节点容灾备份、网络安全基础数据积累等方式，提高网络基础设施安全性，提升网络安全问题应对和处理能力。

在协同防御方面，打破安全防护体系壁垒，将现在的条块化安全防护体系串联起来，建立智慧城市网络空间综合安全运维、监测预警和协同防御体系。

在安全治理方面，全面推进网络空间法制化，加强网络立法、网络执法，形成依法治网的生态环境，实现网络有序运行和网络文化的繁荣发展。

5. 标准规范体系

按照“双轮驱动”的建设理念，采用“遵循、制定、修订”相结合的方式，建设完善新型智慧城市的技术标准、体制机制和评价指标体系。其中，技术标准包括总体标准、基础设施标准、建设与宜居标准、管理与服务标准、产业与经济标准、运维和保障标准等技术标准。

4.3.4 部署架构

1. 总体部署架构

深圳新型智慧城市建设的应用系统按需部署在大数据中心、城市运营管理中心、各行政区（委办局），遵照“统分结合，集约建设”基本原则，分步部署应用系统。总体部署架构如图 4-14 所示。

（1）大数据中心

深圳大数据中心：建设“两地三中心”，即在市内建设同城双活数据中心，在深汕合作区建设异地备份中心，建成一体化、绿色化、智能化的大数据中心。各区、各部门现有电子政务基础设施由市大数

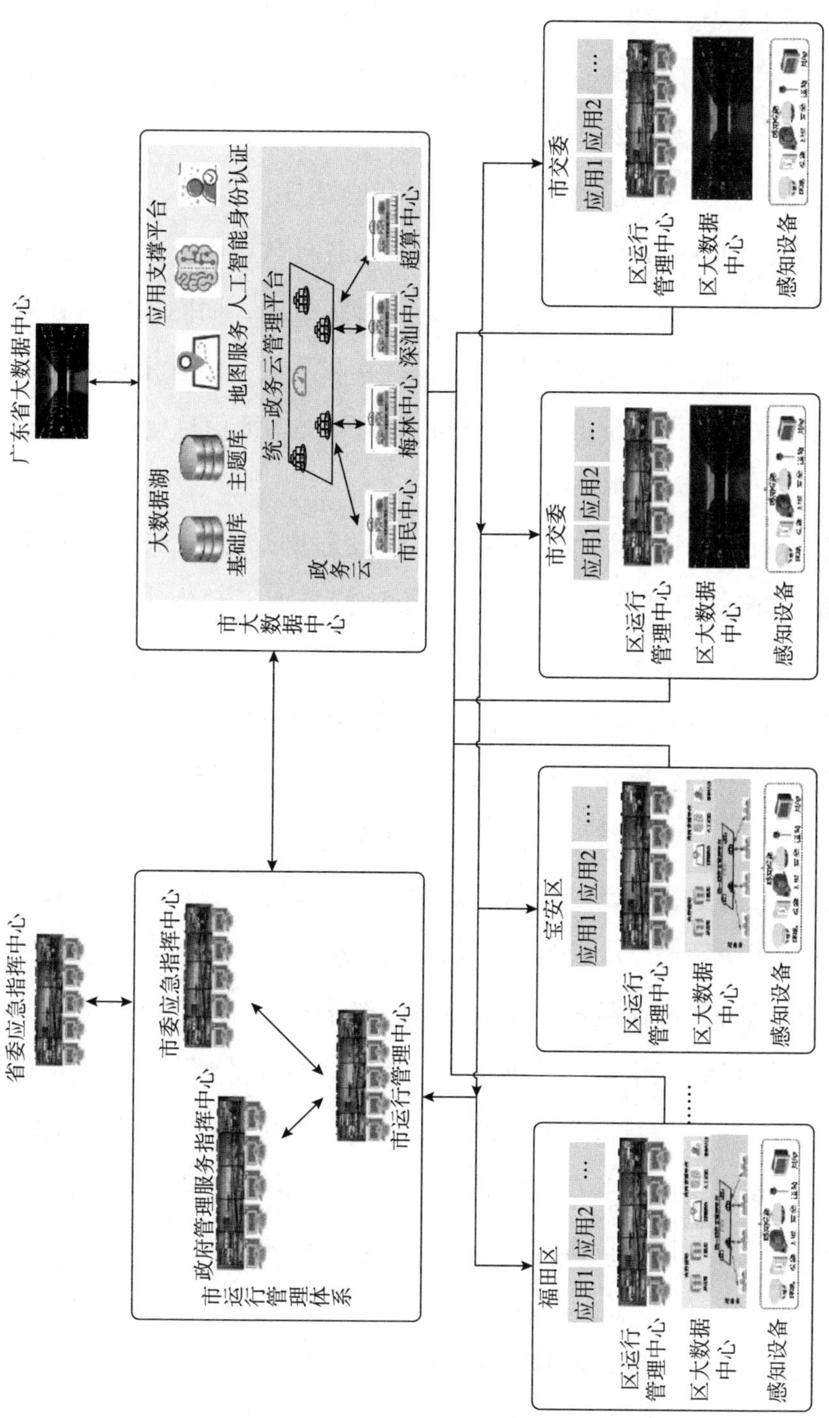

图4-14　深圳市新型智慧城市总体部署架构

据资源管理中心统一纳管，逐步向市大数据中心迁移。通过统一政务云平台向市级各部门政务管理和服务提供计算存储资源服务，部署市级大数据湖，包括基础数据库、应用主题库，并依托政务云部署公共服务、公共安全、城市治理、创新产业等领域应用。

各区数据中心：各区作为一级政府，在各自数据中心部署完整体系。各区按照统一的云基础设施标准开展升级改造，面向各区业务信息系统提供基础支撑，与市级各中心保持互联互通。信息化基础和力量薄弱的行政区，可基于电子政务中心能力开展本区信息化建设。

（2）城市运行管理体系

坚持全市“一盘棋”“一体化”建设原则，以提升公共安全和城市治理能力为重点，以深圳市城市运行管理平台为纽带，构建“1+11+N”一体化联动城市运行管理体系。

“1”为市级城市运行管理平台，包括市委应急指挥中心、政府管理服务指挥中心、城市运行管理中心。市级城市运行管理平台内，各中心互联互通、后台统一，充分利用现有的信息化建设成果，通过政府数据和社会数据的跨域融合，实现对城市运行状态的全面感知、态势展现和预测预警，为城市日常管理和应急指挥提供支撑，形成“平战结合”的运行管理新模式，提升深圳治理体系和治理能力现代化。

“11”为区级城市运行管理平台，按照“多种平台合一，多项任务切换”原则，集“平台运行一体化、巡查预警模块化、联动处置动态化、运行操作标准化、信息共享智能化”五项功能，统筹协调区内相关执法和管理部门（单位）资源，建立分工合理、权责明晰、协调有序、全时段、全覆盖、全程监管的社会治理和城市运行一体化的工作平台，接受市级城市运行管理平台的工作指令和业务指导。

“N”为市级职能部门管理平台，是以输出对行业促进的服务、对部门内管理的智慧服务、对社会的服务为核心的统一平台，形成内部管理、外部服务一体化运行。

2. 应用系统集成设计

深圳新型智慧城市建设结合发展需求，建设新应用系统，升级完善已有系统。在建设过程中，应根据面向服务的体系结构（Service-oriented architecture）设计思想，对新增系统功能进行服务化封装、对现有应用系统功能进行服务化改造。各类服务依据服务描述规范形成标准化服务，并基于通用功能平台提供的服务注册、发现、路由和编排功能，实现异构、分布式系统之间协同，实现系统之间松耦合，应对技术更新、系统更新给相关应用和业务带来的挑战。

针对新建应用系统，提供智慧城市信息系统服务统一描述、发现和集成协议（Universal Description Discovery and Integration，UDDI），基于服务化的方式进行构建，提供服务的编目、分类方法，发现、路由与访问控制接口等，实现各类应用的柔性重组，如图 4-15 所示。

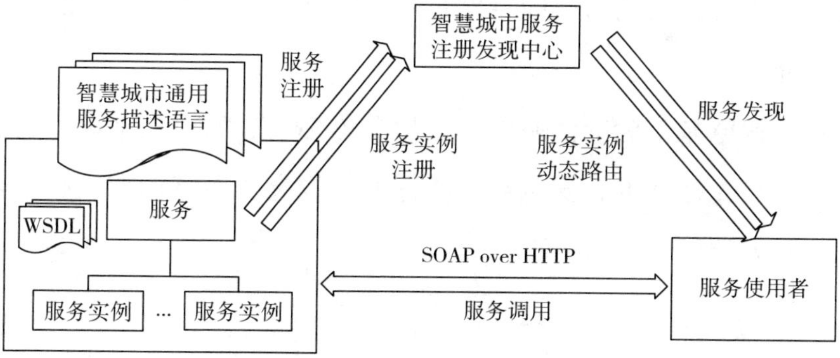

图4-15 新建应用系统服务化

针对不具备服务化特征的遗留应用，可以采用如图 4-16 所示的方式进行升级演进。其中，将遗留应用的接口以 Web Service 的方式进行封装和发布，使其能够被其他应用访问。Web Service 使得运行在不同机器上的不同应用无须借助附加的、专门的第三方软件或硬件，即可相互交换数据或集成。

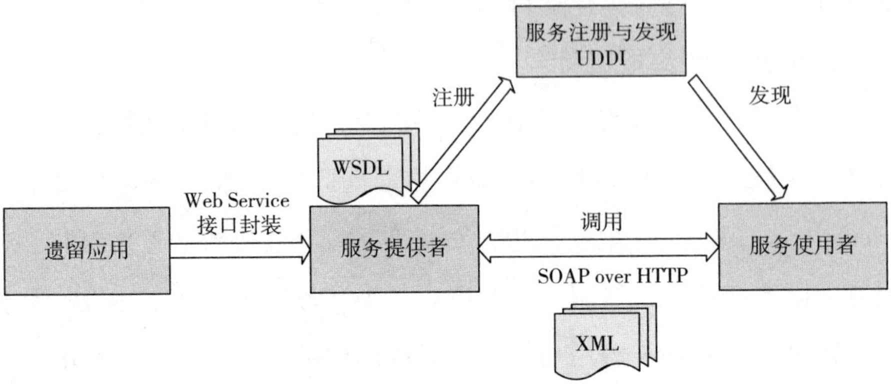

图4-16 遗留应用服务化升级演进

4.3.5 标准体系

新型智慧城市标准体系按照系统工程理论和全生命周期理论编制，分为指导类、规范类、应用类、技术类等层次，对智慧城市建设全生命周期各阶段起到“指导、规范、约束”的作用。纳入标准体系中的标准以目前已发布或即将发布的国家标准、行业标准以及深圳市地方标准为主。

新型智慧城市标准体系框架包括总体标准、城市基础设施标准、信息技术与支撑标准、安全与保障标准、建设与运维标准、应用与服务标准 6 大类。

4.3.6 安全体系

深圳城市网络空间安全体系建设的主要目标是建立“防御、监测、打击、治理、评估”五位一体的网络安全保障体系，打造安全可控的网络环境，保护信息与信息交互安全，构建健康有序的网络秩序。为满足深圳市新型智慧城市统分结合、一体化建设等对网络安全提出的新挑战，亟须积极探索城市级的网络安全建设，推进安全可信等新的国家网络安全标准实施，以适应云计算、大数据、物联网、人工智能等新技术发展需求，建立健全深圳市安全可信的新型智慧城市网络空间保障体系。新型智慧城市网络空间安全总体结构分为安全技术防护、网络空间治理、网络安全管理、法律规章四个方面。具体内容详见本书第 6 章。

4.4 深圳新型智慧城市“六个一”实施方案

4.4.1 概述

为深入贯彻党的十九大精神和习近平总书记关于新型智慧城市建设的系列讲话精神，全面落实党中央、国务院相关要求，以及广东省“数字政府”改革建设决策部署与深圳市建设“双一流”新型智慧城市的总体要求，紧紧围绕现代化国际化创新型城市发展定位，《深圳市新型智慧城市建设总体方案》提出：到 2020 年，实现“六个一”发展目标，即“一图全面感知、一号走遍深圳、一键可知全局、一体运行联动、一站创新创业、一屏智享生活”，打造国家新型智慧城市标杆市，达到世界一流水平。

为推动“六个一”目标的实现，深圳市制定《深圳市新型智慧城市“六个一”实施方案》，这是对《深圳市新型智慧城市建设总体方案》提出的“六个一”目标的具体深化，进一步明确了工作任务和实现路径，将目标转变为实际行动，推动“双一流”发展目标的实现。“六个一“目标是深圳新型智慧城市发展的直观特征，并不能概括深圳新型智慧城市建设所有成效。

“一图全面感知”“一键可知全局”“一体运行联动”聚焦于提

升城市治理能力，打造新型智慧城市的“大脑”，构建“1+11+N”的平战结合的城市运行管理体系。“一图全面感知”通过构建全面感知体系，实现城市感知设备的共建共享以及城市运行状态的全面感知。“一键可知全局”通过构建大数据中心以及城市信息决策辅助体系，整合城市通用功能，实现城市信息的汇聚、关联以及认知。“一体运行联动”通过打造反应快速、预测预判、综合协调的“1+11+N”一体化联动城市运行管理体系，实现市区联动和部门联动。

“一号走遍深圳”“一屏智享生活”“一站创新创业”聚焦于提升市民获得感以及创新经济发展模式，打造开放的应用生态环境。“一号走遍深圳”建设深圳市新型智慧城市统一的可信身份认证中心，实现“一号”办理深圳市新型智慧城市提供的所有业务；“一屏智享生活”通过融合政府、企业和社会组织提供的与市民生活相关的各类服务，面向企业和市民提供一屏接入的新型智慧城市服务；“一站创新创业”加快推动数据资源开放共享，打造基于数据的创新创业服务体系，激发全社会创新创业活力，促进数字经济发展。

4.4.2 一图全面感知

1. 基本内涵

“一图全面感知”的具体目标：建成全面感知城市安全、交通、环境、网络空间的感知网络体系，更好地用信息化手段感知物理空间和虚拟空间的社会运行态势。其本质是构建城市物联网感知体系。物联网是真实世界的镜像，面向实体物理世界、以感知互动为目的、以社会属性为核心，物联网中的传感器等设备将现实世界转化到数据世界，实现数据驱动的现实世界与虚拟世界融合。

“一图”是指构建全市统一的物联网感知地图，实现全市感知数据的汇聚，促进数据流动，提升数据价值，加快数据开放，在“一张图”上实现对城市运行态势的全面感知。

“全面感知”是指推动城市感知触角的延伸，加强物联网感知设备在城市生命线、城市部件、公共安全、生态环境、民生服务、经济运行等领域的覆盖，将城市中的人事地物情转化为数据世界。最终实现城市感知的全面覆盖和共享共用，推动万物感知、万物互联和万物智能，为实现虚拟孪生数字城市提供基础支撑。

2. 总体框架

“一图全面感知”总体框架包括数据感知层、数据平台层、数据服务层，以及统一标准规范、统一安全体系。具体内容概括为“五个来源、两级平台、六类感知数据”，如图 4–17 所示。

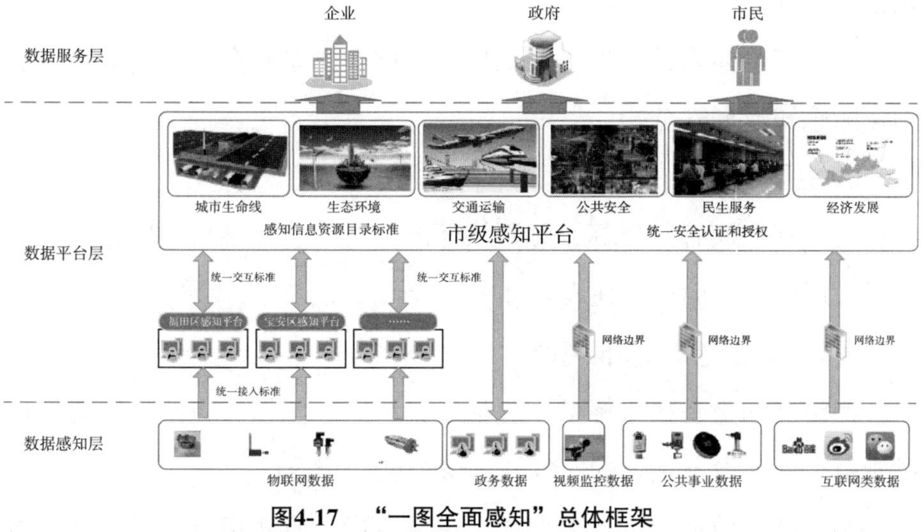

图4-17　“一图全面感知”总体框架

数据感知层：涵盖城市生命线、交通运输、公共安全、生态环境、民生服务、经济发展六大领域。根据感知数据的不同来源，具体分为：公安、交通、环保、规划国土、海洋等政府部门主导建设的物联网感知数据；政务外网的业务数据；公安、交通等政府部门主导建设的视频数据；水、电、气、运营商等公共事业数据；电商和社交平台产生的物流、信用等互联网数据。其中，政务数据包括评价政务服务效能的数据、网格员采集的信息数据、经济运行的状态数据等。

数据平台层：根据接入不同来源感知数据分为市、区两级感知平台。市级感知平台汇集全市感知数据，生成市级范围城市生命线、生态环境、交通运输、公共安全、民生服务、经济发展六大领域感知数据目录；区级感知平台汇集区级物联网感知数据和各业务系统数据，统一管理区级感知设备。

数据服务层：包括基于感知信息资源目录的数据共享服务和基于感知数据开放目录的数据开放服务。

统一标准体系：包括感知设备接入标准、感知数据标准和感知数据接口标准。

统一安全体系：从加强安全技术防护和建立安全管理制度两个层面保障感知数据安全。

3. 主要任务

为实现全面感知目标，分别从标准规范、感知触角、感知平台、数据应用四个方面进行建设。

（1）制定感知标准规范

制定感知设备接入标准，包括设备注册、鉴权、通信、编码等标准规范，保证设备接入的一致性、安全性和兼容性。

制定感知数据标准。参照深圳市城市运行监测指标体系，制定感知信息资源目录规范，包括感知信息资源的分类类目表、分类编码规则、分类类目的扩充原则和映射原则等，支撑数据共享。

制定感知元数据的描述标准，包括元数据的字段属性，如名称、类型、值域、约束条件、最大出现字数等；制定感知元数据内容标准，包含描述感知信息资源的标识、内容与管理的元数据元素、实体和可选元素，保证数据的一致性。

制定感知数据接口标准，包括感知平台面向结构化数据、文本等半结构化数据、音视频等非结构化数据的数据交互协议规范，满足数据订阅、查询、上报等数据交互需求，实现跨部门、跨层次、跨系统的数据互联互通。

（2）提升城市感知触角覆盖面

经过详细调研，深圳市为实现全面感知，可从统筹视频监控建设、扩大各领域感知设备覆盖、建设多功能杆三个方面着重建设。

统筹全市视频监控建设。重点完善口岸、车站、码头、机场、公园、旅游景点等人流密集区域的视频监控设施建设，实现对人员流动、人员集聚的状态监测。完善交通违法及事故监测设施建设，包括高清视频监控、车牌识别、交通诱导屏、路口信号控制机、地磁、微波流量等检测设备，实现高快速的交通监控设施全覆盖和信息诱导体系化。完善海岸线向海一侧重点监测区域的视频监控设施建设，实现对海岸带区域海上活动和海况的监测。

扩大各领域感知设备覆盖。建设地下管网感知设施，初步实现监测水、电、气、通信管道与管线的运行状态。建设城市部件感知设施，初步实现监测垃圾桶、名贵树木、大型广告牌的状态。在全市范围内建设空气质量，人居环境噪声，水库、河流等地表水，废水废气的监测感知设施。在全市范围内建设污水排污管网监测感知设施。建设全市海域范围内的海流、海浪等水文感知设施。在全市重点河流河口建设陆源入海污染水质监测感知设施，实现实时掌握监控重点区域陆源污染入海河口的排污量和水质污染状况，并实时了解设施运行情况和入海排污状况。初步在全市范围内推广建设机动车尾气遥感设施。在全市范围内建设易涝点感知设施，实现对易涝点水位的动态监测。建设水库、河流感知设施，实现地表水水质监测。建设全市范围内的主要危险边坡、渣土受纳场的感知设施。推进全市气象物联网感知体系建设，实现对气象灾害的智能感知。在“城中村”、三小场所、超高层建筑等消防事故易发地，加快建设烟感、智能消防栓等感知设施。推进全市建筑工地的感知设施建设，包括视频监控、扬尘监测、噪声监测等设施。在写字楼、商场等场所试点建设电梯安全运行监测感知设施，在政府投资新建机械式立体车库中试点建设安全运行监测感知设施。在公共场所建设车位级智慧停车感知设施，包括物联网地磁、室内导航、标准化智能道闸设备等，数据汇集到区级感知平台。

加快智慧多功能杆建设。梳理各部门对智慧多功能杆的建设需求，编制智慧多功能杆建设规划、标准，探索提出智慧多功能杆的建设运营模式，并完成多功能杆的试点建设。

（3）建设市、区两级感知平台

建设全市感知平台。以市规划国土委地理空间数据作为感知平台时空基础数据，在政务外网上建设全市感知平台。基于感知数据标准和数据接口标准，汇集各区感知平台、市各委办局业务系统、公共事业系统和互联网类的感知数据，提供数据接入、数据处理、数据管理、数据访问、平台运维管理等功能，生成市级范围各领域运行数据目录及感知状态图，并向市直各部门、各区提供感知信息服务。

建设区级感知平台。在政务外网上建设区级感知平台，通过设备接入标准和数据接口标准汇集区级部门的物联感知数据和业务数据，为区级业务部门提供信息支撑服务，提供对感知设备的统一管理功能，并与市级感知平台对接。各区原则上不再新建其他感知平台，由区级感知平台承担原有感知平台功能。

推动感知数据接入。梳理各部门系统中与民生服务效能、公共安全运行状态等相关的业务数据，按照全市感知信息资源目录，接入市级感知平台。梳理公共事业相关系统的业务数据，按照公共事业系统运行状态信息子目录，接入市级感知平台。按照互联网类信息子目录，接入电商平台、社交平台的物流数据和信用数据。

（4）推动感知数据应用

推动各部门感知数据应用。各区、各部门根据本单位业务特点和需要，结合相关业务指标和重点工作内容，逐步建立本单位感知数据应用，支撑相关业务分析和决策，长期推进和完善。

推动感知开放数据应用。建立城市感知开放数据目录，向社会开放感知数据。支持企业、市民基于感知数据进行开发和利用，为城市提供更多样化、专业化的感知应用。

4.4.3　一键可知全局

1. 基本内涵

“一键可知全局”的具体目标：建成基于大数据、信息共享和人工智能的决策辅助体系，在一个地方鼠标一点即可获取所需的来自全市各部门、各系统的所有数据，并且能提供各类定制化决策支撑报告。其本质是构建基于大数据、信息共享和人工智能的决策辅助体系，使城市管理者便捷获取各类城市信息，让城市管理者实现宏微俱知。

“一键”：提供多重入口让城市管理者便捷获取城市信息，包含大屏、PC 以及移动端，信息传递方式包含自助查询、自动推送以及语音查询。

“可知”：建成国内国际双一流的城市大数据中心，汇集全市各类数据，实现城市信息的汇聚、关联以及认知，支撑各类应用的建设。

“全局”：根据城市管理者业务需求，提供城市运行全景、城市运行专题以及人事地物情等微观层面信息的块条点全面信息服务。

“一键可知全局”最终有两层建设成效：一是直接的信息服务。建成基于大数据、信息共享和人工智能的决策辅助体系，实现城市运行态势全面展现，为城市管理者提供城市知识的智搜、智推、智答服务，实现“宏微俱知”。二是间接的支撑。通过建设大数据中心（块数据、云上城市），实现信息共享整合，支撑综治、安监、应急、消防、规划等应用，打造共建共治共享的社会治理格局，改变基层工作缺乏数据支撑的局面，提升政府管理效率。

2. 总体框架

“一键可知全局”按照“四横两纵”架构进行设计，“四横”包含基础设施层、数据层、服务层、应用层，“两纵”包含网络安全体系、标准规范体系，如图 4–18 所示。

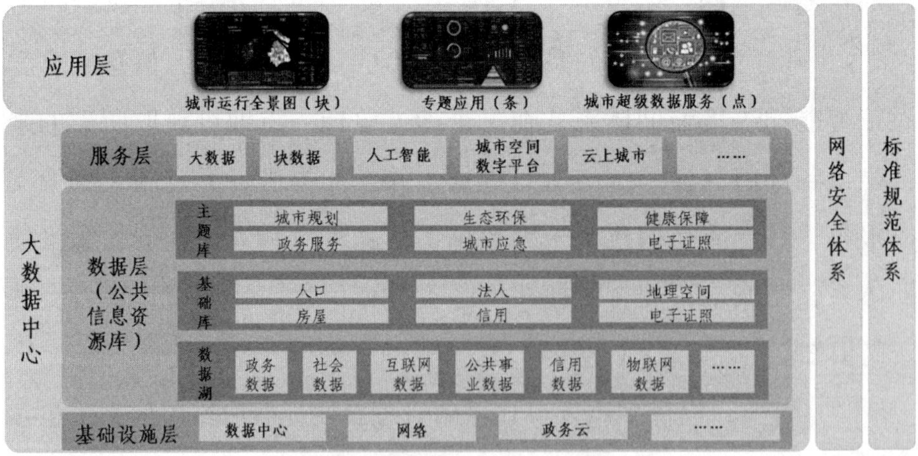

图4-18 “一键可知全局”总体框架

基础设施层：集约化建设IT基础设施，包括深圳市统一的数据中心、政务云及网络等基础设施平台，为大数据处理和应用提供统一的基础设施服务。

数据层：通过数据交换、采集、镜像等手段，归集社会数据、政务数据、公共事业数据等数据资源，形成基础库和主题库，逐步建立全市统一的“大数据湖”。

服务层：提供多样化的数据服务组件，包含城市空间数字平台、云上城市、大数据、人工智能、块数据等应用支撑服务平台，为各类应用提供工具和服务支撑。

应用层：聚焦于业务应用建设，为城市管理者提供城市运行全景图（块）、专题应用（条）以及城市超级数据服务（点）三类信息服务，为“一键可知全局”提供业务应用的统一入口与承载。

网络安全体系：提供数据流动的全过程网络安全保障。

标准规范体系：提供数据流动的全过程质量保障。

3. 主要任务

为实现“一键可知全局”目标，分别从城市大数据中心、业务应用以及标准规范三个方面进行建设。

（1）打造城市大数据中心

打造城市大数据中心，包含统一基础设施、大数据湖、应用支撑服务平台三项子任务。

统筹建设全市统一、按需分配、动态扩展、智能管理的网络、数据中心和政务云，为各部门业务系统的快速部署提供虚拟计算、存储、网络、安全等基础设施服务。构建统一的政务云平台，制定政务云建设的标准规范，为各部门业务系统的快速部署提供统一的云平台资源服务。对电子政务网络进行升级改造，提高带宽，节省光纤资源，扩大网络覆盖范围。

构建全市统一“大数据湖”。通过数据交换、采集、镜像等手段，实现政务、公共事业、政府履行监管职能所需的互联网平台数据、社会等数据的归集。整合跨部门数据，形成符合规范要求的人口、法人、房屋、地理信息、公共信用和电子证照六个信息基础库。围绕经济社会发展的同一主题领域，各部门根据自身业务需求或工作中存在的痛点难点，建设并维护相关主题库。主题库包括但不限于政务服务、健康保障、社会保障、住建、交通运输、教育、人才服务、城市资源规划、生态环保、税务、宏观经济监测预测、专项资金项目管理、审计、市场主体、水务、气象减灾、公共安全、城市应急、安全生产等。

建设应用支撑服务平台。建设可视化城市空间数字平台、云上城市、大数据、块数据以及人工智能等应用支撑服务平台，为“一键可知全局”提供时空大数据、知识库、模型与算法等基础支撑服务。构建大数据应用支撑服务平台。构建全市统一的大数据应用通用开发和可视化组件，建立模型库和算法库，提供数据汇聚整合、高速全文检索以及数据挖掘、用户画像、预测分析、推荐系统等功能，为政府部门开展大数据创新应用提供运行支撑环境。建设块数据应用支撑服务平台。以基层服务管理为导向，以统一地址编码库为基础，以空间地理信息服务为支撑，以“大数据湖”为数据源，通过地址标准化、数据分级分类与内在关联组合，实现数据再生，形成深圳市块数据，满足基层治理精细化需要，解决传统的信息中心数据下基层难、应用难问题。打造人工智能应用支撑服务平台。具备面向城市感应大数据的知识融合自动获取、知识网络构建、知识演化建模、知识创新和辅助决策的能力；形成涵盖数十亿实体规模的多源、多学科和多数据类型的城市跨媒体知识图谱与核心知识引擎接口；对外提供面向城市知识的语义解析、语音识别、智能建模、知识问答等服务。以“大数据湖”为基础，通过对交通运输、文体教育、医疗卫生、安全生产经济运行等领域的数据进行挖掘、绘制和显示知识及它们之间的相互联系，将杂乱的信息整理成知识网络，形成城市知识图谱，为城市知识智能搜索、智能问答、知识推理等智能应用以及城市大脑的构建提供基础支撑。建设可视化城市空间数字平台。依托空间基础地理信息、建筑信息模型（BIM）、“地楼房”等基础数据，开展全市域高精度三维城市建模，构建可视化城市空间数字平台，并建立市区联动的“地楼房”数据动态更新机制，优化数据申请使用机制和涉密脱密流程，提供高精度城市空间定位、数据融合等时空信息服务，为精细化、智慧化城市建设管理提供支撑。构建“云上城市”。依托“大数据湖”和可视化城市空间数字平台，全面集成人流、物流、资金流、信息流和城市运行数据，实现动态监测、汇聚关联、统一呈现，构建对象化、精细化的“云上城市”，支撑城市规划、交通、安防、应急等应用，为城市治理提供监测预警、仿真推演和辅助决策等服务。

（2）开展业务应用建设

基于市政务办公 OA 系统，分别打造 PC 端和移动端入口，建设城市运行全景图（块）、专题应用（条）以及城市超级数据服务（点）等模块，为“一键可知全局”提供业务应用的统一入口与承载。

• 绘制城市运行全景图（块）

对标《深圳市国民经济和社会发展第十三个五年规划纲要》《政府绩效评估体系》《新型智慧城市评价指标》《城市可持续发展城市服务和生活品质评价指标体系》以及世界先进城市与全球海洋中心城市，围绕公共安全、生态环境、经济运行、民生服务、城市生命线、城市部件等关键领域，联合学术专家、权威机构编制深圳特色城市运行监测指标体系（KPI），形成城市运行全景图，全面展示城市运行态势。

• 打造重点专题应用（条）

部门运行态势。针对部门核心业务编制部门核心运行指标，包含领导关注数据、重要事件及上报数据、考核指标、督办事项完成度等信息，打通相关业务系统，按照统一模板对各部门核心运行指标进行系统展示。

领域态势展现。全面整合城市各领域运行数据，分领域实现对经济发展、城市治理、公共安全、民生服务、生态环境等方面运行状态的监测，提供城市运行不良状况的预测预警，对主要基础设施、重大风险源及安全隐患、重点监控对象等实时情况的掌控，实现城市管理由被动应对向实时监测、快速预警、主动预防转变。

大数据创新示范应用。围绕公共服务领域、城市治理领域、公共安全领域与产业创新领域等的应用需求，以“大数据湖”及应用支撑平台为基础，各部门按照统一模板与接口，构建相关分析模型，开展大数据专业分析应用，研究可行解决方案，编制定制化报告，提升政府科学决策能力和社会治理水平。

• 提供城市超级数据服务（点）

以城市知识图谱为基础，根据城市管理者的工作分工与工作重心、信息需求、关注重点与偏好，建设智能信息模块，提供城市知识智搜、智推、智答功能，使城市管理者便捷快速获取城市信息。

城市知识智搜。以城市知识图谱为信息来源，建设超级查询工具，自动关联公安、社保、计生、信用等各部门信息，让城市管理者能够根据工作需要调取各部门掌握的数据，推动社会治理重心下移，改变基层工作缺乏数据支撑的局面，提升政府管理效率，打造共建共治共享的社会治理格局。

城市知识智推。以城市知识图谱为信息来源，根据用户属性、需求、偏好推送城市运行简报、城市运行态势、分管行业动态、各类电子化工作报告、重特大政策（新闻）、重特大事件等信息，实现城市管理者知识信息获取的精准匹配和主动推送。

城市知识智答。以城市知识图谱为信息来源，建设数据智能问答人机界面，向城市管理者提供知识信息的自助查询、问答服务；建立实时在线人工客服，针对超出业务知识库的信息需求，建立人工干预机制，由后台值班人员联系相关职能部门获取数据并按照时限反馈；最终使城市管理者可一键获取所需数据，做到情况清、数据明。

（3）完善标准规范建设

积极推进信息化相关标准制度建设，不断完善相关工作职责、流程及机制。

制定深圳市块数据建设标准。包括块数据标准、块分类标准、块分级标准、块接口与服务标准、块管理标准等标准与规范的制定。2018 年底前，完成块数据建设标准制定。

建立深圳市城市运行监测指标体系。对标深圳市“十三五”规划以及世界先进城市，围绕公共安全、城市治理、生态环境、经济运行、社会民生、城市生命线、海洋中心城市等关键领域，联合学术专家、权威机构编制深圳特色城市运行监测指标体系（KPI）。

建立城市信息服务统一运行管理制度。在数据汇聚管理、业务运行管理、监督考核管理等方面制定具体可行的操作管理办法，保障城市信息服务建设的可持续发展。

开展信息闭环处置机制研究。重点关注信息接收方对提送信息的意见和反馈，建立闭环机制，跟踪解决。

4.4.4 一体运行联动

1. 基本内涵

“一体运行联动”的具体目标：在公共安全、城市运行管理的各领域通过信息化手段建成反应快速、预测预判、综合协调的一体化城市运行管理体系，实现市区联动、部门联动、军地联动。

“一体运行联动”的本质是从加强城市运行管理的角度出发，在公共安全、社会治理的各个领域，充分利用信息化手段，建设完善深圳市城市运行管理平台、11 个区级运行管理中心、N 个市直部门职能中心，形成反应快速、预测预判、综合协调的“1+11+N”一体化联动城市运行管理体系，实现市区联动和部门联动。

2. 总体框架

按照习近平总书记“三融五跨”[①]的总体要求以及《深圳市新型智慧城市建设总体方案》工作部署，坚持全市“一盘棋”“一体化”建设原则，以提升公共安全和城市治理能力为重点，以深圳市城市运行管理平台为纽带，构建“1+11+N”一体化联动城市运行管理体系，打造一批公共安全和城市治理领域的重点工程，建立一体运行联动标准规范体系和安全保障体系，有力支撑技术融合、业务融合、数据融合，实现跨层级、跨地域、跨系统、跨部门、跨业务的协同管理和服务，强化信息汇聚、运行监测、协同指挥、辅助决策、应用评价五大能力建设，全面提升深圳市城市运行管理现代化水平。总体框架如图 4–19 所示。

---

① 习近平：在中央政治局就实施网络强国第36次集体学习时的讲话中提出，建设全国一体化的国家大数据中心，推进技术融合、业务融合、数据融合，实现跨层级、跨地域、跨系统、跨部门、跨业务的协调管理和服务，据新华社2016年10月9日电。

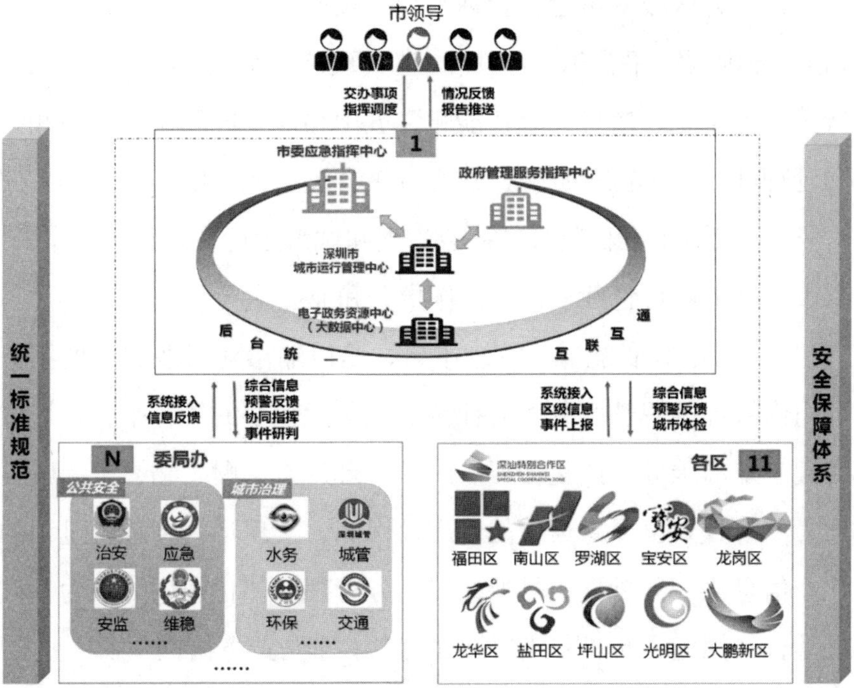

图4-19　“一体运行联动”总体框架

“1”为市级城市运行管理平台，包括市委应急指挥中心、政府管理服务指挥中心、城市运行管理中心和电子政务资源中心（大数据中心）。

市级城市运行管理平台是全市运行和指挥中枢，集中汇聚全市数据和业务系统，接入大数据中心和视频专网，对城市运行态势进行立体化、可视化、动态化展示，是全市的数据集成中心、态势监测中心、指挥协同中心、综合展示中心和决策分析中心，为各部门提供数据支撑和统一的指挥体系。

市级城市运行管理平台内各中心互联互通、后台统一，充分利用现有的信息化建设成果，通过政府数据和社会数据的跨域融合，实现对城市运行状态的全面感知、态势展现和预测预警，为城市日常管理和应急指挥提供支撑，形成“平战结合”的运行管理新模式，提升深圳治理体系和治理能力现代化。

“11”为区级城市运行管理平台，按照“多种平台合一，多项任务切换”原则,集“平台运行一体化、巡查预警模块化、联动处置动态化、运行操作标准化、信息共享智能化”五项功能，统筹协调区内相关执法和管理部门（单位）资源，建立分工合理、权责明晰、协调有序、全时段、全覆盖、全程监管的社会治理和城市运行一体化的工作平台，接受市级城市运行管理平台的工作指令和业务指导。

“N”为市级职能部门管理平台，是以输出对行业促进的服务、对部门内管理的智慧服务、对社会的服务为核心的统一平台。形成内部管理、外部服务一体化运行。内部管理从人、财、物、事、廉五个方面为部门各处室提供运行的管理及保障，实现运行管理全过程的规范化、信息化、分析化。另外，以业务管理一体化应用体系为基础，通过整合、优化、新建方式，加强信息共享与业务协同。

3. 工作任务

（1）推动各区各部门内部系统一体化

一是建设区级运行管理中心。从区级层面打造集民生诉求、巡查上报、事件分拨、业务协同、网格员指挥调度、考核监督、统计分析、决策辅助、应急指挥于一体的区级运行管理中心，实现“集中受理、统一分拨、闭环运转、实时同步、全程监督”的网格化、智慧化运行，在固定指挥中心的基础上建设移动指挥部，形成上下贯通、左右衔接、统一高效的应急决策指挥网络，并与市运行管理中心实现互联互通。

二是建设市直部门职能中心。市直各部门作为各自领域的行业主管部门，依托现有信息基础设施和软件平台，根据一体运行联动的工作需要和相关信息技术标准规范进行改造升级，将分散的、独立的各个信息系统整合成为一个互联互通、业务协同、信息共享的“大系统”，并与市运行管理中心实现互联互通。对于覆盖市、区两级的应用系统，各部门应基于市电子政务云平台开发、部署和建设，并通过市统一接入平台连接各区（新区）；各部门不得将应用系统直接延伸到街道和社区，应通过统一区级平台部署，避免产生信息孤岛。

（2）建设城市运行管理平台

一是建设深圳市政府管理服务指挥中心，实现统一指挥、实时调度、上下联动、部门协同。接入大数据中心、视频专网和各部门业务系统，形成一体化、数字化、全业务的领导决策支撑和指挥系统。建立城市运行监测指标体系，实现对城市运行态势的立体化、可视化、动态化展示。汇聚政策数据资源，形成政策参考知识资源库。

二是建设城市运行管理中心。从市级层面打造集信息汇聚、运行监测、协同指挥、辅助决策、应用评价于一体的城市运行管理中心。

三是建设互联互通集成平台。建设市、区分级部署的互联互通集成平台，完成城市运行管理相关服务与数据的融合集成，提供云数据集成、应用系统集成、API 服务集成、流程集成、管理与安全服务等技术能力。市运行管理中心通过互联互通集成平台连接各区运行管理中心和应急、公安、安监、交通、城管、环保、水务、气象等部门的业务系统，实现信息互联互通。

四是建设运行监测平台。充分整合全市政务信息资源和公共服务机构、互联网、运营商等社会信息资源，并充分接入和整合各部门相关业务系统，对全市安全、民生、交通、政务、事件等板块进行全面监测，实现综合态势呈现、基本信息查询和事件监测预警，为掌握城市整体运行状况提供依据。

五是建设协同指挥平台。市运行管理中心作为重大突发事件的指挥场所，建设协同指挥平台，与应急指挥平台互联互通，提供全局统一调度、应急要素态势感知和应急辅助决策等服务，保障救援工作的顺利实施。同时支持任意区运行管理中心成为指挥中心，实现各类系统调用、信息查看和决策指挥，实现“指挥官在哪里，指挥中心就在哪里”。

六是建设辅助决策平台。作为城市治理的综合智库，通过指标体系建立、数据分析挖掘和仿真模拟演练，对城市运行管理各领域进行评价，主动发现城市运行管理中的风险和问题，提出应对方案并通过模拟演练进行验证，不断积累丰富优化相关的知识库、模型库和预案库，为城市治理决策提供完善科学的支撑。

七是建立城市运行管理应用评价体系。围绕“基本业务、重点业务、底线要求”三个方面，建立“月评分、季排名、年考核”制度，实现城市运行管理考核“一票否优”和“一票否决”制。

（3）打造公共安全重点工程

一是建设应急指挥系统。按照“国内领先，国际一流”的目标，深度融合“一图全面感知”所汇聚的数据，基于高频更新的大数据智能分析技术，融合政府与企业为市民提供全方位的预警信息服务，全面升级现有软硬件设备，建设市区联动、后台统一、互联互通、数据融合、业务协同的应急指挥系统，实现应急协调中心（市委总值班室、市政府总值班室）和应急指挥中心（市运行管理中心）联动运行，实现监测预警智能化、应急数据聚合化、指挥场景可视化、视频互动高清化、现场指挥随行化、系统运行可靠化。

二是建设公安局第三代指挥中心。以“精兵强警”战略为总纲，以“四项建设”为指导，以“国内领先、国际一流”为目标，以先进通信信息技术、云计算大数据分析技术为支撑，坚持以问题为导向，综合应用各类警务新技术，秉承“智慧、融合、移动、安全”理念，按照“传承经验、补齐短板、优势综合”的思路，建设技术先进、功能完备、信息全面、反应灵敏、运转顺畅、指挥高效、处置专业的智慧型指挥中心。

三是建设安全生产网格化监管信息平台。在全市各区推动建立安全生产网格化管理机制，依托市安全管理综合信息系统，建立和完善全市安全生产网格化监管信息平台，整合网格划分、人员配备、监管对象、巡查执法、隐患治理等数据信息，实现网格化管理全市“一盘棋”，进一步完善“全覆盖、无缝隙”的安全生产监管责任体系，落实属地、网格监管责任，明确基层安全生产监管职责边界，切实强化安全生产监管的基层基础。

四是建设全市统一智能化维稳系统。梳理市、区、街道维稳部门及各职能部门维稳业务需求，建设重点人库、维稳事件档案库、证据库，建立维稳服务支撑平台，建设维稳事件处置系统、涉稳矛盾纠纷化解系统、维稳预测预警系统、考核评价系统以及移动办公系统，实现以市区街道维稳部门为中心，处置化解维稳事件，纵向贯通、横向集成，职责清晰、责任到人，中心感知、云层共享、智能协调、移动可视化办公，可以服务决策、服务一线、服务实战。

（4）打造城市治理重点工程

一是建设一体化出行信息服务平台。建设基于互联网的交通信息系统，依托交通感知网络、移动互联网终端，实时提供道路交通信息、换乘信息、气象信息、停车场信息以及其他相关信息构建一体化、多模式、覆盖全出行链的出行信息服务体系，实现出行信息的发布动态化、方式多元化、服务全程化。提供多方面、多载体智慧出行服务，依托大数据、云计算、移动互联网等新技术，运用“六屏一热线”（手机屏、电脑屏、电视屏、户外屏、车载屏、室内屏、“12328”服务热线），为市民提供多方式的信息服务。

二是建设智慧城管2.0系统。按照体系工程方法，建设“全采集”“全智能”“全调度”“全接触”“全用户”的智慧城管2.0系统，包含执法、林业、环卫、绿化、公园等若干个系统，服务于个人、家庭、社区、企业、政府等多类型用户。采用实时定位、视频采集、场景上传和远程控制等手段建成一个高效运行、及时处理、全面覆盖的指挥调度体系，统一协调各职能部门的行动，实现对城管业务工作更快捷、可靠的全方位应急指挥及业务调度，提高人员、车辆的资源利用率。通过划分责任网格（标段），以网格化管理推进更精细量化的考核评价，创新城市管理监管机制。

三是建设“智慧水务”平台。推进城市水务网络化、流域化、综合化管理，实现“从源、供、排、污、灾全过程量化监控”管理模式，完成包括水资源综合管理系统、涉水管网综合管理系统、数据中心、视频监控共享平台等四部分建设内容，提升深圳市供水质量和汛期内涝的在线监测预警水平。扩建决策指挥中心，完成市区应急信息共享、融合通信、应急值守及事件处置平台建设，提升三防预警决策指挥能力，提高深圳市海绵城市建设和管理水平。

四是建设环境监管一体化平台。以推进环境监测网络一体化、统一环境监管执法处罚、强化环境预警应急响应联动、实现环境信息共享为着力点，系统提升环境监管水平，搭建标准统一、上下联动、横向联合、协同有序、运转高效、执行有力的环境监管一体化平台。逐步建立市级督查稽查、区级属地监管执法、全市环境监管执法处罚“督政”与“督企”市区一体化监管体制，构建市、区、街道、社区四级环境监管网络。进一步完善环保、公安部门之间联合执法机制，加强环保与水务、海洋、交警等部门协作，联合打击违法排污等行为。

五是建设“智慧海洋”系统工程。围绕全球海洋中心城市建设，推进海洋治理的现代化、专业化和智能化，实现深圳海域信息感知和海上通信基础设施全覆盖，形成全要素全天候实时连续海洋信息获取和自主通信能力，全面提升海洋大数据深度融合、智慧挖掘和智能处理能力，完成海洋智能感知设备、近岸海域通信传输网、陆海大数据中心、海洋政务管理系统和海洋公共服务系统的建设，提高海洋管理决策能力和公众服务水平。

（5）建设一体运行联动标准规范体系

建设技术标准规范。制定《城市运行管理中心互联互通集成平台总体框架技术规范》《城市运行管理中心数据接入规范》等标准规范，指导各区运行管理中心和各委办局职能中心与市运行管理中心互联互通。

建设业务标准规范。制定《突发事件分级分类标准》《日常事件分级分类标准》等标准规范，兼容、适配现有的分级分类条目，实现事件在市级层面的统一描述。

建设管理标准规范。制定《城市一体化运行联动突发事件协同处置规范》《城市一体化运行联动工作考核体系》等标准规范，保障市、区、各部门一体化运行联动。

4.4.5　一号走遍深圳

1. 基本内涵

“一号走遍深圳”的具体目标：建成电子公共服务体系，个人通过身份证号 + 生物识别，企业通过社会信用代码 + 数字证书可办理各类公共服务事项。

“一号走遍深圳”的本质是构建深圳市新型智慧城市统一的可信身份认证中心，提供统一用户注册、统一实名核验、统一单点登录、统一证件卡包等服务，解决证明“我就是我”的问题。推动“一号”办理深圳市新型智慧城市提供的所有业务，解决新型智慧城市各类系统用户管理体系不统一等问题。

2. 总体框架

“一号走遍深圳”是“一屏智享生活”以及线下社会公共服务应用的核心基础，建设思路是统一深圳市新型智慧城市各类应用的用户入口，自然人以身份证号、法人或其他社会组织以统一社会信用代码为唯一标识，串联智慧城市所有应用系统。

“一号走遍深圳”的总体框架前端支持“一屏智享生活”以及线下社会公共服务应用，后端打造全市统一的可信身份认证中心，具体包括“一个平台”“多渠道核验”和“线上线下办事”，如图 4–20 所示。

图4-20 “一号走遍深圳”总体框架

“一个平台”即深圳市新型智慧城市统一身份认证平台（以下简称“认证平台”），提供用户注册、账户管理、统一认证、单点登录、身份核验、生物识别、证书认证等服务。

“多渠道核验”即认证平台的用户可以通过线下实体大厅以及公安、税务、市场监管等多种线上渠道进行实名核验。自然人以“民生警务平台”账号体系作为深圳市新型智慧城市实名认证体系的基础支撑，法人或其他社会组织以税务账户、市场监管委法人账户、数字证书为可信信任源进行身份核验。

“线上线下办事”即认证平台对用户实名核验后，依托深圳市大数据中心的人口库、法人库、电子证照库、公共信用库，实现线上通过单点登录、线下通过关联所有实体卡，“一号”办理各类政务服务、公共服务、便民服务。

3. 主要任务

（1）构建“一号走遍深圳”技术支撑体系

一是丰富认证平台功能。一期以深圳市网上办事大厅统一身份认证平台为基础，优化认证平台的注册、登录功能，升级为深圳市新型智慧城市统一身份认证平台，为“数字政府”用户提供服务。自然人（含全国大陆公民）实名认证以市公安局“民生警务”平台实名认证（生物识别）为基础支撑，对于“民生警务”平台无法线上实名认证的用户，由市公安局通过线下方式负责解决。境外人员可通过市公安局深微平台线上实名认证（生物识别），线上无法认证的境外人员可到线下窗口进行实名认证。法人或其他社会组织实名认证以税务、市场监管、CA 数字证书、“民生警务”平台的法人账户体系为基础支撑。

二是推动各信息系统改造接入认证平台。所有“数字政府”信息系统以深圳市新型智慧城市统一身份认证平台为唯一的新用户入口。各单位对现有信息系统进行升级改造，新用户使用“民生警务”平台账号直接注册、登录，存量用户跳转到“民生警务”平台刷脸模块进行叠加认证，并不得要求用户二次认证。

三是完成认证平台与深圳市大数据中心的人口库、法人库、电子证照库、公共信用库、公共服务主题库等对接，支持“一屏智享生活”构建城市居民以及企业用户画像。用户可以通过身份证号码、统一社会信用代码查看相关联的所有证照信息及信用信息。

四是建立电子卡包，推动各类卡互认。推动各部门将政府发放的社保卡、老年卡、残疾人证等电子证件自动推送至认证平台用户卡包中心，由用户确定点击关联进行电子证件绑定；其他卡由用户根据自身需要输入卡号信息完成绑定。

（2）推动认证平台在智慧城市各类系统的应用

一是逐步推进“一号”办理各类政务服务事项。围绕自然人在生、老、病、死、住、行、教育等领域的办事需求，实现自然人通过身份证号办理计划生育服务、出生登记、入户登记、婚姻登记、养老保险、医疗保险、医疗服务、工伤认定、死亡注销、申领丧葬补助金和抚恤金、房屋租赁、房地产交易、住房公积金业务、机动车业务、小客车摇号、驾驶证业务、交通违法、中小学生和幼儿园入学教育等业务。

围绕法人和其他社会组织在设立变更、财务税务、各类许可、政府扶持等领域的办事需求，实现法人通过统一社会信用代码办理设立变更登记、年审、注销、税费登记、参保登记、生产许可、经营许可、施工许可、政府设立的各类资金扶持等业务。

二是推动“一号”在社会公共服务领域的应用。采用“先易后难，先高频后低频，逐步覆盖”的原则，梳理与公众日常生活相关的社会公共事业事项，形成“一号”办理的社会公共服务事项清单，逐步在水电气缴费、医疗健康、教育、旅游、养老助残等公共服务领域实现“一号”。

三是扩展“一号”在便民服务中的应用。发挥社会资源力量，支持企业、金融机构、电信运营商等第三方机构基于“一号”开展便民服务应用。

（3）健全工作机制及标准规范

建立以市政府为主导，各区各部门配合的分工科学、责权明确、务实高效、运行有序的管理协调机制，明确市政府办公厅、市新型智慧城市主管部门、市公安局、市税务局、市市场监管委及政务服务、公共服务相关单位在全市可信身份认证工作中的主要职责。完善平台管理机制，对于深圳市新型智慧城市所覆盖的各类已建、改建、新建信息系统，涉及用户身份认证功能的，应接入并使用认证平台，不得自行建设身份认证系统，不得使用其他不兼容的身份认证系统。

制定《深圳市可信身份认证中心管理暂行办法》《深圳市可信身份认证中心实名认证规范》《深圳市可信身份认证中心系统接入规范》等技术规范，明确各相关单位的分工及职责，指导智慧城市各类应用系统开展身份认证建设工作，并与认证平台实现互联互通。

（4）强化应用宣传推广

在政府在线、网上办事大厅、行政服务大厅、运营商营业网点、银行营业网点、公交车站、地铁站等主要场所开展线上和线下宣传推广活动，充分利用新闻媒体、广播电视、互联网等各种媒介，形成一套成熟宣传推广机制，吸引市民使用“一号”走遍深圳服务。

4.4.6　一屏智享生活

1. 基本内涵

“一屏智享生活”的具体目标：融合政府、企业和社会组织提供的与市民生活相关的各类服务，建设一体化市民服务平台，市民通过手机等移动终端可方便快捷获得高品质生活服务。

“一屏智享生活”的本质是构建一体化市民服务平台。打造全市统一的移动综合服务平台，建成集约化的微服务开发平台，支持原有移动端服务的无缝接入和未来移动端服务的集约化开发；集成政务服务、公共服务和便民服务资源，形成统一的市民服务入口，打造统一的市民服务、信息公开、资讯门户与政民互动移动端平台；创新服务模式，根据用户标签足迹提供全方位精准推送服务，实现“千人千面”。

2. 总体框架

“一屏智享生活”按照“五横四纵”架构进行设计。“五横”具体为：基础设施层提供集约化的IT基础设施；数据资源层包含基础库和主题库，为移动综合服务平台提供基础数据支撑；应用支撑层包含微服务云应用支撑平台、统一身份认证、虚拟卡包以及用户画像等，为移动综合服务平台提供应用支撑；业务应用层面向企业和群众提供覆盖市、区、街三级的政务服务、公共服务和便民服务；用户层提供统一App、微信小程序以及web多重入口。“四纵”具体为：网络安全体系提供全过程网络安全保障；标准规范体系提供全过程质量保障；运营管理体系提供全过程运营推广管理；运维管理体系提供系统稳定运行的坚实保障。如图4-21所示。

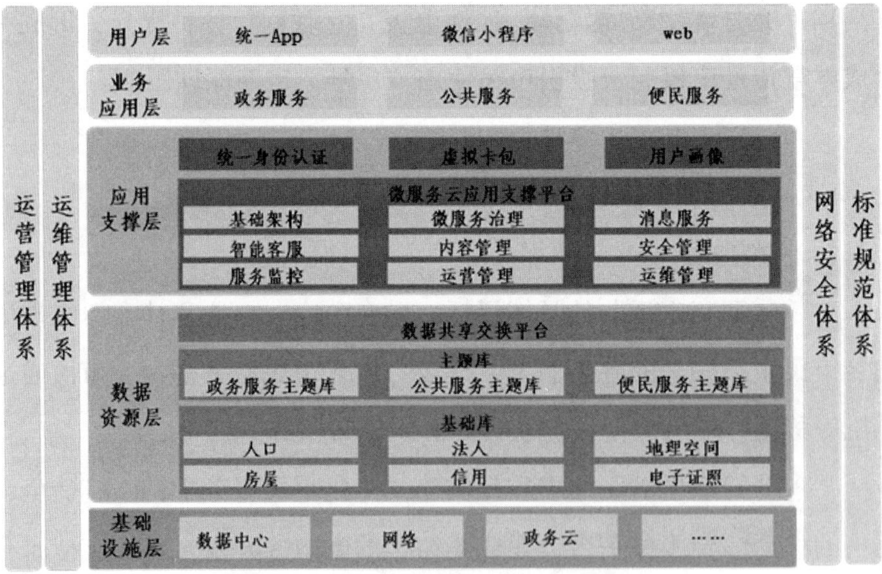

图4-21 “一屏智享生活”总体框架

3. 主要任务

（1）梳理服务资源

各区、市直各单位组织本单位及下属企事业单位梳理面向企业和群众的行政权力事项、公共服务事项和便民服务事项，以及对应的应用系统建设情况，确定适合移动办理的服务资源。梳理的服务资源重点包括各区、各部门门户网站、政务服务 App、微信公众号和小程序以及广东省网上办事大厅深圳分厅等。

（2）打造集约化基础支撑体系

建设微服务应用开发平台。建设基于微服务架构的统一应用开发平台，提供基础架构、微服务治理、消息服务、搜索与推送管理、智能客服、内容管理、服务监控、运营管理、运维管理等功能。通过平台化、构造化、协议化、标准化的方式，实现移动端应用服务的集约化管理，支持原有移动端应用服务无缝接入和未来移动端应用服务的集约化开发。同时接入已建的电子证照、位置服务、视频服务、信用平台等公共平台以及物流快递等第三方服务，提供底层能力支撑。各区、各部门已建政务服务 App 在两年内逐步有序整合至平台，新建的移动端应用服务必须依托平台建设。

完善全市统一身份认证平台。以深圳市网上办事大厅统一身份认证平台为基础，建设全市统一的可信身份认证平台，提供统一用户注册、统一实名核验、统一单点登录等服务；基于市公安局民生警务平台、深圳地税认证平台、统一社会信用代码实名认证服务平台等，统一自然人和法人账户体系，组成不同级别认证模式，为企业、市民提供分级实名认证服务。移动综合服务平台与统一身份认证平台对接，实现多应用系统集中身份鉴别。

建设虚拟卡包中心。推动各部门将社保卡、老年卡、残疾人证等电子证件推送至虚拟卡包中心，由用户确定点击关联进行电子证件绑定，建立虚拟卡与各种实体卡的关联关系，实现服务的汇聚，通过虚拟卡实现线上服务功能。

构建用户画像系统。针对用户属性、用户使用行为、用户关系大图以及办事信息等，构建城市居民以及企业用户画像，利用深度学习算法，找准用户的痛点和潜在需求，实现主动服务和精准推送服务。提供个性化资源订阅服务，支持构建个性化智能门户，满足用户个性化需求，实现“千人千面”。

（3）打造统一访问入口

建设统一 App。对各区、各部门、各社会机构的服务内容进行集中规划布局，以用户需求为中心，重点围绕政务服务、社区服务、交通出行、文化教育、医疗健康、旅游服务、食品安全等服务场景合理归纳功能，并建设 LBS（移动定位服务）、扫一扫、用户管理、组织管理、业务管理、统一配置中心等系统。

建设微信小程序和微信公众号。以微信公众号 + 小程序为移动端用户入口，作为统一 App 的引流入口，提供高频个人政务服务申办、到期提醒、办结通知、评议、投诉等功能，打造包含 App、公众号、小程序等的“互联网 + 政务服务”完整生态体系，并实现与广东省“粤省事”平台的对接。

（4）推动服务改造和接入

加快推动政务服务资源接入。采用“先易后难，先高频后低频，逐步覆盖”的原则，选取市民和企业关注的高频政务服务事项，针对企业和群众办事的热点难点问题，简化优化服务流程。对于适合接入的各应用系统，按照统一的标准规范进行适应性的接口改造，根据实际访问情况升级系统访问承载能力，根据梳理情况分期分批接入，打造“一站式”移动服务体验。

全面推动公共服务汇聚。围绕交通、旅游、教育、医疗、社会保障、公积金和信用等主题，接入公共服务资源，并实现数据动态更新，为市民提供综合查询、网上预约办事、问题反馈、公益帮扶等服务。

鼓励便民服务接入。面向社会开放移动服务平台，提供接口和规范，发挥社会资源力量，通过开放服务，引入第三方优质服务企业，以及银联、支付宝、微信支付等支付平台，EMS 等物流企业，提供便捷生活服务，共享社会资源。

（5）推动试点建设

以宝安区、市交通运输委、市场和质量监管委、卫生计生委、教育局等单位为试点，开展服务改造、接入、子门户建设等工作。待成熟后在全市推广，支持各区、各部门根据统一标准规范进行自运营开发，建设特色子门户。

（6）建设运营管理体系

组建运营管理团队，专职负责宣传推广、运营维护、服务审核等工作，协调其他有关单位协同处理各项事务。通过多种渠道推广应用。在政府在线、网上办事大厅、行政服务大厅、运营商营业网点、银行营业网点、公交车站、地铁站等主要场所开展线上、线下宣传推广活动，充分利用新闻媒体、广播电视、互联网等各种媒介，形成一套成熟宣传推广机制，吸引市民使用一屏智享生活服务。

（7）制定标准规范体系

为平台建设、运营和运维有序开展提供标准规范，扎实推进精细化管理工作。制定移动综合服务平台接入及管理标准规范，包括接入流程标准、开发技术标准、接口管理标准、交互标准、安全设计标准和视觉设计标准等，为平台建设和运营管理的有序开展提供基础保障。

4.4.7 一站创新创业

1. 基本内涵

“一站创新创业”的具体目标：通过数据开放平台和大数据交易平台，释放数据红利，打造基于开源数据的创新创业服务平台，提升数字化产业经济活力。

“一站创新创业”的本质是打造基于数据的创新创业服务体系，加快推动数据资源开放共享，开展重点领域数据创新应用，充分挖掘和释放数据资源的内在价值，激发全社会创新创业活力，促进数字经济发展。

2. 总体框架

“一站创新创业”按照“三横两纵”架构进行设计。“三横”包含基础数据层、平台层、应用层，“两纵”包含数据使用规章体系、数据安全保障体系。其汇聚政府开放数据和社会开放数据，搭建政府数据开放平台、大数据交易平台，促进各行业应用创新发展，激发大众创业、万众创新活力，构建创新创业的良好生态。如图 4–22 所示。

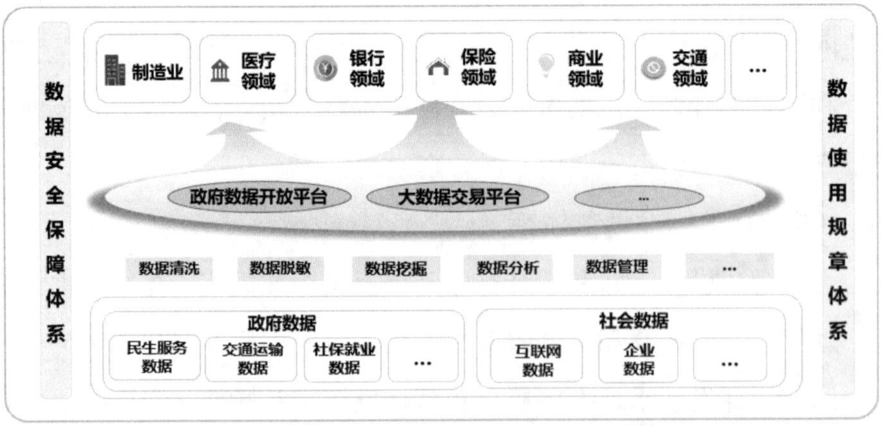

图4-22 “一站创新创业”总体框架

3. 主要任务

（1）推动全社会数据开放

升级优化政府数据开放平台，推进政府数据开放。安全有序开放各类政府公共数据资源，包括交通、气象、医疗、信用、社保、教育等各领域脱敏后的数据，充分释放数据红利，营造“鼓励创新、支持创业”的氛围，激发社会创新创业活力。升级优化政府数据开放平台，对标国内外先进经验，在法律允许的范围内，从数据需求侧拓展数据开放范围。加强数据资源管理，丰富数据获取途径，完善数据请求机制。通过更全面的开放数据资源、更便捷的数据获取方式，促进对各类数据的跨域融合和创新应用，提升创新创业水平。

建设深圳市大数据交易中心，促进企业数据开放。鼓励金融企业、通信运营商、科研机构等在法律许可范围内开放数据资源，促进数据跨行业、跨区域流通，推进数据资产化、金融化。支持以国有企业控股、混合所有制和市场化运作方式，建设大数据交易中心，促进数据资源流通交易，打造国内一流的大数据交易平台，推动全社会数据的共享交易增值，激发大众创业、万众创新活力，提升数字经济产业活力。

依托城市大数据中心，实现开放和交易数据的统一管理和加工。依托深圳市城市大数据中心，实现开放和交易数据的统一采集、清洗、加工、融合、脱敏、建模和挖掘分析，将原始数据加工成可交易的数据商品，满足不同市场需求，丰富数据交易产品。依托数据归集平台和数据资源管理平台，统筹政务数据资源和社会数据资源，实现统一的数据管理、数据清洗。采用专业的分析方法和分析工具，生成各类分析结果数据并进行发布，满足数据开放各类服务对象的不同需求。

（2）打造完备的数据使用规章体系和安全体系

出台数据使用规章制度，提供法律支撑。制定数据使用的规章制度，规范数据开放、交易流程，促进数据资源的有效利用，为企业和个人利用数据进行创新创业提供法律支撑。出台《深圳经济特区信息资源管理办法》《深圳经济特区数据开放管理办法》《深圳经济特区数据交易管理办法》等。

加强安全体系建设，保障数据开放交易安全。明确数据开放和交易各环节保障安全的范围边界、责任主体和具体要求，明确数据使用者对数据安全和隐私保护的责任。借助数据脱敏、数据加密技术，在数据开放、数据交易过程中对敏感数据进行数据失真处理，在保证数据应用过程中不泄露隐私的同时，降低信息的损失程度，保障数据的利用。开展数据开放和数据交易前的安全评测和风险评估，出台《深圳经济特区数据安全管理办法》《深圳经济特区个人信息保护管理规定》等。

（3）全面开展数据创新应用

在数据开放、数据交易基础上，鼓励企业和个人开展数据增值性、公益性开发和创新应用，推动商业模式创新，并形成示范效应，带动更全面、更广泛的数据创新应用。重点在以下领域取得突破。

一是制造业领域。深入贯彻落实“中国制造 2025”战略，加快信息化和工业化深度融合，推进数据开放共享在制造业领域的应用，运用新一代信息技术促进生产技术、装备和产品更新换代，推动开放共享数据在企业研发设计、生产制造、经营管理、市场营销、售后服务等产业链各环节的应用。

推动人工智能基础前沿理论、核心技术、支撑平台、创新应用和产业发展等方面取得重要进展，形成一批满足人工智能重大应用需求的产品、系统和解决方案，为人工智能与各领域融合创新发展提供支撑。探索人工智能与传统产业协同发展的新业态、新模式，促进传统产业转型升级和新兴产业发展，培育新的经济增长点，以人工智能技术突破带动深圳创新能力全面提升，形成人工智能创新创业领域。

二是医疗领域。鼓励和规范创新创业者基于脱敏后的电子健康档案、电子病历等统计分析数据开发各类服务社会大众的应用，鼓励和规范有关企事业单位开展医疗健康大数据创新应用研究，构建综合健康服务应用。建设覆盖公共卫生、医疗服务、医疗保障、药品供应、生育服务和综合管理业务的医疗健康管理和服务的数据应用体系。在预约挂号、分级诊疗、远程医疗、检查检验结果共享、防治结合、医养结合、健康咨询等方面进行创新。

三是银行领域。通过市场监管、税务、金融监管、海关、供电局、水务局、市不动产登记中心等部门数据共享开放，依托深圳市创业创新金融服务平台，构建中小微企业信用体系，提高中小微企业融资的可获得性。构建非法集资风险识别模型，提高风险预警能力，在金融企业市场准入、金融风险预警等方面开展创新应用。

四是保险领域。通过保险数据、医疗数据、信用数据等开放共享以及社会数据的融合利用，同时充分发挥深圳市金融创新奖、金融科技专项奖的引导激励作用，支持保险机构和中小企业在保险产品设计、精准营销、风险控制、业务流程优化、企业内部管理等方面加强创新应用，形成全面、精准的客户画像，进一步提高保险机构服务实体经济的效率和风控能力。

五是商业领域。通过用户行为、购买习惯、消费热点、兴趣偏好等社会数据与人口、法人、房屋、空间地理等政府数据的融合，鼓励企业和个人利用数据在商业场所选址、产品或服务设计、营销方式等方面进行创新应用，深化数据在商业领域的数字化渗透，促进新技术推动产生新业态、新模式。

六是交通领域。通过政府交通数据的开放，推动公安交警、交通运输委等政府数据与互联网企业的行程偏好、出行规律等社会数据融合，鼓励企业和个人在智慧停车、智能驾驶、智能导航方面进行创新应用，为社会公众提供便捷的路况查询、出行路线规划、附近停车位查找等服务，加速构建人、车、路、环境交通信息管理服务一体化，为城市交通管理、民众出行服务提供创新能力支撑。

（4）打造以数据为驱动的多维度创新创业路径

提供应用开发工具，实现数据应用开发便捷化。汇聚数据挖掘、可视化分析、机器学习等第三方工具，为创新创业者提供丰富的应用开发工具服务，包含数据立方体分析模型、可视化拖拽图表展示、分类分析、聚类分析、预测分析、关联规则挖掘等，促进被服务者专注创新创业。

推动企业“上云上平台”，促进管理创新、业务创新。支持企业“上云上平台”，围绕企业生产管理关键环节，支持企业采取按需付费、服务租赁的模式，使用平台提供的计算、存储、数据库等信息技术基础设施，以及协同办公、内部管理、电子商务、市场营销等业务系统，降低企业信息化一次性投入成本。引导电信运营商为中小企业快速“上云上平台”提供支撑和服务。运用工业互联网新技术、新模式，实施数字化、网络化、智能化升级，进一步降本提质增效，推动企业流程再造，为企业管理创新、业务创新提供有力支撑。

举办数据创新大赛，激发大众创业、万众创新活力。基于政府数据开放平台和大数据交易平台，积极开展大数据领域创新创业活动，联合企业举办数据创新大赛，鼓励企业或个人利用数据开发特色应用，并在民生服务、城市治理等关键领域形成示范，引导创新创业资源与大数据企业有效对接，推动利用数据创新的新业态蓬勃发展，形成“大众创业、万众创新”的局面。

4.5 深圳新型智慧城市网络与信息安全

“安全是发展的前提，发展是安全的保障，安全和发展要同步推进。”据新华社 2016 年 4 月 19 日电，习近平总书记在网络安全和信息化工作座谈会上发表重要讲话，提出要坚持政策引导和依法管理并举。并指出，要加快网络立法进程，完善依法监管措施，化解网络风险。习近平总书记的讲话为构建网络安全法律保障机制指明了方向，拓展了建设网络强国、提升网络空间国际治理能力的路径，是我国网络安全战略、顶层法律制度和具体规章制定的驱动力和催化剂。

《工业和信息化蓝皮书：世界网络安全发展报告 2015~2016》指出：智慧城市所面临的网络安全风险，不再仅仅是信息泄露、信息系统无法使用等“小”问题，而是会对现实世界造成直接的、实质性的影响，如设备运行异常（交通瘫痪、城市运行停滞）、设备运行停滞（停水、停电、停气、停供暖）、设备损坏（零部件损坏甚至火灾事故）、环境污染甚至人员伤亡等。

本章从深圳新型智慧城市网络与信息安全建设的实践出发，对深圳市网络与信息安全战略、总体框架、安全技术防护体系、网络空间治理、安全管理体系建设、法规规章制度建设等方面的先进实践进行综述，同时对未来的发展方向进行展望。

4.5.1 深圳市网络与信息安全战略

深圳市新型智慧城市网络与信息安全战略以网络安全保障为核

心，从政策、技术、产业、内容和基础设施等方面入手，通过“规划、实施、检查、评估”的持续改进，实现网络信息安全管理“看得见、用得好、管得住”的目标。具体分为四个方面。

第一，强化信息安全顶层设计，完善政策制度保障。实施深圳市网络与信息安全战略，强化宏观引领作用；加强网络与信息安全联合检查及绩效评估工作，提高信息安全意识；推动政府机关及重点行业设立信息安全管理岗位，明确安全监管职责；完善网络与信息安全认证认可体系，加强安全产品认证；建立信息安全审查制度，加强互联网基础数据管理、新技术新业务准入管理和新业务安全评估，加强重要领域工业控制系统国产密码应用和安全防护管理。

第二，完善信息安全基础支撑，提高信息安全保障能力。加强党政部门及重点行业关键信息基础设施安全保护和国产密码应用；建立关键信息基础设施跨部门安全审查机制，推动自主可控产品与服务替代工作；规范政府信息技术服务外包安全管理，严格执行为政府机关提供服务的数据中心、云计算服务平台等应设在境内的相关国家规定；保护国家及行业涉及国家秘密数据，建设和完善PKI认证体系，为电子政务、电子商务等提供基础支撑；普及电子证照应用电子证书技术，深入开展电子证书应用；建设网络攻防演练和监测预警平台，完善关键信息基础设施备灾与应急体系，提高信息安全保障能力；加强网络侦查技术手段建设，严厉打击各类网络犯罪。

第三，构建工业互联网安全支撑体系，制定工业控制系统安全防护等专项规划。编制设备安全、数据安全、平台安全等标准规范，明确安全管理、技术、运维、测评工作指南，支持设立安全管理服务机构，指导企业开展工业互联网安全保障体系建设。提升工业互联网安全公共服务能力，打造工业互联网安全信息共享、监测预警、攻防演练等平台，收集并及时发布工业安全漏洞、风险和预警信息，运用大数据手段实现重点行业工业互联网整体安全态势感知、评估评测和风险防范。突破工业互联网安全关键技术，围绕制造企业安全需求，联合相关领域的安全设备提供商、系统集成商与制造企业，重点突破适用于工业互联网的安全监测审计和安全测评审查的关键技术，开展工业互联网模拟仿真、风险评估、漏洞挖掘评估、安全攻防验证等相关研究。推动工业互联网安全产品研发和应用，大力发展工业互联网安全解决方案，推动自主工业防火墙、入侵检测系统、漏洞挖掘软件、安全隔离装置等研发和产业化。开展工业互联网安全产品在制造业、交通、能源等领域的应用示范，提升本市工业安全防护水平。

第四，加强技术攻关，加快培育信息安全企业。加快网络与信息安全技术攻关，大力发展信息安全服务，重点培育网络与信息安全骨干企业，促进产业链协调发展；加强对云计算、物联网、移动互联网、下一代互联网等方面的信息安全技术研究，推广国产密码等自主信息安全技术应用；出台网络与信息安全产业专项扶持政策，落实有关政府采购政策措施和管理制度，进一步加大支持信息安全产业发展力度。

4.5.2　深圳市网络与信息安全总体框架

城市网络与信息安全体系建设的主要目标是为城市打造安全可控的网络环境、保护信息与信息交互安全、构建健康有序的网络秩序。深圳市网络与信息安全总体框架从安全理论、安全模型、安全技术、安全政策和实践经验等方面考虑，利用现有城市信息化资源，以“安全技术防护、网络空间治理、网络安全管理、法律法规”框架为核心，重点覆盖城市云中心安全、政务网安全、物联网安全、大数据安全、城市工控系统安全、网络空间治理六大领域。

在安全技术防护方面，通过物理和环境安全、网络安全、基础软件安全、数据安全、应用安全五个方面对新型智慧城市网络空间进行防御；在网络空间治理方面，通过信息收集和分析处理、综合态势感知、应急协同调度、市民监督举报等方式，结合大数据等技术，对网络空间中的非法信息和行为进行管控,实现网络空间的“安全清朗”；此外，通过安全管理制度、安全管理机构、人员安全管理制度、系统建设管理、系统运维管理、应急预案等方面的管理制度为城市网络空间安全提供保障；在《国家安全法》等法律法规框架下，探索并制定符合深圳市特点的地方法规规章，保障网络空间安全有序，保护个人隐私、维护网络空间秩序。

深圳市新型智慧城市网络空间安全总体框架在网络安全法、电信条例等法律法规的框架下，遵循信息系统等级保护制度，分为安全技术防护、网络空间治理、网络安全管理、法律法规四个方面。具体组成结构如图 4–23 所示。

图4-23 城市网络空间安全总体框架

从城市网络空间的基础设施、网络、数据、网络行为与信息内容、网络空间安全治理等角度出发，深圳市新型智慧城市的网络空间安全体系涵盖以下能力。

一是无缝覆盖、随遇支持的网络空间统一信任服务。为新型智慧城市网络空间的组织机构、居民、设备和业务应用提供统一认证、实名服务和信任评估，为城市网络空间构建安全可靠的信任体系。

二是统一管理、按需申配的网络空间统一密码服务。为新型智慧城市网络空间的各类密码应用提供密码算法、密码设备、密钥管理等密码服务，满足城市网络空间通信、业务、数据等各类保密性需求。

三是行业自律、政府监管的网络公共数据安全与个人隐私保护。从数据保护和权力监管两个方面，完善防护手段和监管机制，为政府敏感数据、企业商业数据和个人隐私数据提供全方位安全保障。

四是全局预警、敏捷响应的网络违法犯罪打击防范。提供对人、机、物的网络行为的感知、大数据分析，实现对违法犯罪行为趋势预测；提供对网络违法行为实施动态拦截和安全策略调整手段，实现对网络违法犯罪行为的敏捷打击能力；建立健全重大网络违法犯罪事件监测、预测、预警机制，提供网络违法犯罪行为的事前防范、事中控制和事后分析。

五是分网隔离、受控交换的政务网络系统安全管控。兼顾政务数据安全性与可用性，加强政务网络与外部网络的隔离防护，保障政务网络与其他网络数据交换的安全。

六是共建共治、共育共享的网络空间安全综合治理。建立网络舆情综合监控体系、不良信息举报和自动分拣体系，实现基于内容安全的安全综合治理，为深圳智慧城市网络空间提供由政务、企业、个人共同构建、共同治理、共同培育、共同分享的安全综合治理能力。

七是网格划分、动态监测的城市电磁环境安全监测治理。从电磁污染、非法信号和电磁泄露与电磁攻击监测治理等方面，为智慧城市运营者提供全域可知、全局可控的城市电磁环境监测管理能力，为城市居民和机构提供可视、可懂、可信的绿色电磁环境。

八是服务中央、辐射周边的城市网络空间安全综合指挥。深圳市网络空间综合指挥提供的能力，不仅是保证城市不间断稳定运转的应急综合指挥能力，还提供对周边城市的网络空间事件预判，而能预先做出响应、协同的综合指挥协同调度能力。

九是在线组织、动态实时的智慧城市网络健康度评估。超越单纯技术层面的网络安全风险评估范畴，从信息网络安全、实体运行安全和意识形态安全等方面，全面评估城市网络空间健康水平。

十是全域感知、全网监控的城市网络安全运行保障。实现对城市关键信息基础设施运行情况的网络安全综合监管，提高监测预警和风险防控能力，保障城市运行安全。

4.5.3 安全技术防护体系建设

深圳市网络与信息安全技术防护体系在建设过程中，在符合信息安全等级保护技术和管理要求的基础上，通过对信息安全防护体系的分层次设计，对支撑业务平台的新技术提出安全解决方法，纵向从终端采集层、网络通信层、数据与服务支撑层和应用层安全构建纵向的防御体系，横向从应急指挥平台的数据中心、内部网络、接入网络、接入用户、终端用户等几个层面构建横向的防御体系，实现整个应急指挥平台安全保障体系分等级的层层防控、纵深防御的设计理念。

1. 统一身份认证建设

深圳市目前正在开展构建深圳市新型智慧城市统一身份认证平台工作，围绕建设国家新型智慧城市标杆市和数字政府目标，实现各类服务统一实名身份认证（见图 4-24）。

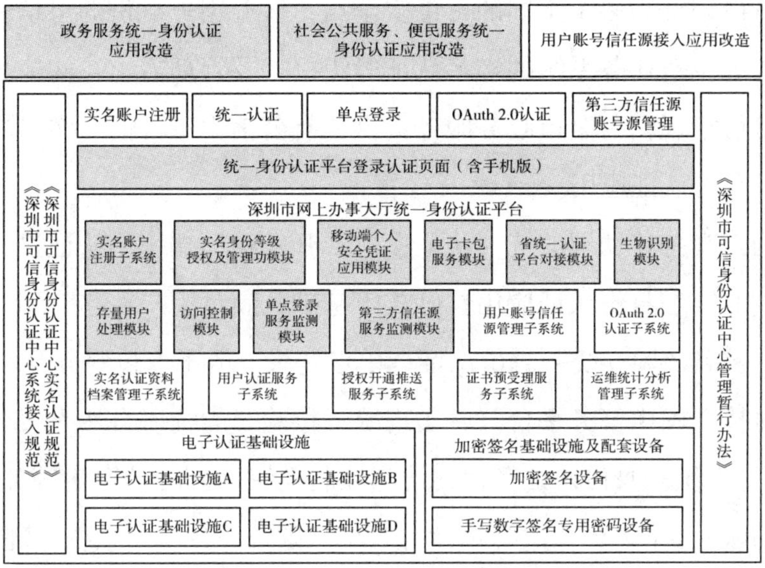

图4-24　统一身份认证平台总体框架

充分利用深圳市网上办事大厅统一身份认证平台已搭建的全市标准统一、互联互通的交叉认证应用支撑体系，支持多家电子认证服务机构数字证书交叉认证、一证通用，提供实名账户注册、统一身份认证、单点登录、第三方信任源账号登录等服务，优化实名账户注册子系统，开发实名身份等级授权管理、移动端个人安全凭证应用、电子卡包服务、省统一认证平台对接、生物识别等模块，如图 4-24 中灰色部分所示，提供统一用户注册、统一实名核验、统一单点登录、统一证件卡包等服务。具体任务如下。

（1）升级统一身份认证平台

对接省统一身份认证平台。通过开发省统一身份认证平台对接模块的接口，实现深圳智慧城市统一身份认证平台用户实名注册及认证信息与省统一身份认证平台的同步。

实现实名身份等级授权及管理。开发实名身份等级授权及管理模块，参考广东省统一身份认证平台的实名认证等级划分标准，将数字可信身份划分为多个不同的可信安全域，区分用户身份的可信程度，满足各单位对业务系统的实名认证等级授权及管理需求。构建分等级数字身份管理，为全市政务服务提供具有公信力、可信、实名的数字身份及身份认证应用。

构建支持移动端的统一认证接口。开发移动端统一认证接口，为移动端的统一身份认证应用打好技术基础，满足用户在移动端的实名注册、实名核验、统一身份认证、单点登录、电子卡包服务等功能。

对接“民生警务平台”，实现统一核验。为统一自然人实名认证管理,开发统一身份认证平台的访问控制模块,确保由“民生警务平台”核验的账号,不需要二次绑定就可以单点登录到各部门系统办理业务;对统一身份认证平台原有自然人存量账号进行相应的访问控制，在单点登录各单位系统时提示用户须经过“民生警务平台”核验方可办理事项。

开发移动端个人安全凭证的应用。保障用户在移动端办理业务的安全性，通过开发移动端个人安全凭证模块，由第三方 CA 机构为用户签发个人安全凭证,基于云服务模式实现用户在移动端的安全登录、电子签名等应用，防止在移动端办理业务过程中的非法登录和数据被篡改风险。

优化实名认证、注册流程。提高用户注册、实名认证体验，对现有的用户注册及实名认证流程进行优化，在用户实名注册以及登录过程中增加短信验证功能，增强用户注册和登录的安全性。

优化第三方信任源账户的管理。增加对使用第三方信任源账号登录统一身份认证平台的用户信息新增、修改、查询管理功能，并支持使用第三方信任源账号在统一身份认证平台无需密码即可登录，同时实现对第三方信任源服务的监测。

开发电子卡包服务模块。与电子证照库数据对接，用户在电子卡包中心实现电子证照与其对应的自然人身份证号码、法人统一社会信用代码进行关联绑定。对于政府发放的社保卡、老年卡、残疾人证等电子证件自动推送至认证平台用户卡包中心，由用户确定点击关联进行电子证件绑定；其他卡由用户根据自身需要输入卡号等信息完成绑定。通过电子卡包服务，真正实现“一号”办理各类政务服务、公共服务、便民服务。

（2）制定统一身份认证平台管理制度及相关技术标准规范

编制深圳市智慧城市统一身份认证平台相关管理制度以及规范材料，规范和指导统一身份认证平台业务的应用、服务及管理，明确统一身份认证平台业务所涉及的应用方、使用方、服务方、管理方等各方所要遵循的责任与义务，构建起一个权责明晰、规范有序运转的全市统一身份认证管理体系，确保全市统一身份认证业务的可靠、稳定、有序运行。

（3）推动统一身份认证平台在智慧城市各类服务中的应用

推动统一身份认证平台在社会公共服务领域的应用。采用“先易后难，先高频后低频，逐步覆盖”的原则，逐步推进在水电气缴费、医疗健康、教育、旅游、养老助残等公共服务领域实现“一号”办理。

扩展统一身份认证平台在便民服务中的应用。发挥社会资源力量，支持企业、金融机构、电信运营商等第三方机构基于统一身份认证平台开展便民服务应用。

目前深圳市已经完成自然人账户采用惠民平台（基于社保账户）作为网办大厅第三方信任源登录认证方式，用户量 400 万；完成法人账户采用市地税局地税账户作为网办大厅第三方信任源登录认证方式，用户量 170 万；完成市场监管委法人账户第三方信任源登录认证方式，用户量 260 万。

在管理制度和标准规范方面，印发了《深圳市网上办事大厅统一身份认证平台业务系统接入规范》《深圳市统一实名用户认证系统实名认证接口规范》《深圳市网上办事大厅统一身份认证平台第三方信任源接入规范》，完成《深圳市网上办事大厅统一身份认证平台管理暂行办法》报市政府办公厅。

2. 前海跨境数字证书互认平台对接工作

深圳市于 2018 年 1 月启动前海跨境数字证书互认平台对接工作，4 月完成深圳网上办事大厅统一身份认证平台和前海网厅的对接工作。但由于受《商用密码管理条例》第十四条“任何单位或者个人只能使用经国家密码管理机构认可的商用密码产品，不得使用自行研制的或者境外生产的密码产品”和第十五条“境外组织或者个人在中国境内使用密码产品或者含有密码技术的设备，必须报经国家密码管理机构批准；但是，外国驻华外交代表机构、领事机构除外”的限制，目前境外数字证书不能在深圳市电子政务信息系统登录互认并办理对公服务业务。

3. 电子政务重要领域国产密码应用工作

深圳市经贸信息委牵头开展电子政务重要领域的密码应用升级改造试点工作，确定龙岗区、市经贸信息委两家作为试点单位，进行系列试点改造工作。为规范升级改造工作，统一标准，目前正在编制起草改造方案和技术指南。

4.5.4 网络空间治理安全管理体系建设

1. 组织机构及责任

深圳市信息安全与运维保障由五家机构负责，分别为深圳市互联网信息办公室、深圳市经济贸易和信息化委员会（以下简称市经贸信息委）信息安全处、深圳市信息安全测评中心、深圳市电子政务资源中心、深圳市公安局网络警察支队。

（1）市经贸信息委信息安全处

市经贸信息委信息安全处承担信息安全综合管理工作，协调信息安全保障体系和网络信任体系建设；负责全市信息安全应急协调工作；指导监督全市党政机关、重要领域的信息安全防范工作；组织推进电信、广播电视和计算机网络融合发展；协调指导信息基础设施建设，协调推动信息网络的互联互通。

（2）深圳市信息安全测评中心

深圳市信息安全测评中心（深圳市信息工程质量监督检验站、深圳市网络与信息安全应急处置协调中心）是经深圳市政府批准成立的信息安全测评、信息系统检测、信息工程质量监督检验及网络与信息安全监测预警和应急处置协调的权威机构，并为深圳市党政机关、基础信息网络和重要信息系统信息安全联合大检查和绩效评估提供支撑保障。

信息安全测评中心设有综合部、信息安全一部、信息安全二部、信息安全三部、信息安全四部、监测预警应急处置部。对外提供的主要服务包括：深圳市网络与信息安全监测预警和应急处置、信息安全等级保护测评、信息安全专项检测、信息工程质量监督、信息系统检测、电子政务项目竣工验收登记备案、深圳市电子政务外网网络信任体系建设等。

（3）深圳市电子政务资源中心

深圳市电子政务资源中心（原深圳市信息网络中心）成立于1995年10月，隶属于深圳经济贸易和信息化委员会，是市财政全额拨款的具有独立法人资格的事业单位。中心下设办公室、综合业务部、

IDC 管理部、网络管理部、云平台部和大数据部六个部门。

深圳市电子政务资源中心负责建设、运行、管理和维护网络互联平台及政府信息网络；建立政府信息服务网络和互联网接入系统；政府投资信息工程项目的咨询评估；党政机关、事业单位信息系统的委托设计、建设、运行、管理和维护。

（4）深圳市公安局网络警察支队

深圳市公安局网络警察支队负责维护互联网秩序，依法查处网上有害信息及其他违法行为；加强对重点计算机网络单位的等级保护管理工作和 ISP（互联网服务提供商）、IDC（互联网数据中心）、ICP（网络内容服务商）、联网单位的网络安全基础管理工作；打击或协助打击《中华人民共和国刑法》第 285 条、286 条、287 条规定的涉网案件；建立网络报警中心与相关部门的报警联动机制与分级处置机制；指导、协助一线实战单位打击涉网违法犯罪活动。

2. 安全管理制度

深圳市高度重视信息安全管理体系建设，与安全技术防护体系建设并举。因此，深圳市出台一系列信息安全管理制度，保障全市党政机关信息安全工作的有序开展。

为规范深圳市电子政务信息安全建设，建立信息安全工作体系，明确信息安全工作职责，提高信息安全保障能力，促进信息安全工作开展，深圳市政府于 2013 年 11 月发布《深圳市电子政务信息安全管理试行办法》（深府办〔2013〕23 号），明确提出信息安全工作按照“谁主管、谁负责”的原则进行管理、电子政务系统的信息安全按照“谁运行、谁负责，谁使用、谁负责”的原则进行管理。对电子政务安全的规划与建设、运行与维护、管理与监督、考核与责任追究作出明确规定。

2015 年 6 月 4 日，根据《深圳市电子政务资源总体框架》，深圳市信息化工作领导小组办公室面向全市各区政府、新区管委会，以及市直各单位印发了《市信息化工作领导小组办公室关于印发〈深圳市电子政务公共资源管理暂行办法〉及配套文件的通知》（深经贸信息政资字〔2015〕17 号），印发《深圳市电子政务公共资源管理暂行办法》，以及配套文件（简称“1+8”文件），包括《深圳市党政机关外网管理暂行办法》《深圳市政务数据中心管理暂行办法》《深圳市政务容灾备份中心管理暂行办法》《深圳市政务数字证书管理暂行办法》等，标志着深圳市电子政务管理体系建设工作向前迈出了坚实的一步，为相关工作的有序开展提供了坚实的制度保障。

2015 年 10 月 22 日，深圳市政府印发《深圳市政务信息资源共享管理办法》（深府〔2015〕99 号），明确了对深圳市政务信息资源共享的建设与管理、共享应用、安全与保密、监督与考核等工作的要求，对进一步规范和促进深圳市政务信息资源共享、优化政务信息资源配置、有效支撑业务协同、提高行政效能、促进服务型政府建设起到了积极作用。

为满足深圳市新型智慧城市统分结合、一体化建设等对网络安全提出的新要求，深圳市拟采取“1+5”体系框架，即 1 个管理办法和 5 个安全规范分阶段完成，分别是：《深圳市新型智慧城市安全可信网络空间保障体系建设管理办法》《深圳市新型智慧城市可信云平台网络安全规范》《深圳市新型智慧城市可信大数据网络安全规范》《深圳市新型智慧城市可信物联网网络安全规范》《深圳市新型智慧城市可信人工智能网络安全规范》《深圳市新型智慧城市可信运营安全规范》，以适应云计算、大数据、物联网、人工智能等新技术发展需求，建立健全深圳市安全可信的新型智慧城市网络空间保障体系。

新技术、新建设与新管理模式预期对深圳市新型智慧城市网络安全带来的新变化主要有：一是将单个系统的安全设计向跨部门、跨层级、多系统协同安全整体设计转变；二是将单部门、单领域的安全设计向城市级、可信智慧安全转变；三是将碎片化、设备级安全设计向平台级、可管理的智慧安全设计转变。

3. 信息安全培训

深圳市开展多项信息安全联合检查和安全培训，有关部门联合组织开展深圳市信息安全联合检查、全市政府网站安全风险评估和检查等，同时开展深圳市党政机关信息安全工作动员培训会议、全市信息安全专业技术人员培训等。

4. 信息安全风险评估

深圳市每年开展信息安全行业调查，《2016 年度深圳市网络与信息安全行业调查分析报告》《2017 年度深圳市网络与信息安全行业调查分析报告》已形成初稿；同时加强对信息安全行业指导，促进信息安全产业发展。2017 年首次组织实施深圳市战略性新兴产业新一代信息技术信息安全专项，拟资助 20 个企业的 20 个项目。

深圳市每年开展深圳市信息安全联合检查，继续推动关键信息基础设施信息安全工作常态化开展。2017 年 3~5 月，根据国家、省、市网信办有关工作的部署，开展了以网站清理和舆论净化为重点的市党政机关迎党的十九大信息安全专项检查，覆盖 76 家党政机关单位所有网站和系统。5~6 月，根据省网信办和经信委的要求，进一步督促全市党政机关单位做好信息安全防护，并组织在省信息安全工作协调系统中填报信息安全工作情况。9 月中旬，根据省府办公厅要求，开展全市政府网站安全风险评估和检查工作，检查覆盖 52 家政府单位共计 51 个政府门户网站，发现问题 20 项，完成整改 16 项。9 月底，结合党的十九大安全生产工作要求，发文要求全方位抓好网络安全工作，强调各党政机关要将网络安全纳入“安全生产一岗双责”给予同等重视，不仅要确保技术和内容方面的信息安全，还要确保机房环境、设备用电等方面的物理安全。

市委办、市府办、公安、国安、保密、密码、经贸信息委等部门组成联合检查组，制定了《2018年深圳市信息安全联合检查工作方案》。检查范围增加了市红十字会，检查内容根据《网络安全法》增加实名制等要求。2018 年 5 月召开了“2018 年深圳市党政机关信息安全工作动员培训会议”，共召集联合检查组成员单位 7 家（到会 6 家），全市参加培训单位 88 家（到会 88 家）共 128 人。2018 年 6 月召开为期 2 天的全市信息安全专业技术人员培训，以等级保护 2.0、《网络安全法》和移动办公信息安全为重点。

按照市政府绩效管理委员会要求，各部门开展市政府“信息安全”绩效评估工作。由深圳市经贸信息委牵头编制《2018 年信息安全绩效评估指标操作规程》，并依据《网络安全法》增加了网络实名制的要求。

大力开展工业控制系统信息安全工作。2017 年 5 月，根据国家工信部、省经信委的部署要求，首次组织开展了全市工控系统信息安全检查，涵盖水务、核电、燃气、机场和地铁等重点领域的企业，共检查工控系统企业 26 家，涉及工控系统 40 个。2017 年 10 月初，根据《广东省经济和信息化委关于开展联网工业控制系统安全风险排查的通知》，通知深圳存在隐患的联网工业控制系统所属单位整改，要求有关单位加强工控系统信息安全工作。2018 年 4 月，组织开展全市工控系统信息安全检查，涵盖水务、核电、燃气、机场和地铁等重点领域的企业。2017 年启动“工业控制系统信息安全管理体系咨询服务”，2018 年提交《工业控制系统信息安全管理体系咨询服务》初稿，进行讨论后再次修订。

5. 运维保障体系建设

（1）深圳市 IT 运维服务介绍

深圳市 IT 运维服务由深圳市电子政务资源中心统一负责，提供基础设施服务、信息资源服务、公共应用服务。具体服务如下。

• 基础设施服务

政务网络党政机关外网接入。政务网络包括政务公共网和政务办公网，用于支撑全市党政机关公文传递、业务应用、资源共享、业务协同和提供公共服务。政务网络依托全市统一的光纤传输骨干网建设，连接各单位、各部门办公场所的光纤资源由市电子政务主管部门统筹提供。网络设备应优先采用支持下一代互联网技术的国内有自主知识产权的设备。各区按照统一标准规范、统一地址和域名，规划、建设、管理区级政务网络平台，并与市级政务网络平台互联互通。各部门应依托政务网络开展电子政务建设。

政务网络 IP 地址分配。市党政机关外网 IP 地址类型包括“公网”和“私网”两种，“公网”接入国际互联网，“私网”用于政务公共网内部局域网；市党政机关内网仅有“私网”，与国际互联网物理隔离。

政务网络域名解析。域名服务器为 ns1.shenzhen.gov.cn、ns0.shenzhen.gov.cn。把域名指向网站空间 IP，让人们通过注册的域名可以方便地访问到网站服务。

政务数据中心机房设备托管。深圳市政务数据中心机房设备托管，为符合条件的政府单位提供主机存放的位置及环境保障，进出机房需要办理相关手续；托管设备的管理及维护由申请托管的单位自行负责。向本市各级党政机关和相关单位（简称使用单位）提供机房环境、设备托管、虚拟服务器和相关配套服务。

政务数据中心服务器端口开放。深圳市政务数据中心机房设备托管服务器端口的开放申请。

政务云平台虚拟机服务。为各政府机关单位用户提供虚拟服务器，或为各政府机关个人用户提供虚拟终端。

政务容灾备份中心存储介质保管。深圳市政务容灾备份中心（简称灾备中心）为符合条件的政府单位提供备份介质保管。使用单位可将制作完成的备份介质（磁带、磁盘、光盘等）送到灾备中心进行异地保管。

政务容灾备份中心场地容灾。深圳市政务容灾备份中心为符合条件的政府单位提供政务数据备份中心场地容灾，可提供封闭或者开放式的独立场地，提供网络、环境监控等支持。

政务容灾备份中心集中存储空间。深圳市政务容灾备份中心为符合条件的政府单位提供容灾系统集中存储磁盘空间的使用。使用单位利用存储空间，自行采用备份方式和制定备份策略，进行数据的备份和管理。

政务容灾备份中心集中数据备份。深圳市政务容灾备份中心为符合条件的政府单位提供容灾系统集中数据备份。根据使用单位需求，由灾备中心选择合适的备份策略（备份频率和备份时间）完成数据备份工作。

政务容灾备份中心应急备机。深圳市政务容灾备份中心为符合条件的政府单位提供容灾系统应急备机，临时提供给使用单位用于灾备业务的服务器或虚拟机。

政务数字证书。深圳市政务数字证书是指在党政机关外网政务活动中使用的数字证书，包括单位证书、个人证书和设备证书（服务器证书）。数字证书是网络用户的电子身份证明，存储于电子密钥等介质中，用来证明证书持有者的身份。通过数字证书系统及其相关设备的有效维护与管理，使系统运行稳定，为用户提供良好的证书发放、使用和管理服务。

• 信息资源服务

政务信息资源共享平台目录。深圳市政务信息资源共享目录是指市电子政务主管部门根据各单位的共享需求，定期整理并向全市发布的政务信息资源目录。市电子政务主管部门负责协调全市政务信息资源共享工作，定期发布深圳市政务信息资源共享目录。

政务信息资源共享平台接入。为符合条件的政府单位提供前置服务器以及共享平台用户和密码，共享平台的接入需要办理相关手续和账户认领。

政府机关单位（除各区信息中心外）前置服务器默认由资源中心机房统一放置管理，如个别原因需认领回本单位放置，则前置服务器的管理权限及维护由申请托管的单位自行负责。认领单位工作人员发现托管设备故障或异常，及时通知资源中心工作人员进行处理。

政务信息资源共享平台目录查询。深圳市公共信息资源库（简称资源库）包括基础信息资源库（简称基础库）和主题信息资源库（简称主题库），为审批通过用户提供基于公共信息资源库数据配置的各类服务或数据。

深圳市基于大数据的决策分析支持平台。深圳市社会建设“织网工程”领导决策分析系统用户申请。

• 公共应用

深圳市正版软件自助服务。深圳市正版软件自助网站为获得授权的主体提供统一登录、管理平台。深圳市党政机关部门可自助申请深圳市正版软件。深圳市正版软件包括：微软——桌面操作系统专业版、数据库企业版、数据库标准版、服务器操作系统数据中心版、服务器操作系统标准版、服务器管理系统数据中心版、云开发工具及知识库系统 MSDN、行云服务（系统管理行云服务套件）；华为——FusionSphere 虚拟化软件平台、云管理软件和软件维保；金山——WPS Office 2016 专业版办公软件 V10、WPS Office for Android 2016 专业版办公软件 V6.5。

政务网站生成平台。是深圳市党政机关部门网站快速搭建、内容发布的统一电子政务平台，平台基于三级等级保护要求建设，具有信息采编发、用户和权限管理、全文检索及通用交互等功能。

政务邮件系统。独立邮件域服务或公共邮件域的个人账户提供和深圳市政府在线邮箱，公共邮件域的个人账户，包括 shenzhen.com.cn、shenzhen.gov.cn、shenzhen.net.cn 及 sz.gov.cn。

政务短信平台。通过直接使用深圳市政府短信平台 web 系统（sms.sz.gov.cn）和广东省内手机用户进行短信互收、短信群发，或通过调用二次开发接口程序对广东省内手机用户进行短信发送、短信群发。

（2）深圳市信息安全监控

深圳市对全市重要信息系统和所有政府网站进行实时监测，目前正在协调和推进监测预警处置平台二期建设的有关工作。监测预警处置平台二期工程建设完成后，可以第一时间发现问题和排除隐患，进一步提升及时发现和迅速消除隐患的能力，力保政府网站不出现影响恶劣的信息安全事件。

结合广东省有关的通报办理要求，深圳市已从细节上深入梳理了信息安全问题日常通报机制；同时，实现与省的通报系统直接对接，提升了问题通报和反馈的及时性和准确性。

目前深圳市经贸信息委已经完成省经信委电子政务网络安全保障体系在深圳部署事项的配合工作。

6. 应急响应与处置

2015 年，经深圳市政府批准，深圳市经贸信息委以深经贸信息安字〔2015〕45 号文印发《深圳市网络与信息安全突发事件应急预案》，旨在建立深圳市网络与信息安全突发事件应急工作体系，健全深圳市网络与信息安全突发事件的预防、处置、善后等工作机制，提高深圳市应对网络与信息安全突发事件的能力和水平，预防、减少网络与信息安全突发事件对深圳市造成的损失和危害，维护深圳的城市安全和社会稳定。

2017 年，按照《深圳市网络与信息安全突发事件应急预案》要求，深圳市经贸信息委负责协调深圳市网络与信息安全突发事件应急工作，成功处置了 4 起突发事件，即“罗湖区总工会恶意仿冒网站事件”“龙华区设备设施故障事件”“大鹏新区设备设施故障事件”“WannaCry 勒索病毒感染事件”。

为加强网络安全应急物资储备工作，深圳市启动应急物资储备专项检查工作，确保了物资的真实性和可用性。

2017 年，深圳市进行了一次网络与信息安全突发事件应急演练，并完成预案修编，同时，固化深圳市网络与信息安全突发事件应急演练工作。

4.5.5 推进法规规章制度建设

1. 互联网行业法规建设研究

深圳市委于 2017 年 11 月批示“请市政府就互联网行业法规建设研究提出意见。在网络安全方面依靠法律、技术创新取得体现深圳特点的成绩”，市经贸信息委于 2017 年 12 月提交《市经贸信息委关于深圳市互联网行业法规建设研究意见的报告》。

2018 年 3 月，深圳市政府召开了深圳互联网法规建设研究会，市经贸信息委协助完成会议筹办工作。现在正对各单位资料进行梳理，正在研究提出互联网法规建设的方案。

2. 工业互联网规章制度建设

根据《深圳市人民政府办公厅关于印发深圳市工业互联网发展行动计划（2018~2020 年）及配套政策措施的通知》（深府办规〔2018〕7 号），深圳市拟出台《深圳市工业控制系统信息安全事件应急管理工作指南》，搭建工业互联网安全监测与服务体系。

4.6　深圳新型智慧城市标准规范

近年来，深圳市在全国率先实施“质量强市”战略，努力打造深圳质量，对于促进新形势下全市经济社会持续快速健康发展发挥了重要作用。2014 年，市委市政府又提出“打造深圳标准，铸造深圳品牌，树立深圳信誉，提升深圳质量”。2015 年，市政府以 1 号文发布《关于打造深圳标准构建质量发展新优势的指导意见》及行动计划，构建“大质量、大标准”体系，提出走一条标准先行、创新驱动、内生增长、绿色低碳的质量型发展新路。

作为推进新型智慧城市健康有序发展的重要支撑，标准起着至关重要的作用。健全新型智慧城市标准体系，可以避免智慧城市盲目建设，从而让城市智慧建设有据可依、有章可循。

本章描述了深圳新型智慧城市标准规范的体系框架，对近年来深圳所主导建设的新型智慧城市标准进行综述。

4.6.1 概述

2012年，深圳市政府发布《智慧深圳规划纲要（2011~2020年）》，提出要大力实施自主创新和标准化战略的主要任务。首先，鼓励企业、高等院校和科研机构参与制定国际国内标准，影响并掌握与智慧城市实施相关的各类技术标准和运营标准，扩大智慧城市标准的话语权，抢占标准制高点，确立深圳在智慧城市相关应用和产业发展中的先发优势地位；其次，提出了标准战略工程，鼓励企业、高等院校等积极参与智慧城市标准制定，包括鼓励企业多参与制定平台层关键技术标准、智慧应用通信技术标准、传感网关和应用网关技术标准、其他相关技术标准如传感器微机电系统（MEMS）技术、射频识别（RFID）技术、卫星导航系统技术、传感器网络技术标准等。同时，为标准研制提供专利信息服务，推动专利与技术标准融合，开发具有自主知识产权的智慧城市相关技术标准。

此外，在《智慧深圳规划纲要（2011~2020年）》的其他任务建设中，也提出了标准制定的要求，包括：统一城市视频感知网络标准；统一智慧城市数据标准；制定云计算安全标准；制定智慧城市运营平台标准体系；统一城市管理服务信息系统标准体系；制定智慧深圳公共服务支撑平台接口标准；与香港、珠三角周边城市共同探索统一智慧应用相关标准。

2016年，《深圳市创建新型智慧城市标杆市工作方案（2016~2020年）》中也提出积极打造国家新型智慧城市标杆市，形成新型智慧城市“深圳标准”，主要任务包括：建立完善环境感知物联信息数据采集、传输和交换标准；建立健全BIM应用的配套政策和标准体系；建立统一的地下管线数据采集、建库和交换标准；积极参与国家智慧城市标准研究和制定工作，推进国家智慧城市标准在深圳的示范、验证及评价，形成一批具有引领作用的新型智慧城市标准。

2018 年，深圳市政府印发《新型智慧城市建设总体方案》（深府〔2018〕47 号）。该方案中提出要“构建满足新型智慧城市建设需求的标准规范体系，全市统筹规划、建设统一信息化支撑、技术标准和评价指标”，并规划了“标准规范保障工程”，工程任务要求：构建满足新型智慧城市建设需求的法规制度体系，研究出台数据开放共享、数据安全和数据脱敏使用等法规制度，规范数据合理使用；完善深圳市新型智慧城市建设标准体系，按急需先建的原则制定城市运营中心服务管理、统一数据服务接口、跨部门业务协同指挥流程规范等服务城市运营需求的标准规范。

通过上述不同年份发布的三份规划文件可以看出，深圳在智慧城市建设进程中急需制定的标准规范可以归纳为以下几类。

城市基础设施标准：如城市建筑模型（BIM）、地下管线标准等。

信息技术标准：包括传感器网络技术标准、通信技术标准、传感网关和应用网关技术标准、射频识别（RFID）技术、卫星导航系统技术标准等。

物联感知标准：包括视频感知标准、环境感知标准等。

数据标准：包括城市数据标准、数据开放和数据共享标准等。

共性支撑平台标准：包括城市运营管理平台、城市公共服务平台、平台接口标准等。

安全标准：如云计算安全、数据安全等。

应用与服务标准：包括各行业领域的业务标准、跨部门跨层级的业务服务标准等。

4.6.2 标准规范体系

在参考国家智慧城市标准化总体组发布的国家智慧城市标准体系框架基础上，结合深圳市关于新型智慧城市建设的实际情况及相关要求，《深圳市新型智慧城市标杆市顶层设计》中提出了深圳市的新型智慧城市标准规范体系，包括总体标准规范、市政基础设施标准规范、信息技术与支撑标准规范、安全与保障标准规范、建设与运维标准规范、智慧应用标准规范六个维度描述（如图 4-25 所示）。

总体标准规范涵盖与新型智慧城市建设有关的术语和定义标准、顶层规划类标准、总体模型标准、评价指标类标准等。它们是总体、通用类的标准与规范。目前主要以国家发布的 GB/T 36333—2018《智慧城市顶层设计指南》、GB/T 33356—2016《新型智慧城市评价指标体系》为依据。

市政基础设施标准规范包括能源、环保、水资源、交通、地下管线、公共建筑、各类城市部件等的智慧化标准规范。传统市政基础设施的标准已有国家行业标准可参考，新型智慧城市的市政基础设施标准规范主要关注各类基础设施的信息化标准，如城市部件分类与编码、城市网格划分、基础网格与专业网格融合标准，城市统一地址标准、建筑信息模型（BIM）标准、地下管线信息标准、城市信息模型（CIM）标准和编码标准等。深圳市近年来制定了 SZDB/Z 4—2006《深圳市统一空间基础网格》、SZDB/Z 26—2010《建筑物基本指标、功能分类及编码》、SZDB/Z 281—2017《社会管理要素统一地址规范》等标准规范，发布了 SZGWS—2015—BIM—01《深圳市建筑工务署 BIM 实施管理标准》（内部使用），并启动研制《深圳市建筑工程 BIM 设计交付标准》等。

信息技术与支撑标准规范是深圳市新型智慧城市建设运行中有关

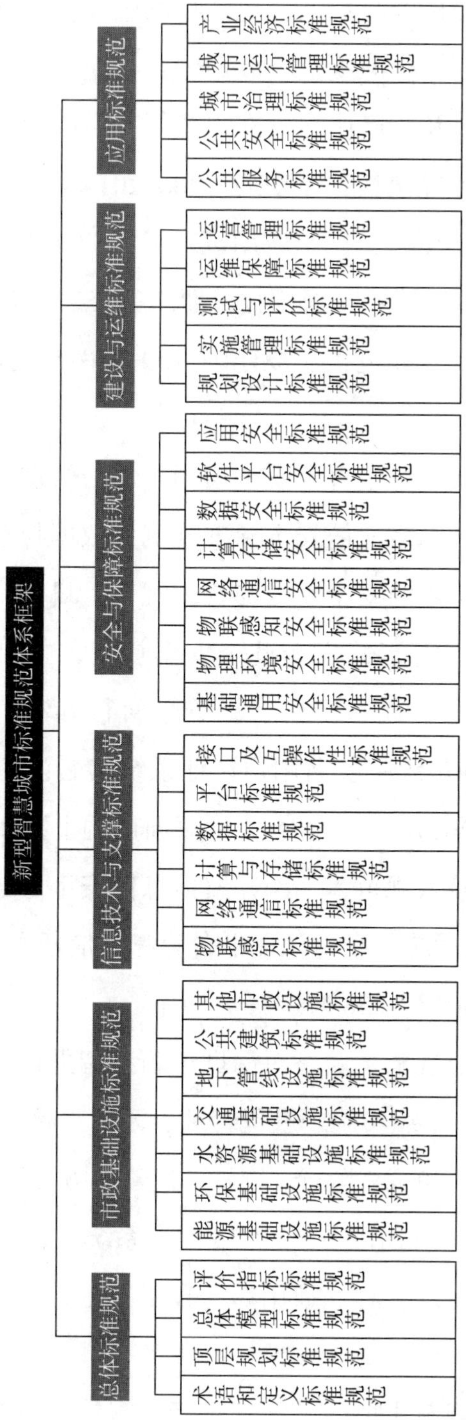

图4-25　深圳市新型智慧城市标准规范体系框架

信息通信技术的各类标准与规范，包括物联感知标准规范、网络通信标准规范、计算与存储标准规范、数据融合与应用标准规范、平台与服务标准规范、接口及互操作性标准规范等。目前深圳市已对外发布的信息技术与支撑标准包括：SZDB/Z 120—2014《安全防范视频监控联网系统信息传输、交换、控制应用规范》、SZDB/Z 158—2015《交通运输行业视频监控联网系统通用技术要求》、SZDB/Z 143—2015《出租屋视频门禁系统技术规范》、SZDB/Z 159—2015《公共基础信息数据元规范》等。

安全与保障标准规范包含了安全通用技术与管理标准规范、基础设施安全标准规范、网络通信安全标准规范、数据与系统安全标准规范以及应用领域等所需的安全要求与管理规范。目前，深圳市主要以管理办法、制度规范等形式发布此类安全规范，主要包括《广东省网上办事大厅深圳分厅统一身份认证管理暂行办法》（深府办规〔2017〕10号）、《深圳市统一实名用户认证系统实名认证接口规范》（深经贸信息信安字〔2017〕238号）、《深圳市网上办事大厅统一身份认证平台业务系统接入规范》（深经贸信息信安字〔2017〕238号）、《深圳市网上办事大厅统一身份认证平台第三方信任源接入规范》（深经贸信息信安字〔2017〕238号）等。

建设与运维标准规范主要是对深圳市新型智慧城市在建设过程中涉及的规划、设计、组织实施、过程管理、评估验收等方面进行规范，对运维过程中需要的测试、运行、维护、运营等方面进行管理与规范。目前可参考的标准是SZDB/Z 5—2007《信息系统工程建设技术规范》，包括电子设备机房系统工程、通用布缆技术工程、计算机网络系统工程等几个部分。

应用领域标准规范主要涉及深圳市新型智慧城市在民生服务、城市治理、公共安全、城市运行管理、产业经济等各个领域的业务规范、流程标准、服务规范、评价标准等，应用范围包括政务服务、智慧气象、智慧校园、智慧医疗、城市管理、智慧交通、智慧停车、食品安全、应急管理等领域，主要标准规范包括 SZDB/Z 176—2016《政务服务体系构建（管理）规范》、SZDB/Z 300—2018《数字化城市管理》、SZDB/Z 274—2017《路边停车数据采集系统技术规范》等。

下文选取深圳市地方标准中具有实际应用价值的标准进行介绍。

4.6.3 城市基础设施标准规范

1. 基础网格

（1）制定背景

2006 年以前，深圳市大多数政府管理部门的实际工作基于城市片区管理，如城管、公安、工商、环保、统计、国土等。但各政府部门基于管理的需要，对城市片区的划分多种多样，全市并没有统一的基础网格。

为规范各政府部门管理片区的划分，实现跨部门间数据的统一与共享，同时为了落实全国数字化城市管理的试点城市的建设工作，深圳市人民政府办公厅发布了《深圳市数字化城市管理工作方案》（深府办〔2005〕169 号），并在该工作方案中提出了要“统一网格管理数字平台的建设标准，包括电子地图、遥感影像图、单元网格区划、事件部件编码、信息交换和接口等标准，使该系统具备扩展覆盖到其他部门和管理领域的功能”。深圳市规划局随后组织了 SZDB/Z 4—2006《深圳市统一空间基础网格》标准的制定工作，该标准于 2007 年 3 月 22 日发布，2007 年 4 月 1 日实施。

（2）主要内容

《深圳市统一空间基础网格》标准规定了深圳市统一空间基础网格的术语和定义、基础网格划分原则、“逐层叠加、迭代细分”的网格划分技术方法与成果表达、网格编码的规则和方法、基础网格单元数据要求等。

标准中确定了以“市区级—街道级—社区级—基础网格”逐步细化的划分方法，并对每个社区进行精细划分，多级网格数据形成能承载不同层次信息的网格金字塔，如图 4–26 所示。网格金字塔的骨架包括街道级网格、社区级网格和统一基础网格。网格金字塔进一步衍生为各政府部门工作网格，即基于网格金字塔骨架网格，按照部门或行业的应用需求聚合而成，不破坏骨架网格的完整性。通常，深圳大部分职能部门的工作网格落在网格金字塔中的社区级网格。

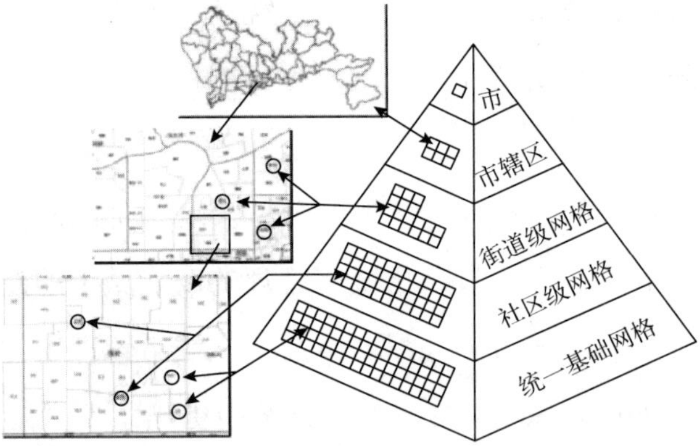

图4-26　深圳市统一网格金字塔数据模型

依据该标准，深圳全市被划分为 55 个街道级网格、625 个社区级网格和 8764 个基础网格，并在城管、规划、工商管理、租赁管理等相关部门得到很好应用。统一空间基础网格后续也成为“数字深圳空间基础信息平台”的基础数据之一。

同时，标准为每个网格单元赋予了一个四级 14 位的编码，如图

4–27 所示，按 6 位市辖区码、3 位街道办事处顺序码、3 位社区顺序码和 2 位单元网格顺序码来排序。该编码成为后续深圳市建筑物统一编码、社会管理要素统一编码的基础。

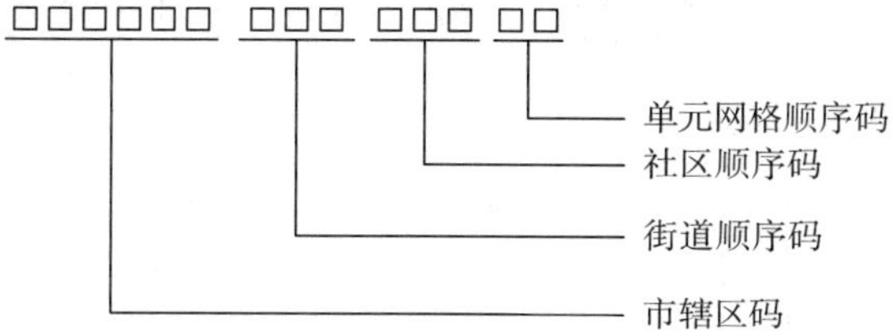

图4-27　基础网格单元编码

2. 建筑物编码

（1）主要内容

SZDB/Z 26—2010《建筑物基本指标、功能分类及编码》是深圳市在 2007 年和 2008 年建筑普查项目中形成的主要技术规范之一。该标准规定了深圳市建筑物基本指标、功能分类及编码的术语定义、指标解释、功能类别和代码、编码单元划分原则、编码方法、数据要求等内容。

该标准以 SZDB/Z 4—2006《深圳市统一空间基础网格》为基础，为深圳市建筑物分别赋予了统一的、唯一的建筑“身份证号码”。该编码由 19 位阿拉伯数字组成，前 14 位为空间基础网格编码，如图 4–28 所示。

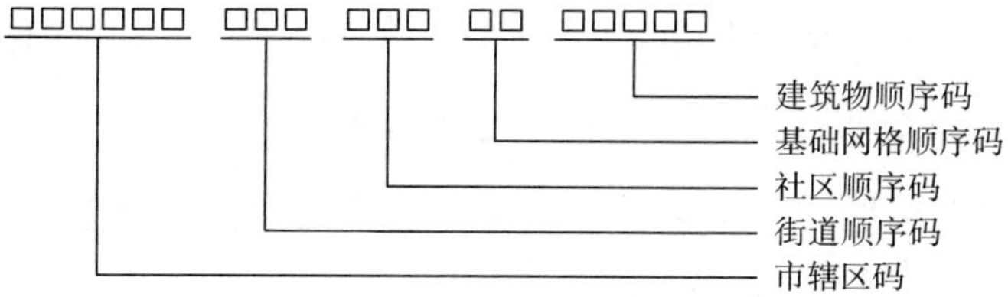

图4-28　深圳市建筑编码

（2）实施效果

该标准是全国首个为整个城市的建筑物进行编码的规范，也成为

“数字深圳空间基础信息平台”的基础数据标准之一，实现了深圳市跨政府部门的信息共享、统一管理。同时，深圳市的建筑编码也对公众开放查询，市民在“数字深圳空间信息网”上输入建筑编码，可以精确定位到建筑物的空间位置，同时也可以通过建筑物名称、地址等信息来查找建筑编码。

3. 统一地址

（1）制定背景

深圳市历来地址信息管理部门较多，分散在公安、规划国土、住建、网格管理等部门，如公安负责管理门楼牌，规划国土管理建筑物、小区和道路，网格管理部门负责采集实有房屋信息等。不同部门的地址信息之间相对独立，没有进行关联整合；不同的地址信息管理部门遵循各自的行业标准，地址格式和命名规范都不一致，缺乏统一的规范和标准，信息整合的难度较大。而统一的地址信息是建立精细化城市治理的重要基础资源，也是新型智慧城市建设不可或缺的信息化基础软设施[①]。

（2）主要内容

2016 年，深圳市政法委与市场和质量监管委牵头，组织制定了 SZDB/Z 281—2017《社会管理要素统一地址规范》，在遵循相关国家标准、行业标准和地方标准的基础上，规定了统一地址和社会管理要素标识的编码原则、方法和结构。在此基础上，为规范社会管理要素所在地址的表达形式，规定了基于统一地址的社会管理要素编码原则、方法和结构，如图 4–29 所示。

---

① 《深圳特区报》.社会管理要素有了“身份证号码”[EB/OL]. http://www.sohu.com/a/137363066_437326。

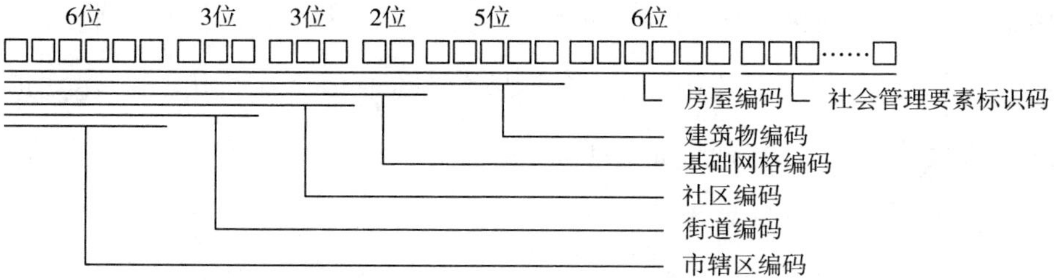

图4-29　社会管理要素统一地址编码规则

该标准的发布，一是为每一栋建筑物房屋赋予了25位的数字编码，成为房屋唯一的“身份证号码”。这一“身份证号码”同时关联了不同行业标准的房屋地址以及老百姓俗称、简称等非标准地址，以后在企业注册、市民办事等过程中，通过输入房屋地址的俗称、简称就可以简单快速地检索到该地址的具体位置。二是为建立社会管理“块数据”提供基础。统一地址涵盖了市、区、街道、社区、基础网格、建筑物、房屋等不同管理层级的空间地理信息，根据管理的精细需要，可按照不同的层级和辖区形成融合人、事、物等社会管理要素的“块数据”，服务基层“块治理”。三是为建立立体化网格管理和服务提供基础。统一地址规范了基础网格和工作网格的关系，实现了不同网格之间的联动和协同，建立了责任到网格、责任到人的管理和服务体系。

（3）实施效果

该标准发布后，深圳市委政法委联合市经信委、市规划国土委和市公安局等部门制定了《进一步完善全市统一地址库建设的实施方案》，提出将该标准的要求，从政府各部门和邮政（快递）等企业进行多渠道收集房屋地址信息，通过清洗整理、完善补充，建立全市统一地址基础数据库，包含市、区、街道、社区、基础网格、建筑物、房屋，以及道路、街巷、小区（自然村）、门楼牌、产权地址和地址俗称、简称、别称、曾用名等地址信息。按照该方案，深圳还将根据地址使用的需求，依托市政务信息共享交换平台，在全市统一建立地址服务发布渠道，实现地址信息服务一个出口，为政府和全社会使用统一精准的地址提供支撑[①]。

4. 地下管线

（1）制定背景

地下管线是城市的“生命线”。《国务院关于加强地下管线建设管理的指导意见》（国办发〔2014〕27号）要求“2015年底前，完成城市地下管线普查，建立综合管理信息系统”。《深圳市地下管线管理暂行办法》（深圳市人民政府令第265号）对深圳市地下管线信息管理和地下管线综合信息管理系统建设提出了明确要求。

2014年12月26日，深圳市人民政府办公厅发布《深圳市地下管线普查工作方案》（深府办函〔2014〕173号），要求在2015年底前，完成深圳市地下管线普查，实现地下管线基础信息的共建共享；同时结合深圳市地下管线规划建设实际情况和管理需求，制定《深圳市地下管线数据建库标准》，明确地下管线现有数据整合要求和普查数据标准。

（2）主要内容

2016年，深圳市规划和国土资源委员会发布《深圳市地下管线数据建库标准》，统一了全市地下管线数据标准，包括地下管线的数据提交规范、图形文件汇编要求、管线及项目编码规则、数据表的结构、不同类别管线代码及其属性等。

标准中将深圳地下管线分成八大类32小类，包括供水（给水、

① 光明网. 25位数字编码构成每一栋房屋唯一“身份证号码”[EB/OL]. https://baijiahao.baidu.com/s?id=1590246320779334362&wfr=spider&for=pc。

再生水、原水）、排水（含污水、雨水、暗渠化河道即含箱涵式排洪渠等）、电力（含供电、路灯等）、燃气、通信（含通信、交通信号、公共监控等）、工业（含石油、氮气、热力等）、综合管沟（含电缆隧道）、不明管线，具体如表 4–1 所示。

表4-1 《深圳市地下管线数据建库标准》中的管线分类

序号	管线大类	管线小类	序号	管线大类	管线小类
1	供水	给水	17	通信	通信（包括联通、电信、移动等）
2		再生水	18		有线电视
3		原水	19		广播
4	排水	雨污合流	20		电力通信
5		雨水	21		军用光缆
6		污水	22		交通信号
7		暗渠化河道（含箱涵式排洪渠）	23		监控信号
8	电力	供电	24		市政信息管道
9		输电	25		其他通信
10		发电	26	工业	石油
11		路灯	27		热力
12		直流专用线路	28		氮气
13		其他电力	29		废水
14	燃气	煤气	30		其他工业（氢气、乙炔、氨气等）
15		液化气	31	综合管沟（含电缆隧道）	综合管沟
16		天然气	32	不明管线	不明管线

（3）实施效果

结合深圳市地下管线普查工作，标准制定后，深圳市规划和国土资源委员会完成深圳市地下管线空间信息综合管理系统建设工作，开发质量检查、汇交入库、共享服务、在线服务、统计分析、安全保护、运维管理、一张图等 8 个子系统，搭建全市地下管线信息共享和交互的枢纽，为后续的地下数据管理及应用提供技术支撑，如图 4–30 所示。

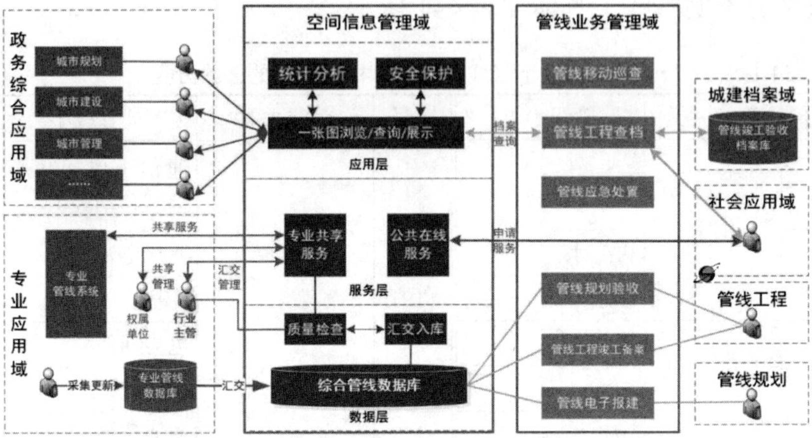

图4-30　深圳市地下管线系统总体结构

依据已制定的《深圳市地下管线数据建库标准》，地下管线数据生产单位可使用质量检查子系统进行数据自检，通过后再向市规土委汇交数据；而市规土委数据质检人员通过质量检查子系统对汇交的数据进行复检，通过复检后方可入库。地下管线一张图子系统可以为用户提供电子地图、遥感影像、公共设施等基础数据目录，以及按管线类型和权属单位分类的管线展示情况。

4.6.4　信息技术与支撑标准规范

1. 物联感知

（1）公安视频监控

• 制定背景

在公安部、广东省公安厅的任务部署下，深圳市公安局自 2006 年起先后开展三期较大规模的视频监控系统建设工程。2006~2009 年开展一期工程，政府投资新建了一类摄像头；2012~2014 年开展二期工程建设，新建了包括高清摄像头在内的一定规模的一类摄像头；2015 年 9 月启动三期工程建设，除了建设一类高清摄像头，还对原有标清摄像头进行高清改造[①]。

• 主要内容

SZDB/Z 120—2014《安全防范视频监控联网系统信息传输、交换、控制应用规范》正是在此背景下诞生的。该标准主要规定了深圳市安全防范视频监控联网系统的系统结构、命令流程、控制传输流程和协议基本描述、控制传输流程和协议扩展接口、音视频编解码及传输要求。该标准在 GB/T 28181—2016《公共安全视频监控联网系统信息传输、交换、控制技术要求》的基础上，对各项接口、协议的具体参数进行了定义。

• 实施效果

在上述标准的规范下，深圳市已将全市一类 6 万余个摄像头，二、三类 130 余万个摄像头进行了联网与控制。此外，深圳市公安局还出台《深圳市公安局关于加强视频管理工作的指导意见（试行）》《深圳一类点高清视频监控系统建设技术规范》《深圳市公安局入网摄像头管理规定（试行）》等，分别从系统建设、系统维护、队伍管理、防控应用、侦查应用、信息安全六个方面进行了细化，初步构建了一套可操作、可执行的深圳“警务标准”。

（2）交通运输行业视频监控

• 主要内容

为统一规范深圳市交通运输行业视频监控联网系统的技术要求，实现交通监控资源共享，发挥视频监控在交通安全管理中的作用，市

---

① 李石华，李胜锋，贾骅俊. 打造高效实战、智能安全的平安深圳视频全联网体系.中国安防.2018.5

交通运输委组织制定了 SZDB/Z 158—2015《交通运输行业视频监控联网系统通用技术要求》，主要对深圳市交通运输行业生产作业场所新建、改建和扩建的视频监控联网系统，如道路旅客运输站、城市公交场站、出租车候客场站、综合交通枢纽、机场、客运码头、货运码头、堆场、维修厂、驾校等场所的视频监控联网系统建设的技术要求进行规范。

该标准规定了深圳市交通运输行业视频监控联网系统的总体结构、系统功能与性能要求、摄像机选型与布设指引、传输、交换、控制要求及安全性要求。

图 4–31 展示了深圳市交通运输行业视频联网系统的架构，其中市域监控中心由交通运输主管部门建设，是全市交通运输行业视频监控联网系统的一级监控中心，负责接入、使用和管理区域监控中心的视音频信息。区域监控中心由交通运输主管部门建设，是全市交通运输行业视频监控联网系统的二级监控中心，负责接入、使用和管理辖区内监控管理单元的视音频信息，并上传共享给市域监控中心。监控管理单元由交通运输行业生产作业场所运营管理单位建设，是全市交通运输行业视频监控联网系统的基层监控单元，负责接入、使用和管理本单元前端设备的视音频信息；除满足自身业务需求外，还应向区域监控中心提供视音频信息。

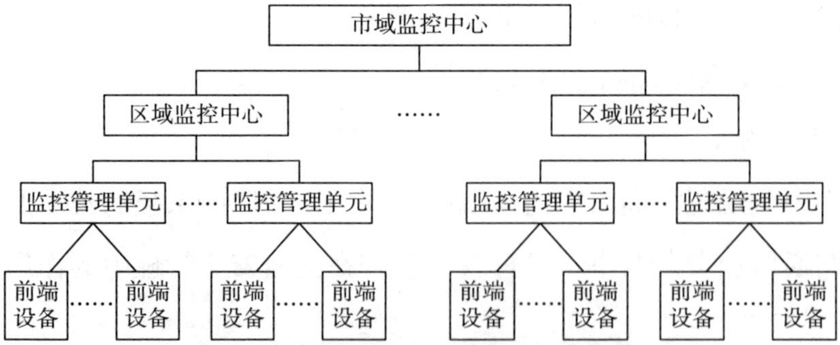

图4-31 交通运输行业视频联网系统架构

标准中对交通运输行业视频监控的摄像机的选型、布设、视频图像的质量等进行了规范。选型要求包括规定前端摄像机的可靠性、环境适应性、目标采集能力等；布设要求包括对室内、室外、出入口不同监控区域的人、车、设备等监控对象的监控效果、选型及布设进行了规定。编码方面则对涉及交通运输行业视频监控的区域、设备、网络标识、用户等进行了详细的规定。

该标准主要从政府管理角度，对深圳市所有交通运输行业的监控视频设备、信息传输交换控制、信息安全等内容提出了全方位的管理规定，为未来深圳市各场站中建设视频监控系统提供指导依据。

（3）出租屋门禁

• 制定背景

10 年前，深圳市 20% 以上的刑事案件直接发生在出租屋内，50% 以上的刑事案件与出租屋有关联，95% 以上的案件为外来流动人口所为。据统计，2016 年深圳市有人口 1667.7 万人，其中非深户籍流动人口达 1496.4 万人，80% 以上的流动人口都居住在出租屋内。为有效推进流动人口和出租屋管理工作，深圳在出租屋管理方面创建了一套工作体系、一个信息平台、一套编码制度、一支协管队伍、一项创建活动、一套门禁系统的“六个一工程”[①]。2015 年，深圳市综治办、综管办及公安局结合社会治安电子防控工程建设，在流动人口集中的“城中村”和老旧住宅区，大力推进视频监控 + 门禁系统工程建设，并制定发布了 SZDB/Z 143—2015《出租屋视频门禁系统技术规范》深圳市地方标准。

① 法制网.深圳“六招”以房管人破解出租屋管理治安难题 [EB/OL]. http://www.legaldaily.com.cn/zfzz/content/2016/04/19/content_6592866.htm

• 主要内容

SZDB/Z 143—2015《出租屋视频门禁系统技术规范》主要针对深圳新建、扩建或改建的"城中村"、老屋村、物业小区等出租屋视频门禁，规定了出租屋视频门禁系统的设计原则、系统技术要求、设备选型与施工要求、检验与工程验收等要求，其中系统技术要求部分对视频门禁系统的组成结构（见图 4–32）、功能要求、设备性能、权限管理、数据传输规范、安全要求等进行了规范。

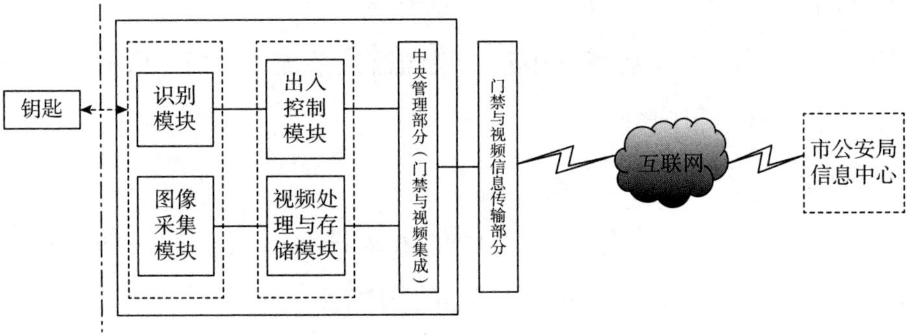

图4-32　深圳市视频门禁系统的组成结构

SZDB/Z 143—2015 标准中规定，门禁与视频等数据将通过互联网传输至市公安局信息中心。因此，标准中还对视频门禁系统的数据采集与传输要求进行了规范。

标准中规定了支持身份证、居住证的门禁钥匙。在实际应用中，安装了视频门禁系统的出租屋人员必须先到总监控室以二代身份证或居住证为门禁卡开通授权准入，实现"一人一卡、凭卡出入"，从而提高了流动人口智能化远程管理能力，提升了出租屋治安管理水平。据了解，2015 年全市出租屋案发数量比 2014 年下降了 11.2%。

（4）人员信息采集

• 主要内容

SZDB/Z 237—2017《社会公共场所人员信息采集系统技术规范》

是深圳市公安局安全技术防范管理办公室于2017年制定的标准化指导性技术文件，主要针对社会治安管理业务建立的公共场所人员身份信息采集、图像信息采集管理系统。

标准主要规范了系统组成、基本要求、功能要求、系统运行环境等方面的内容。其中，信息采集主要要求信息读卡器能支持二代居民身份证，同时建议信息采集器可兼容一代身份证、驾驶证、军官证、护照等证件，以及手机号码、住址的信息采集；图像采集主要规定了人脸图像的分辨率、在通用显示器上的显示效果等。此外，标准还规定了场所基本信息、人员基础信息的基本数据项及其标准。

2. 数据资源

（1）基础数据元

• 制定背景

2006年8月，深圳成为全国首个“国家电子政务试点城市”，出台了《关于加强电子政务工作的意见》等“1+8”系列文件，并提出了建设人口、法人、房屋三大基础信息库，加强政府信息资源共享，完善面向企业、事业单位及其他组织的公共服务系统。2008年，国家发布了GB/T 19488.2—2008《电子政务数据元　第2部分：公共基础元目录》，主要对包括人、机构、位置、时间、公文、金融等各类数据元进行了规范。2012年8月，深圳市原社工委（目前已并入深圳市政法委）发布了《关于印发〈深圳市公共基础信息资源库建设实施方案〉的通知》，对深圳市公共基础信息资源使用提出了更系统、具体的要求。2013年，深圳市原社工委启动了对深圳市的数据元情况进行调研与梳理，并多次组织了标准编写的研究讨论，最终于2015年12月9日正式发布了SZDB/Z 159—2015系列标准。

• 主要内容

SZDB/Z 159—2015《公共基础信息数据元规范》主要规定了深圳市政务信息化建设中涉及的公共基础数据元的分类和表示，并给出了详细的数据元目录，以及代码型数据元的代码值。该标准共包括四个部分：SZDB/Z 159.1—2015《公共基础信息数据元规范　第 1 部分：总则》、SZDB/Z 159.2—2015《公共基础信息数据元规范　第 2 部分：人口》、SZDB/Z 159.3—2015《公共基础信息数据元规范　第 3 部分：法人》、SZDB/Z 159.4—2015《公共基础信息数据元规范　第 4 部分：房屋》。

SZDB/Z 159.1—2015 标准规定了深圳市电子政务信息采集、共享中公共基础信息数据元的分类及格式、管理原则、组成要素、管理流程、管理工具等内容。

SZDB/Z 159.2—2015~SZDB/Z 159.4—2015 则对每个数据元的对象类、中文名称、内部标识符、定义、语境、对象类词、数据类型、数据格式、计量单位、值域、关系等内容进行了相应的规范，如图 4–33 所示。

数据元是用一组属性描述定义、标识、表示和允许值的数据单元。通过对数据元及其属性的规范化和标准化，不同用户可以对数据拥有一致的理解、表达和标识，实现跨系统的数据共享。数据元标准的制定是深圳市公共基础信息资源库、深圳市政务信息资源共享平台建设的基础。

• 实施效果

目前，深圳市人口、法人、房屋基础信息资源库已汇集了全市各部门 163 亿多条数据，形成了约 1747 万人口、335 万法人、83 万栋楼、

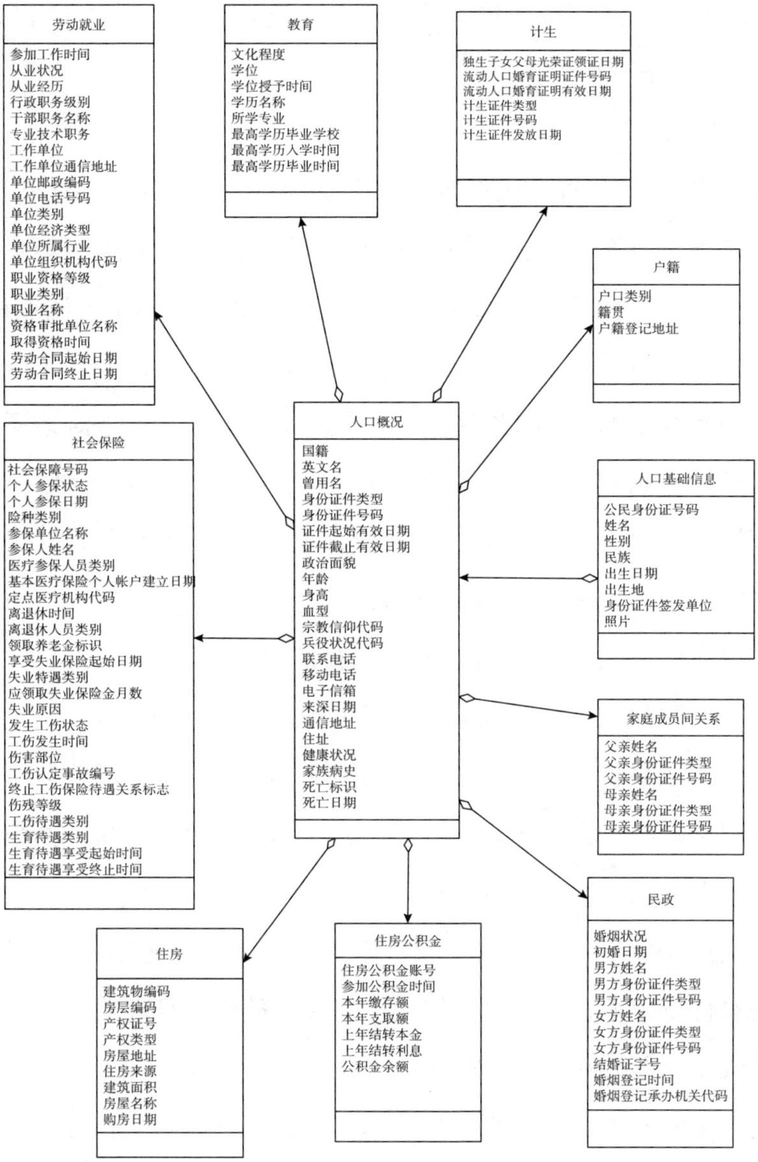

图4-33　SZDB/Z159.2—2015标准中给出的人口数据元框架

1379 万间房屋[①]的公共基础信息资源；并实现了人口身份证号码、法人组织机构代码、房屋编码的“三码关联”；同时结合空间地理信息

① 《深圳市经贸信息委关于报送广东省“互联网+”行动计划（2015~2020年）实施情况中期评估》，数据统计截止到2018年6月。

为领导决策、公共资源配置、政务服务与管理提供基础数据支撑。

（2）电子证照

• 制定背景

2014 年，广东省人民政府办公厅发布《2014 年广东省电子证照系统建设工作方案》，要求省内各市梳理电子证照目录，编制电子证照资源目录，并在广州、深圳等市优先进行电子证照系统试点建设和应用，但收效甚微。

2016 年 9 月 29 日，国务院发布《关于加快推进“互联网 + 政务服务”工作的指导意见》（以下简称《意见》）（国发〔2016〕55 号）。《意见》中提出，要“积极推动电子证照、电子公文、电子签章等在政务服务中的应用，开展网上验证核对，避免重复提交材料和循环证明；加快推进人口、法人、空间地理、社会信用等基础信息库互联互通，建设电子证照库和统一身份认证体系；明确电子证照、电子公文、电子签章等的法律效力；国务院办公厅组织编制国家‘互联网 + 政务服务’技术体系建设指南，明确平台架构，以及电子证照、统一身份认证、政务云、大数据应用等标准规范”。

为支撑深圳市“互联网 + 政务服务”改革，推进电子证照应用，提高政府行政效率，深圳市依据《广东省政务电子证照管理暂行规定》等文件规定，于 2018 年 4 月 19 日发布《深圳市政务电子证照管理暂行办法》（深府办函〔2018〕77 号）（以下简称《暂行办法》）。

• 主要内容

《暂行办法》中首先明确了“证照”与“政务电子证照”的定义与范围。证照是指各级行政机关、事业单位、其他法律法规授权的组织及依法受委托的组织颁发的各类具有效力的证件、执照、牌照及相关证明、批文、鉴定报告、办事结果等文件材料；政务电子证照是指各单位依法出具的各类不涉及国家秘密的证件、执照、牌照及相关证明、批文、鉴定报告、办事结果等文件材料的数据电文。

《暂行办法》包含了政务电子证照的管理使用基本原则、制证与签发、共享与使用、维护与安全、监督与检查等环节的责任单位、职责、规范要求等内容。其中，市政务电子证照管理单位负责制定全市政务电子证照的相关标准规范，而按照标准规范生成的政务电子证照，视为满足法律法规规定的原件形式和文件保存要求，与纸质证照具有同等效力，可以作为法定办事依据和归档材料。

政务电子证照原则上实行无条件共享，对于涉及商业秘密、敏感信息的政务电子证照，签发单位应当按照《深圳市政务信息资源共享管理办法》的有关规定，提供法律法规依据来确认是否共享及共享范围。

政务电子证照的使用分为人工查询和接口调用两种方式。人工查询是指使用单位工作人员通过市政务电子证照系统，人工查询政务电子证照信息。接口调用是指使用单位业务系统通过调用市政务电子证照系统的用证接口，获取政务电子证照信息。

而在安全管理方面，《暂行办法》规定，市政务电子证照管理单位应当采用身份认证、存取访问控制、信息审计跟踪等技术手段，建立政务电子证照制证签发、注销、更新、使用等全过程日志记录；日志记录保存期限不得少于20年。签发单位和使用单位也应建立相应的过程日志记录，日志记录保存期限不得少于使用政务电子证照所产生结果的保存期限。

• 实施效果

2017年10月3日，在深圳市公共服务综合信息平台上线运行发布会上，深圳市水务局局长签发了深圳首张政务电子证照，编号为20170929004的“取水许可证”（见图4–34）。《暂行办法》的发布，

图4-34　深圳市首张政务电子证照签发

有助于从深圳全市层面，对政务电子证照的建设标准、使用与管理、安全保障等进行全面的管理，避免各区建设使用标准不一致的现象。

目前，深圳市已按照广东省统一建设规范，建成市政务电子证照系统，并实现与省电子证照系统互联互通，以及与市网上办事大厅统一受理审批平台、统一申办平台、市统一身份认证平台、CA 交叉认证平台、市民网页和企业网页、市权责清单系统、市共享平台等对接。目前已有 222 个部门（33 个市直部门，189 个区属部门）进驻，市级已发布证照目录 409 种，并全部开通发证服务；10 个区目前已发布区级证照 676 个。全市电子证照开通率 98.2%，累计签发证照约 1926 万次，有效电子证照 1465 万张[①]。

3. 共性支撑平台

2014 年，深圳市信息化工作领导小组办公室印发《深圳市电子政务总体框架》（深经贸信息信安字〔2014〕107 号），提出电子政务公共平台由通用软件、应用支撑、云基础设施和政务网络四部分组成，如图 4–35 中下方条框所示。

2015 年 6 月，深圳市信息化工作领导小组办公室印发《深圳市电子政务公共资源管理暂行办法》（深经贸信息政资字〔2015〕17 号）及配套文件，简称“1+8”文件，具体包括：《深圳市电子政务公共资源管理暂行办法》《深圳市电子政务公共应用（平台）管理暂行办法》《深圳市政务信息资源共享平台管理暂行办法》《深圳市公共信息资

① 《深圳市经贸信息委关于报送广东省“互联网+”行动计划（2015~2020年）实施情况中期评估》。

源库管理暂行办法》《深圳市空间地理基础信息资源管理暂行办法》《深圳市政务数据中心管理暂行办法》《深圳市政务容灾备份中心管理暂行办法》《深圳市政务数字证书管理暂行办法》《深圳市党政机关外网管理暂行办法》。

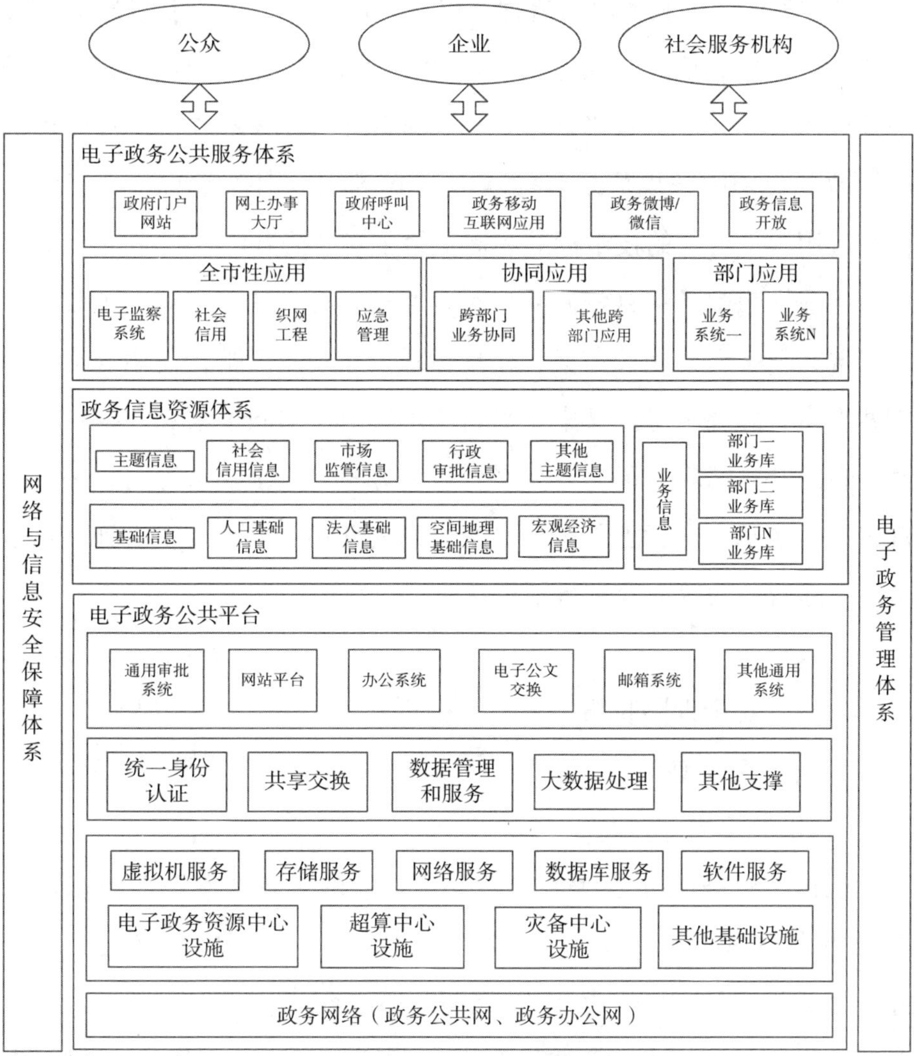

图4-35 深圳市电子政务总体框架

《深圳市电子政务公共应用（平台）管理暂行办法》中规定了电

子政务公共应用（平台）主要指支撑各党政机关业务应用的通用软件或平台，包括政务信息资源共享平台、政务网站生成平台、政务邮件系统、政务短信平台和其他支撑本市各级党政机关和相关单位管理和服务的公共应用(平台)。该暂行办法主要规定了电子政务公共应用(平台)提供的服务、服务申请流程、权限与管理要求、信息安全要求等。该暂行办法提到依托公共应用（平台）进行业务系统建设的，应遵循公共应用（平台）的技术规范。但目前除了 SZDB/Z 17—2008 深圳市电子政务应用服务规范系列标准（共 10 部分）外，深圳市电子政务公共应用（平台）的技术标准和规范暂未对外公开。

《深圳市政务信息资源共享平台管理暂行办法》中规定了政务信息资源共享平台的相关定义、共享目录发布规定、平台使用规范、运维和安全管理要求等。其中，平台使用规范中对政务信息资源目录编制、数据共享需求申请、共享平台服务方式、安全要求等内容进行了规定；运维和安全管理要求对共享信息的使用安全、技术措施、日常运维、违规行为等内容进行了规定。

4.6.5 安全保障标准规范

1. 统一身份认证

（1）制定背景

根据《国务院办公厅关于印发“互联网 + 政务服务”技术体系建设指南的通知》（国办函〔2016〕108 号）、《广东省人民政府办公厅关于印发省网上办事大厅建设 2017 年工作方案的通知》（粤办函〔2017〕265 号）等文件要求，深圳市经贸信息委会同深圳市政务办完成了深圳市网上办事大厅（简称市网厅）统一身份认证平台建设工作（简称市网厅认证平台），该平台于 2016 年 12 月底正式上线运行。

在建设平台的过程中，深圳市经贸信息委制定了网上办事大厅统一身份认证平台相关技术标准，主要包括《深圳市统一实名用户认证系统实名认证接口规范》《深圳市网上办事大厅统一身份认证平台业务系统接入规范》《深圳市网上办事大厅统一身份认证平台第三方信任源接入规范》（深经贸信息信安字〔2017〕238 号）三项技术规范，用于规范各单位在接入市网上办事大厅统一身份认证平台的业务系统过程中进行的系统改造、接入、测试上线。同时，为了规范广东省网上办事大厅深圳分厅统一身份认证平台的建设、应用、服务及管理，向用户提供安全可信的网上身份认证服务，深圳市经贸信息委联合市政法委、市法制办、市公安局、市政务办四家单位，开展了《广东省网上办事大厅深圳分厅统一身份认证平台管理暂行办法》（深府办规〔2017〕10 号）的编制工作，于 2017 年 12 月底由市府办公厅审核通过后正式下发。

（2）主要内容

《深圳市网上办事大厅统一身份认证平台业务系统接入规范》是按照深圳市网上办事大厅工作的总体要求制定的业务系统接入市网厅认证平台的指导性和规范性的文件，对主要业务系统接入市网厅的业务流程、接入方法、服务接口及数据项进行了详细说明。业务系统接入市网厅认证平台主要完成四个方面的对接内容：一是业务系统使用市网厅账号登录；二是通过市网厅单点登录进入业务系统；三是业务系统用户账号与市网厅认证平台用户账号进行关联；四是业务系统修改用户信息。

《深圳市网上办事大厅统一身份认证平台第三方信任源接入规范》主要对使用第三方信任源账户登入市网厅、业务系统的接口规范进行说明，而《深圳市统一实名用户认证系统实名认证接口规范》主要对在电子政务资源中心统一用户管理系统与应用系统进行实名认证的统一接口进行规范。

上述三个规范主要从技术角度约束了平台的接入要求，但政府各方在认证平台的职责、权利、义务上还未进行明确的规定。《广东省网上办事大厅深圳分厅统一身份认证平台管理暂行办法》对市电子政务主管部门、应用单位、第三方信任源提供单位、用户，在认证平台的建设、应用、管理及服务过程中的工作职责和工作管理进行了规定，对各方在认证平台中的权利义务、监督管理、服务方式、业务规则等提出具体要求，为实现认证平台“统一身份、单点登录”提供了可行的政策保障。

（3）实施效果

目前，深圳市已按照国家、省、市“互联网 + 政务服务”建设要求，制定相应的技术规范文件，建设全市统一身份认证体系，完成各单位业务系统的接入，并与广东省网统一身份认证平台进行对接，实现从省到市系统的单点登录。

目前，市网厅认证平台提供多渠道的实名注册、登录，除使用认证平台自注册账号登录以外，还支持第三方信任源的注册、登录（见图 4–36）。其中，法人用户支持税务局、市场监管委实名账户，自然人支持民生警务、惠民平台、微信、人脸识别等实名账户登录。这有助于充分利用已有实名账户系统，降低注册新账户的烦琐度。

2019 年 8 月以来，深圳市根据广东省“数字政府”建设要求，进一步统一全市实名认证体系，实现符合实名要求的用户，在统一身份认证平台登录一次，可以办理网厅所有业务，真正实现了“一个账号、全市通用；一次登录、全市通行”；“群众少跑腿、数据多跑路”的良好体验。

图4-36　市网厅登录界面

2. 网络与信息安全应急

（1）制定背景

依据中央网信办关于网络与信息安全相关工作的要求，在参考《国家网络与信息安全事件应急预案》《广东省网络与信息安全事件应急预案》等文件的基础上，2015 年深圳市经贸信息委印发了《深圳市网络与信息安全突发事件应急预案》（深经贸信息信安字〔2015〕45 号）（以下简称《应急预案》）。该预案旨在建立深圳市网络与信息安全突发事件应急工作体系，健全深圳市网络与信息安全突发事件的预防、处置、善后等工作机制，提高深圳市应对网络与信息安全突发事件的能力和水平，预防、减少网络与信息安全突发事件对深圳市造成的损失和危害，维护深圳的城市安全和社会稳定。

（2）主要内容

《应急预案》主要对网络与信息安全事件的分类分级、组织机构与职责、监测与预警工作要求、应急响应措施、应急保障、后期处置等内容进行了规定。

《应急预案》对有害程序事件、网络攻击事件、信息破坏事件、信息内容安全事件、设备设施故障、灾害性事件和其他信息安全事件

7个网络与信息安全事件进行了分类与分级，建立了Ⅰ级（特别重大级）、Ⅱ级（重大级）、Ⅲ级（较大级）、Ⅳ级（一般级）4个级别，并对各级的判定标准、应急响应的要求进行了详细规定。

（3）实施效果

《应急预案》发布后，深圳市经贸信息委按照预案定期开展网络与信息安全突发事件应急演练，协调网络与信息安全突发事件应急工作，2017年成功处置了4起突发事件，同时对网络与信息安全应急物资储备进行专项检查，确保了物资的真实性和可用性。

4.6.6 建设与运维标准规范

2007~2008年，深圳市原信息化办公室组织制定了SZDB/Z 5—2007《信息系统工程建设技术规范》系列标准，对深圳市信息系统工程建设过程中的技术要求进行规范。该系列标准主要包括以下几部分：SZDB/Z 5.1—2007《信息系统工程建设技术规范　第1部分：总则》、SZDB/Z 5.2—2007《信息系统工程建设技术规范　第2部分：电子设备机房系统工程》、SZDB/Z 5.3—2008《信息系统工程建设技术规范　第3部分：通用布缆技术工程》、SZDB/Z 5.4—2008《信息系统工程建设技术规范　第4部分：计算机网络系统工程》。

SZDB/Z 5.1—2007《信息系统工程建设技术规范　第1部分：总则》对信息系统工程建设的基本工作流程（见图4-37）及各阶段活动的要求做了详细的规定，并对标准各部分之间的关系做了概要说明。

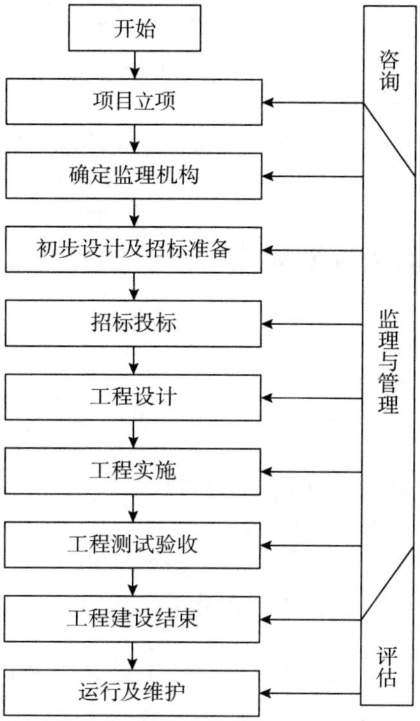

图4-37　信息系统工程建设基本工作流程

SZDB/Z 5.2—2007《信息系统工程建设技术规范　第 2 部分：电子设备机房系统工程》主要对新建、升级、改造电子设备机房工程中涉及机房场地、室内装饰系统、供配电系统、空调系统、消防系统、环境监控系统等各子系统的功能、性能、设备材料、环境安全等要素进行了规定。

SZDB/Z 5.3—2008《信息系统工程建设技术规范　第 3 部分：通用布缆技术工程》主要在 GB 50311—2007《综合布线系统工程设计规范》的基础上，对通用布缆系统中的工作区、配线子系统、干线子系统、建筑群子系统、设备间、进线间六个部分的功能、系统配置、敷设安装要求和涉及设备材料的检验验收等内容进行了详细规范。

SZDB/Z 5.4—2008《信息系统工程建设技术规范　第 4 部分：计

算机网络系统工程》主要对计算机网络系统中的各网络子平台，包括网络基础平台、网络服务平台、网络安全平台、网络管理平台、网络环境平台的功能、性能、安全、软硬件安装要求等进行了相应的规范。

4.6.7 应用与服务标准规范

1. 政务服务

（1）政务服务体系

• 制定背景

2014 年，国家发展和改革委等 12 部门先后发布了《关于加快实施信息惠民工程有关工作的通知》（发改高技〔2014〕46 号）、《关于同意深圳等 80 个城市建设信息惠民国家试点城市的通知》（发改高技〔2014〕1274 号）。2015 年 12 月 1 日，国务院办公厅下发了《关于简化优化公共服务流程方便基层群众办事创业的通知》（国办发〔2015〕86 号），提出要最大限度精简办事程序，减少办事环节，探索将部门分设的办事窗口整合为综合窗口，变“多头受理”为“一口受理”，积极推行“一站式办理、上门办理、预约办理、自助办理、同城通办、委托代办”等服务，消除“中梗阻”，打通群众办事“最后一公里”。

为推动政务服务流程与体制改革，深圳市政务服务管理办公室着力推动政务服务流程优化与服务方式的精细化改革，并总结形成了 SZDB/Z 176—2016《政务服务体系构建（管理）规范》、SZDB/Z 177—2016《行政服务大厅建设规范》、SZDB/Z 178—2016《行政服务大厅工作规范》、SZDB/Z 179—2016《网上办事大厅建设规范》等标准规范。

• 主要内容

SZDB/Z 176—2016《政务服务体系构建（管理）规范》构建了深圳市、区（新区）、街道办事处行政服务大厅和社区公共服务站为基本组成单元的深圳市政务服务体系的管理规定，主要规定了深圳市政务服务体系构建（管理）方面的术语和定义、政务服务工作基本要求、政务服务平台、政务服务管理机构、政务服务进驻部门、政务服务信息化、政务服务运行、政务服务质量监督和考核等方面内容。标准中提出了政务服务工作遵循“依法行政、公开公平、高效便民、集中集约、热情主动”的原则，秉行“一站式服务”理念，推行“一口受理、限时办理、规范办理、透明办理、网上办理”的服务模式。

SZDB/Z 177—2016《行政服务大厅建设规范》主要对行政服务大厅的规划、选址、名称标识、设施布局、服务设施、信息系统设施等进行了规定。目前，深圳市已建成了“市—区—街道—社区”四级的行政服务大厅体系，共包括 1 个市行政服务大厅、10 个区级行政服务大厅、75 个街道行政服务大厅[①]、600 多个社区四级服务工作站。其中，市行政服务大厅已进驻 35 家单位，设置窗口 107 个，后台卡座 112 个，可办理各类审批服务事项 1193 个，成为服务市民、企业和投资者的“第一窗口”[②]；此外，大厅建有面向公众的门户网站和大厅综合管理管理系统，在现场置办了排号机、触摸屏、大屏幕、等离子显示器、城市信息查询屏等服务终端，为办事群众提供智能化、场景式的便捷化服务（见图 4–38、图 4–39）。

---

① 深圳本地宝.深圳十区行政服务大厅地址、电话汇总[EB/OL]. http://sz.bendibao.com/news/2018529/804613.htm.数据截至2018年7月24日。

② 《经济日报》. 深圳市公共服务综合信息系统上线[EB/OL]. http://m.sohu.com/a/195740391_118392.数据截至2017年9月30日。

行政服务大厅
Administration Service Hall

图4-38　深圳市行政服务大厅标识

图4-39　深圳市行政服务大厅

SZDB/Z 178—2016《行政服务大厅工作规范》主要规范了各级行政服务大厅工作人员的基本要求、工作流程（包括咨询导引、受理、审查、办理、送达、收费等）、服务礼仪、服务行为等，同时给出了工作人员考评的参考办法。

SZDB/Z 179—2016《网上办事大厅建设规范》主要规定了集政务服务信息网上公开、投资项目网上审批、社会事务网上办理、公共决策网上互动、政府效能网上监察等于一体的网上办事大厅的建设要求、支撑组成、权责清单系统、安全要求、服务提升、评价与改进要求等。

在 GB/T 21061—2007《国家电子政务网络技术和运行管理规范》、《广东省网上办事大厅业务咨询接口规范》、DB44/T 1146—2013~DB44/T 1148—2013 行政审批事项等标准规范的基础上，制定了符合深圳实际情况要求的标准规范，具体包括网页设计要求、平台组成要求、宽带接入要求、数据要求和数据交换共享要求、支撑软硬件要求、安全与管理要求等内容。

• 实施效果

政务服务的系列标准文件是深圳市首次推出的政务服务工作规范，为政务服务规范发展，向申请人提供一致性、无差别、高标准的服务奠定了基础。在开展深圳市政务服务改革的过程中，市政务服务管理办公室相关负责人同时参与制定 GB/T 32168—2015《政务服务中心网上服务规范》和 GB/T 36112—2018《政务服务中心现场管理规范》国家标准，以“深圳经验”为全国政务中心网上服务的建设和管理提供规范指引。

此外，依据 SZDB/Z 176—2016《政务服务体系构建（管理）规范》提出“一站式服务、一口受理、限时办理、规范办理、透明办理、网上办理”的服务理念，深圳市已为社会公众提供一站式办理、同城通办、就近办理、网上办理、主动服务等各种便捷、创新的服务。以 2015 年底的数据为例，涉及民生领域的 10 家部门已完成 32 项一站式办理、105 项同城通办、59 项服务就近办理、135 项网上办理、342 项服务主动服务。

（2）“一门式一网式”政府服务改革

• 制定背景

2016 年 3 月 23 日，广东省人民政府办公厅印发《〈关于在全省推广一门式一网式政府服务模式改革的实施方案〉的通知》（粤府办

〔2016〕19号），要求全省依托实体办事大厅和网上办事大厅，整合部门分设的办事窗口和审批服务系统为政府综合服务窗口和网上统一申办受理平台，真正实现“一个门、一张网”办事。

2016年8月31日，深圳市人民政府办公厅印发《深圳市推进互联网+政务服务暨一门式一网式政府服务改革实施方案》。该方案中提出，要全面落实国家“互联网+政务服务”和广东省“一门式一网式”政府服务模式改革目标，结合深圳实际，创新政务服务模式，全力推进深圳政务服务“八个一”建设，即“一码管理、一门集中、一窗受理、一网通办、一号连通、一证申办、一库共享、一体运行”，实现服务内容更加集约、服务流程显著优化、服务模式更加多元、服务渠道更为畅通，群众办事满意度显著提升。其中，“一门集中”要按照“一门在基层”的要求，推动政务服务事项下沉基层，涉及自然人的政务服务事项原则上全部进驻街道实体大厅，涉及法人的政务服务事项分类进驻区级或市级实体大厅，少数专业性强的部门可根据业务需要保留少量专业办事大厅；“一网通办”要求建设网上办事大厅统一申办受理平台，将所有政务服务事项的入口和出口全部整合到统一申办受理平台，并与部门审批系统无缝对接，关闭各部门网站的在线办事入口，改为链接网上办事大厅统一入口，变多网受理为一网受理。

为落实“一门式一网式”政府服务模式，深圳市人民政府办公厅于2017年5月8日发布了《深圳市“互联网+政务服务”暨一门式一网式政府服务模式运行规则（试行）》（深府办函〔2017〕85号）（以下简称《运行规则》）。

• 主要内容

《运行规则》规定了“互联网+政务服务”暨“一门式一网式”

政府服务模式的实施主体及职责、事项分级分类进驻与管理、专业分厅设置与管理、窗口设置及职责、收件—受理—出件等业务流程、政务服务专用章使用、工作保障等七大方面内容。

《运行规则》中规定，“互联网+政务服务”暨“一门式一网式”政府服务模式改革是以“服务导向、统一标准、整体协同”的原则，在全市统一政务服务标准体系的基础上，依托各级行政服务大厅（含社区公共服务站）和统一申办受理平台，实行“前台统一受理、后台分类审批、窗口统一出件、全市一体运作”。

《运行规则》要求，凡是能通过网络共享复用的材料，不得要求申请人重复提交；凡是能通过网络核验的信息，不得要求其他单位重复提供；凡是能实现网上办理的事项，不得要求必须到现场办理；凡是与企业注册登记、年度报告、居民教育医疗、户籍户政等密切相关的事项，都要推行网上受理、网上办理、网上反馈，做到“应上尽上、全程在线”。

市政务服务管理部门负责全市统一申办受理平台（含PC、手机客户端、微信、自助服务终端等）的开发建设，网上、网下全市政务服务事项实行统一申办受理，包括在综合窗口统一收件、网上预审、统一出件。

• 实施效果

2017年9月29日，深圳市公共服务综合信息系统上线运行，该系统即按照《运行规则》要求开发而成，实现了市级1611项、区通用512项、区级983项权责清单在系统上受理服务①。

目前，深圳全市95%以上的事项可实现网上办理。比如医疗社

① 《深圳特区报》.市公共服务综合信息系统上线[EB/OL]. http://sztqb.sznews.com/PC/content/201709/30/c191509.html

保方面，基本实现预约挂号、结果查看、建档全流程服务，社保养老金领取已实现刷脸认证等；在教育方面，市民入学资格只需要两天就能完成网上入学资格的核验；在民生警务方面，广泛应用多功能警务服务终端，市民可自助办理港澳通行证签证、车辆违章处理和身份证换证申请等[①]。

2. 数字城管

（1）制定背景

深圳是国家住建部 2005 年确定的全国首批数字化城市管理 10 个试点之一。深圳数字城管信息系统（简称数字城管）工程分别于 2006 年和 2007 年分两批集中建设运行，目前已基本实现了全市覆盖。

在建设数字城管的过程中，深圳市城管局创立了“信息采集—案件建立—案件派遣—案件处理—处理反馈—案件核查—综合评价”闭环的工作流程，创新了城市管理的运行机制。同时，深圳市城管局总结形成 SZDB/Z 300—2018《数字化城市管理》系列标准，对多年来形成的信息采集智能化和问题处置的扁平化的工作经验进行了总结，具体包括：SZDB/Z 300.1—2018《数字化城市管理　第 1 部分：总则》、SZDB/Z 300.2—2018《数字化城市管理　第 2 部分：信息采集规范》、SZDB/Z 300.3—2018《数字化城市管理　第 3 部分：案件立案规范》、SZDB/Z 300.4—2018《数字化城市管理　第 4 部分：案件处置和结案规范》。

（2）主要内容

SZDB/Z 300.1—2018《数字化城市管理　第 1 部分：总则》主要对城市管理问题分类、数字城管的运行管理组织架构和职责、工

① 深圳要闻. 深圳95%以上事项可网上办理[EB/OL]. http://www.sznews.com/mb/content/2018-08/20/content_19898535.htm

作流程进行了规定；还给出了数字城管与智慧城管的定义。数字城管是指“采用万米单元网格管理法和城市部件管理法相结合的方式，整合应用多项数字城市技术，运用城管通等信息采集工具，创新信息实时采集传输的手段，创建城市管理监督和执行相互分离协作的管理体制，再造城市管理流程，从而实现精确精细、敏捷高效、全时段、全方位覆盖的城市管理模式”；智慧城管是指“在原数字化城市管理基础上，通过对作业流程的再造，对管理机制的革新，运用云计算、物联网、移动互联网和大数据等新一代先进信息技术手段，从而实现对管理事项作业的标准化、精细化和智能化的新型城市管理模式”。

SZDB/Z 300.2—2018《数字化城市管理　第2部分：信息采集规范》明确了深圳市数字城管中案件信息的采集人员工作要求、信息采集区域和内容、信息采集的方式、采集过程、采集工具及采集要求等；还规定了信息采集的操作流程、社会公众举报流程与操作要求等。目前，深圳“数字城管”已拥有“12319”热线电话、“美丽深圳”微信公众号、“美丽深圳”App、微信城市服务平台及智慧城管网站“五位一体”的社会公众举报入口。

SZDB/Z 300.2—2018 标准中还详细规定了数字城管部件类与事件类案件的分类与信息采集标准。例如，给水井盖 / 上水井盖的案件信息采集标准包括丢失、破损超过 0.005 平方米、移位、振响、凹陷或突起、基础隆起或塌陷或井基破损等。目前，深圳市城市部件类案件共分为公用设施类、交通设施类、市容环境类、园林绿化设施类、其他等五大类 132 小类，事件类案件共分为市容环境、宣传广告、施工管理、突发事件、街面秩序、其他事件等六大类 80 小类，相比于 2015 年城市部件类案件七大类 124 小类和事件类案件六大类 76 小类，有一定程度的增加，对于精细化地管理城市中发生的各类违规案件起到了良好的效果。

SZDB/Z 300.3—2018《数字化城市管理　第 3 部分：案件立案规范》主要规定了数字城管案件的立案流程、立案要求，以及问题登记、现场核实、审核立案、案卷建立、案件分拨派遣中的注意事项等内容，同时还对各类案件的立案条件与专业部门等进行了规范。

SZDB/Z 300.4—2018《数字化城市管理　第 4 部分：案件处置和结案规范》主要规定了案件处置与结案的一般要求、处置和结案流程，以及案件处理、结果反馈、案件核查、案件办结过程中的注意事项。

3. 智慧交通

（1）制定背景

深圳市交通运输委员会于 2014 年 7 月正式开展智慧路边停车管理系统工程的建设，综合运用射频、手机通信以及泊位自动监控等技术，打造“判定精准、使用方便、结算便捷、技术稳定”的智慧路边停车管理体系，为提高深圳市城市路网的整体运行水平、破解停车困局、有效缓解交通拥堵提供了新思路。

SZDB/Z 274—2017《路边停车数据采集系统技术规范》系列标准共包括 6 部分内容：SZDB/Z 274.1—2017《路边停车数据采集系统技术规范　第 1 部分：总则》、SZDB/Z 274.2—2017《路边停车数据采集系统技术规范　第 2 部分：车位检测器》、SZDB/Z 274.3—2017《路边停车数据采集系统技术规范　第 3 部分：中继器》、SZDB/Z 274.4—2017《路边停车数据采集系统技术规范　第 4 部分：网关》、SZDB/Z 274.5—2017《路边停车数据采集系统技术规范　第 5 部分：手持巡检终端》、SZDB/Z 274.6—2017《路边停车数据采集系统技术

规范　第 6 部分：通信协议》。

（2）主要内容

SZDB/Z 274.1—2017《路边停车数据采集系统技术规范　第 1 部分：总则》规定了深圳市智慧路边停车数据采集系统的总体架构（见图 4–40）、功能要求、系统性能等内容。智慧路边停车管理系统由前端数据采集系统和后端业务管理系统组成；数据采集系统包括无线地磁车位检测器、中继器、网关和手持巡检终端四类停车设备，通过无线地磁感应、无线组网通信等技术手段，能实现泊位状态信息、设备状态信息、违停取证信息等的自动采集和上传；业务管理系统即路边停车管理的指挥中枢，具备停车设备管理、车位管理、交易处理、费用结算、客户服务等功能，并能与政府交通部门的交通管理平台实现数据交互，为停车诱导、停车信息发布等提供数据支撑（见图 4–41）。

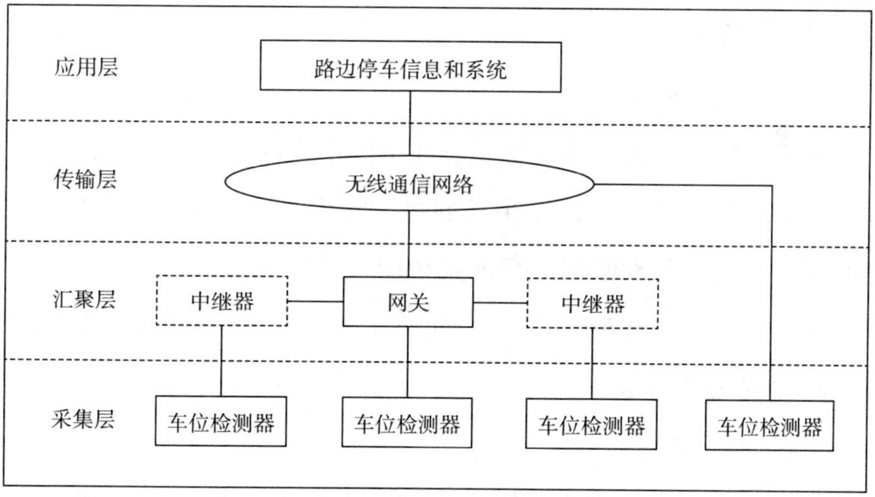

图4-40　路边停车系统总体架构

图4-41 路边停车系统技术原理

SZDB/Z 274.2—2017~SZDB/Z 274.5—2017 分别规定了车位检测器、中继器、网关、手持巡检终端的基本功能要求和关键的性能指标。

SZDB/Z 274.6—2017《路边停车数据采集系统技术规范 第 6 部分：通信协议》规定了网关与后台业务管理系统之间的通信协议栈、数据传输流程、数据格式及编码规则等，确保前端数据采集系统提供给后端业务管理系统之间的数据标准化。

（3）实施效果

深圳市智慧路边停车管理系统在全国范围内开启了无人值守的智慧路边停车收费新模式，车主可通过“宜停车”App、微信或支付宝实现自助缴费，非常便利。目前系统运行总体保持稳定，运行准确率在 99.8% 以上，平均每日用户有效投诉量 27 件，有效投诉率仅 2‰[①]。

4. 食品安全监管

（1）制定背景

2015 年 8 月，深圳市被纳入全国第二批国家食品安全示范城市创

① 易晓珊，李媛红. 深圳市智慧路边停车关键技术研究及标准化探索[J]. 第14届中国标准化论坛论文集. 2017

建试点，创建工作围绕食品药品安全重大民生工程、食用农产品质量和安全保障工程等开展。2015 年 12 月 30 日，国务院办公厅印发《关于加快推进重要产品追溯体系建设的意见》，提出到 2020 年，全国追溯数据统一共享交换机制基本形成，初步实现有关部门、地区和企业追溯信息互通共享[①]。

为推进深圳食品追溯体系建设，深圳市市场和质量监督管理委员会组织建设了深圳市食品安全追溯信用管理系统，并与深圳民生服务平台“我的深圳”App 和“深圳食事药闻”小程序实现了数据对接。在开展食品安全追溯系统建设的过程中，深圳市市场和质量监督管理委员会制定了 SZDB/Z 219—2016《食品安全追溯信息记录要求》、SZDB/Z 220—2016《食品安全追溯数据接口规范》等标准，统一了全市在食品安全追溯方面的数据与系统接口规范。

（2）主要内容

SZDB/Z 219—2016《食品安全追溯信息记录要求》主要规范了食品生产、经营、贮存、运输过程中涉及的所有组织的追溯信息记录要求，对深圳市食品生产经营过程中的信息记录要求进行了统一。标准中规定了食品生产者、食品经营者、物流商、集中交易市场的开办者、柜台出租者和展销会举办者、网络食品交易第三方平台提供者和自建网站交易食品的生产经营者涉及的记录文件、标识要求、记录内容以及关键要素等信息，并对企业及产品的证照类别进行了规范。SZDB/Z 220—2016《食品安全追溯数据接口规范》主要规定了食品安全追溯各信息系统间进行数据交换的各类数据接口方法和调用说明。

---

① 深圳新闻网.完善追溯体系打造食品安全深圳标准 [EB/OL]. http://news.sznews.com/content/201707/20/content_16774645.htm

SZDB/Z 219—2016《食品安全追溯信息记录要求》和 SZDB/Z 220—2016《食品安全追溯数据接口规范》是食品安全追溯过程中食品生产流程相关机构、人员等对食品信息的记录与通过系统调用信息的规范，在深圳市食品安全追溯体系建设中起了基础规范统一的作用，避免了不同企业之间对食品信息记录的不对称、不同系统间数据标准不一致、数据无法共享等问题。

（3）实施效果

依据上述两项标准，深圳市食品安全追溯信用管理系统不仅在天虹、华润万家、沃尔玛等多家商超全面铺开使用，未来还将延伸至农产品、电商产品的追溯。该系统不仅将企业追溯链条主体和客体的数据收集起来，还通过商超和企业的日常应用、交流，将追溯平台变成政府监管部门、食品经营企业、食品生产企业关于食品安全风险监测、舆情监测和风险交流的知识共享平台。通过该系统，可为食品生产经营者提供索证索票、食品安全风险评价、供应商信用评价、风险交流、风险监测预警、舆情监测等一系列服务，实现深圳市监管即服务的理念。

此外，深圳市食品安全追溯体系中还开发了食品安全追溯 App，包括监管查询 App 和公众查询 App。在使用过程中，政府监管部门通过监管查询 App，扫描商品条码，即可查询到商超详情和供应商详情，包括商超和供应商基本信息及证照信息；消费者使用公众查询 App 进行扫码查询，可获知所购食品基本信息及产品追溯信息，包括产品图片、成分与配料、生产许可 QS 编号、生产地等信息，了解产品的生产和流通情况，降低食品安全风险。

除了制定上述标准以外，近年来，深圳市在解决食品安全问题和提升食品安全治理能力方面开展了大量的标准化、规范化工作。2015

年至今，深圳市还发布了 SZDB/Z 163—2016《预包装食品索证索票规范及电子记录要求》、SZDB/Z 164—2016《基于追溯体系的预包装食品风险评价及供应商信用评价规范》、SZDB/Z 217—2016《食品可追溯控制点及一致性准则》、SZDB/Z 218—2016《食品可追溯一致性认证审核指南》、SZDB/Z 256—2017《餐饮业食品安全管理规范》等一系列的食品安全管理标准规范。

2018 年 1 月 12 日，国内首部针对食品安全监督的专门法规——《深圳经济特区食品安全监督条例》（以下简称《条例》）经深圳市第六届人民代表大会常务委员会第二十二次会议审议通过。《条例》中授权深圳市有关部门制定严于国家或者广东省标准的食品安全标准，包括食品质量、营养健康、过程控制等；还规定，应建立统一的食品安全信息平台，一是对食品安全追溯体系、食品安全舆情信息等建立食品安全指数信息，二是归集行政许可、食品检验及监督抽样检验等安全信息并依法公开。

2018 年 5 月 21 日，深圳市人民政府印发《实施食品安全战略建立供深食品标准体系打造市民满意的食品安全城市工作方案（2018—2020 年）》，提出要“结合国家食品安全示范城市创建考核指标，补齐深圳市食品安全短板，构建供深食品标准体系，打造‘巡查网、检测网、执法网’三网立体智慧监管和以食品安全信息公示为核心的社会监督体系，构建从农田到餐桌全链条、从线下实体店到线上电商交易和市、区（新区）、街道、社区全覆盖，从质量安全保障到品质营养提升的全方位食品安全治理体系”，具体任务包括完善以全过程管理与风险防控为重点的供深食品法规体系和技术标准体系，建立标准比对—标准研制—标准跟踪评价和标准实施应用的信息化平台，建设食品安全智慧监管平台等。

从制定食品安全管理“深圳标准”，到颁布特区条例，再到出台各项工作方案，深圳市从法制保障、标准制定、工作分解等方面全方位推进食品安全战略实施落地，使深圳的食品安全法制环境得到全面加强，从根本上提高深圳的食品安全治理能力。

第 5 章

深圳新型智慧城市案例与建设成效

行胜于言，实践出真知。深圳作为改革开放的排头兵和试验田，先行先试，敢于第一个吃螃蟹，许多领域均走在全国的前列，在城市运行管理中心、织网工程、互联网法院等方面做出了特色。

本章从智慧城区、打牢共用、整合通用以及开放应用四个方面总结近几年深圳新型智慧城市实践，为产业界深入探索智慧城市新模式和新业态提供借鉴。

5.1 新型智慧城区

5.1.1 智慧福田

1. 概述

福田区隶属于广东省深圳市，是深圳市中心城区和市委市政府所在地。2017 年 6 月，福田区被确定为深圳市新型智慧城市建设试点区。

福田新型智慧城区建设是深圳市新型智慧城市标杆市建设的重要组成部分。以《深圳市福田区国民经济和社会发展第十三个五年规划纲要》《深圳市新型智慧城区标杆市顶层设计》为依据，按照市第六次党代会部署，立足城区核心区优势，尊重城区发展规律，福田区将新型智慧城区建设作为加快建设一流国际化中心城区和率先落实“四个全面”的首善之区的重要举措，全面提升经济、社会、民生、生态的发展质量，建成高质量的全面小康社会。

2. 建设目标

以“福田区智慧城市指挥中心”为核心，以“预警监测S平台、综合治理M平台、决策支持A平台、公共服务R平台、基础技术T平台”为载体，开发“100+”应用系统，构建“一中心、五平台、百系统”的SMART新型智慧城区架构，打造可感知、会思考、善指挥、有情感、能记忆的“最强大脑”，推进政府决策科学化、风险防范智能化、社会治理精细化、公共服务高效化，不断提升人民群众的获得感、幸福感、安全感。

3. 建设内容

（1）建设预警监测S（Surveillance）平台，构筑“负一秒”风险防控机制

构建智慧福田“最强大脑”感知中枢，通过“物理感知”与“情绪感知”，广泛布设监控探头、传感器，实时采集数据，汇集分析社情民意，全方位、无死角监测经济发展、社会稳定、安全生产等重点领域，第一时间发现风险、控制风险、化解风险。同时，依托监测产生的数据和案例，构建分析模型，掌握发展规律，推动防控体系由事中事后处置转向事前预测预警。

一是绘制经济运行“晴雨表”。规划建设金融大数据监测、政府投资项目履约评价共享、经济社会运行监测等系统。2017年底国内首个集监测、预警、分析等多项功能于一体的可视化城市经济数据系

统——经济社会运行监测系统上线运行，通过融合政务、网络、企业数据，实时分析福田区经济运行的状况，对发现的问题及时预警，对未来的发展趋势作出预测。已建成的金融大数据监测系统结合福田作为深圳金融中心的定位，运用金融大数据监测辖区 58 万余家企业，筛选出高风险企业 23 家，中风险企业 67 家，低风险企业 4690 家，为福田经济健康稳定发展提供了保障。

二是加装风险防控“报警器”。规划建设舆情监测、社会隐患监测、劳资纠纷预警等系统。其中，舆情监测系统实时获取网络舆情，汇总分析预警特定领域、重点行业、突发公共事件的负面情绪，及时向有关部门通报，采取措施提前防控，2018 年共预警舆情 499 宗，其中重大舆情 59 宗，均在 30 分钟内完成应急响应，91% 控制在 5 分钟内。社会隐患监测系统收集全区各类矛盾纠纷信息，根据金融、教育、医疗等重点领域涉稳事件特点，及时研判、尽早处置，最大限度减少不稳定因素影响，共排查不稳定隐患 53 宗，成功预警并妥善处置千人以上规模群体性事件 2 起，群体性事件数、人数同比分别下降 32.4% 和 43.4%。在 2017 年 9 月全国维稳工作会议上，福田区作为唯一的县区级代表对系统作了交流介绍，得到中央政法委领导的高度肯定。

三是织密城区安全“防护网”。在安全生产领域规划建设“安全隐患一张图”、危险边坡智能监测预警、地陷智能监测预警等系统。其中，“安全隐患一张图”对辖区公共安全风险点进行调查、辨识、评估、建档，共排查并标定城市工业、人员密集场所、公共设施和其他需要关注的四大类 570 个危险源，为全区有针对性地开展安全排查管控提供依据，目前已通过视频监控、传感设备、热力图等方法实现危险源日常情况和异常状态实时掌握。安全生产动态监测管理等系统已在消防、边坡、地陷、危化品企业等公共安全领域开展了实时监测试点，取得了良好效果。2018 年建成的物联感知系统，将感知触角延伸到工业区、商贸区、居民小区等领域，找出“痛点”，查出“病灶”，为城区治理和决策提供“第一手资料”，保证中心城区健康、稳定、协调、有序运行。

（2）建设综合治理 M（Management）平台，构筑“全链条”平战指挥机制

构建智慧福田“最强大脑”控制中枢，打通司法、公安、交通、安监、消防、环保、文化等条状业务系统，突破部门间的信息壁垒，实施共联共享运行机制，减层级、简流程、平战结合，实现日常管理的效率提升、应急指挥的统一联动和社会治理的方式优化。

一是日常管理“扁平化”。规划建设智慧城市指挥中心及运营、智慧街道工作等系统，优化政府工作流程，减少审批环节，提高办事效率。在建的智慧城市指挥中心及运营系统，充分发挥核心枢纽作用，把区、街道、社区、网格四级统一纳入管理，将问题和隐患细分为 14 类 255 项，由平台受理后自动分类、直接分派到网格员手上，网格员第一时间处理反馈，并全流程记录，更及时、全面地倾听群众呼声，聚焦群众关切，让问题件件有落实，诉求件件有回应。已建成的智慧街道工作系统，连通智慧城市指挥中心，将街道平台与安监、统计、环保、综治、城管等部门的数据融合、业务联通，只用一个口令即可登录各部门系统，工作状态一窗展示，辖区情况一目了然，实现街道管理工作“一盘棋”。2018 年 4 月，在福州召开的数字中国峰会上，福保街道推行“监管一盘棋、服务一层级、共治一家亲”，运用智慧手段倒逼基层机制改革的做法，作为典型案例在现场进行了交流展示，得到了参会领导的高度肯定。

二是应急指挥“一体化”。规划建设智慧应急指挥系统、智慧三

防指挥系统、智慧反恐系统等。其中，智慧应急指挥系统对接深圳城市运行管理中心和部门业务系统，实现整体联动，一旦发生公共突发事件，指挥中心统一发出指令，第一时间调动各部门力量参与救援处置。自 2019 年初运行以来区总值班室已处置各类突发事件 718 宗。智慧三防指挥系统实时调用全区各类视频监控和地图资源，建设仿真城市模型，形成空中、地面、地下、建筑物内实景和 3D 模拟，让指挥员准确了解现场情况，准确判断事件态势，准确下达命令，确保应急指挥科学高效。

三是社会治理“精细化”。规划建设智能查违、公共设施“亮身份”应用等系统。其中，已建成的智能查违系统在全国首创将“天眼 3.0”高精度 3D 激光雷达测绘技术和无人机飞行监测运用到查违领域，其中 3D 激光雷达分辨率比卫星遥感监控高近 20 倍，准确率由 3.3% 升至 80% 以上，违建出现 1 天即可认定，现已在花卉世界、香蜜湖度假村等重点区域推广，标本兼治解决城区违法建筑“毒瘤”。智慧消防系统让消防员在出警时即可了解指挥中心发送的事故现场的建筑结构图、具体起火点、起火原因、室内人员等情况，为抢险救援争取时间。公共设施“亮身份”应用系统为路灯、井盖、报亭等设施贴上“二维码”，通过手机微信、QQ 等扫描二维码，可快速查看设施名称、产权单位、责任人、设置情况等内容，有效解决设施管理权属难核实、问题难发现、违法设施难认定的“三难问题”。

（3）建设决策支持 A（Advice）平台，构筑“多维度”分析研判机制

构建智慧福田“最强大脑”决策中枢，以数据为基础客观展现相关领域运行现状，针对经济、民生、城区治理等业务领域，提供全方位的数据服务和全过程的分析研判，为政府科学决策提供参考依据。

一是以问题为导向，让决策者“运筹帷幄”。规划建设问题导向辅助决策系统，通过建立“六库”，即政务知识库、案例库、预案库、模型库、问题库、感知库，在社会治理领域从发现问题入手，多角度分析问题成因，模拟演变过程，找准发展趋势，辅助领导决策，有效解决长期困扰社会的“顽疾”。福田区在运用大数据和模型推演方式分析、解决问题的探索上，有望为全市、全省乃至全国探索可复制可推广的经验。

二是以数据为关联，让决策者“心中有数”。规划建设区大数据决策支撑系统和可实时监测城区质量指数系统。在建的区大数据决策支撑系统，将社会运行数据以统计表、态势图等形式呈现，为城区功能定位、重大产业布局、基础设施建设提供决策参考。可实时监测城区质量指数系统围绕全区产业发展、城区建设、城市管理、民生服务、生态环境等领域，抽取有代表性、关键性的指标数据，运用大数据形成福田城区质量指数体系和《质量发布报告》。

三是以需求为指引，让决策者“成竹在胸”。规划建设环保应用云、海绵城区基础设施智能化改造等系统。其中，在建的红树林生态公园综合监测系统，以红树林生态公园为试点，对公园生态环境、水环境、气象信息、生物多样性等进行动态监测，推进公园智慧化管理。正在规划建设的环保应用云系统，将对大气、水体、噪声等环境质量数据开展实时监测，结合群众对环境问题的意见建议，深入分析污染原因、准确查找污染源头，科学制定生态环境改善的决策，让福田青山常在、绿水长流。

（4）建设公共服务 R（Resources）平台，构筑“不打烊”服务便民机制

构建智慧福田“最强大脑”情感中枢，通过创新方式、优化流程、

提升效率，向企业和居民提供全天候、多元化、有温度的服务，促进辖区生活便捷化、优质化，让群众更省时、省力、省心。

一是让群众更省时。规划建设智慧法院“巨鲸智”、云上公证、智慧福田 App 移动门户系统。其中，2017 年底试运行的智慧福田 App 移动门户对接政务服务大厅和网上办事大厅，提供 15 类 212 项服务，实现第一批 34 项政务全流程“掌上办”，群众只需提供电子化材料，预审通过后直接转入后台处理。未来将实现全部审批事项 App 办理，让群众操作手机即可完成全部业务，有效节省了办事时间。

二是让群众更省力。在建的创新行政审批服务模式，按照“全国行政许可权相对集中试点区”要求，开展“互联网 + 政务服务”，率先试点政务服务“24 小时不打烊”，打造全市首个覆盖事项最多、服务功能最全、窗口完整闭环的政务服务自助专区，实现群众办事 24 小时自助查询、智能咨询、自助业务申办、自助取件的全链条一体化自助模式。以区政务服务大厅为龙头、街道政务服务分厅为支撑、网上办事大厅为载体，开展全区政务服务一体化建设，做到全区政务服务 LOGO、门牌标识、窗口人员服务标准“三统一”，年均受理各类审批服务事项超过 90 万件。同时运用大数据和云平台，整合政务服务大厅、网上办事窗口、微信公众号、自助终端、服务热线等不同的用户认证渠道，实现“一扇门”进出、“一窗口”受理、“一张网”覆盖、“一层级”办结，变群众“来回跑”为部门“协同办”，最大限度地提升效率、方便群众。

三是让群众更省心。规划建设人口健康信息共享服务、心理健康综合服务、智慧社区服务等系统，贯彻以人为本的理念，为企业和居民提供全生命周期的主动式服务，成为居民成长生活的知心人、见证人、陪伴人。已建成的人口健康信息共享服务系统汇集 5 家区属医院医疗资源，实现影像资源共享及业务协同，通过共享电子健康档案，解决患者在医院与社康中心之间上下转诊问题，提供转诊服务 25000 余次。在建的医养一体化养老服务系统建立老年人基础信息数据库，面向社区老人、养老机构、社康中心，提供实时、多样、个性化居家智能照护服务。在建的公共文化综合服务系统“多渠道”整合网站、微信、App，打造“指尖上的图书馆”，开发移动借书、阅读地图、在线读书、文献下载等功能，初步完成梦工场和音乐书画主题馆等数字化建设，通过监控预警、扫码签到让场馆的安全随时可控，大数据分析准确掌握群众共性和个性需求，提高公共文化服务的精准度。

（5）建设基础技术 T（Technology）平台，构筑“大集成”应用支撑机制

构建智慧福田“最强大脑”记忆中枢，在全区建立统一的大数据云服务平台，为智慧城区运行提供基础支持，从源头实现数据共融、资源共用和服务共享，实现数据的统一监管、互联互通、网络安全。

一是突出“数据共融”，向全区提供数据集中共享的“蓄水池”，实现全区政务、社会数据汇聚集中、开放共享。规划建设大数据云服务、政务数据开放和公共数据开源创新系统，打通壁垒，实现数据整合、随用随取。截至目前，全区各部门累计共享数据 4500 万条，区级数据中心累计获取各类数据 4.3 亿条。出台政务信息共享通报制度，建立信息共享绩效考核机制，对 54 个被评估单位开展“信息共享”绩效考核工作，梳理 1 000 多个数据项纳入 2017 年、2018 年考核评估，有效扩大业务部门数据共享范围，建立了市区、区内部门之间的数据同步更新机制，解决了数据陈旧化、碎片化、共享不完整问题，让数据保持“鲜活”。

二是突出“资源共用”，向全区提供资源集中共用的“智慧库”，

实现全区资源集约建设，按需共用。规划建设社会要素交易、数据资源体系和二维、三维地图服务系统。2017 年 4 月，建成全国首个社会要素交易平台，对优质项目、企业、资金进行智能匹配，实现政府、企业、社会组织之间的信息深度融通和资源精准对接，已汇聚 566 个项目、449 个社会服务机构和 284 家基金会信息。在建的数据资源体系覆盖个人、企业、事业单位和社会组织的区公共信用信息库及服务平台，实现全区基础资源共同利用；同时，融合辖区企业和社会组织，交换、共享数据和智力成果，助力智慧福田向社会扩展、向企业延伸。

三是突出“服务共享”，向全区提供服务集中支撑的“保障部”，实现“一方计算，八方支援”。在建核心服务能力、智能基础设施、物联感知系统，把全区各业务部门的服务器联网集成，形成“大兵团作战”模式，为每个应用系统提供强大的计算能力支撑和存储空间共用。今后福田区在建立单个应用系统的时候，无需购买新的服务器，由云数据中心统一提供服务，避免了重复建设和资源浪费，提高了政府工作效率。

4. 实施效果

作为深圳新型智慧城市建设试点区，福田紧紧围绕市委市政府“一图全面感知、一号走遍深圳、一键可知全局、一体运行联动、一站创新创业、一屏智享生活”的目标，坚持智慧驱动，紧抓机遇、破解难题、争创优势，全力种好以 SMART 原则①为核心的智慧树。在“百系统”的基础上，不断开发纳入新的应用系统，并以此为抓手，推进“大联动、大融合、大创新、大服务”，强化市区联动，积极对接深圳智慧

① SMART原则：绩效指标必须是具体的（Specific），可以衡量的（Measurable），可以达到的（Attainable），与其他目标具有一定的相关性（Relevant），具有明确的截止期限（Time-bound）。

城市建设项目，促进融合发展，与辖区数字经济、智慧产业深度融合，加大创新力度，以政府体制机制改革促进社会治理现代化，提升服务水平，通过智慧服务让群众的美好需求变为现实，生活得更安心、更省心、更舒心。

5.1.2 智慧宝安

1. 概述

宝安区是深圳的行政大区、产业大区、人口大区，实有管理人口554万，其中，流动人口494万，各项工作点多、线长、面广、体大、事杂，存在不少短板和软肋。2017年7月，宝安区成为深圳市新型智慧城市建设试点区。为破解“小马拉大车”困局，宝安区全面贯彻党的十九大精神，以习近平新时代中国特色社会主义思想为指导，按照中央、省、市关于数字中国、智慧社会、建设新型智慧城市等方面决策部署，深入贯彻落实深圳市第六次党代会部署和市委六届七次全会精神，紧扣“加快建设湾区核心、智创高地、共享家园，全力打造社会主义现代化先行区典范区”发展目标，以“制度+科技+责任”为抓手，全力推进“智慧宝安”建设，努力打造数字中国、智慧社会的精彩样板。

2. 建设目标

“智慧宝安”以数字中国、智慧社会为导向，以深圳市新型智慧城市试点区建设为契机，把“智慧”作为宝安城市发展最鲜明的特质，纵深推进智慧宝安建设，提升各项事业发展的信息化、智能化、智慧化水平，实现全程全时便捷多元的公共服务，建立平战结合、精细共治的治理新模式，形成智慧引领高端高效的制造与服务产业体系，打造绿色低碳、品质时尚的宜居之区，建成绿色、集约、安全、智能的信息基础设施，全面支撑“滨海宝安、产业名城、活力之区”目标的实现。

3. 建设内容

（1）定位“一把手”工程，构建科学管理架构

“智慧宝安”的建设与运营是一项从无到有、从弱到强、从强到优的创新性、系统性、综合性工程，需要统筹资金、规划、标准，破除部门之间的体制壁垒，推动各部门形成合力。

一是将“智慧宝安”列为“一把手”工程，由区委书记任“智慧宝安”建设领导小组组长，定期召开例会听汇报，梳理和再造了政务服务、网格、安监、督查等2100多项工作的业务流程，研究解决问题，强力推进建设。

二是建立“智慧宝安”建设领导小组—领导小组办公室—各局、街道办的三级智慧宝安管理架构，负责统筹协调。

三是设立专职智能技术部门（宝安区信息中心）负责“智慧宝安”规划建设与规范运营，通过建立集中统一的大数据运行平台和运行载体实现共享互联与协同联动。

（2）加强顶层规划设计，确立“三统三分”协同推进机制

一是成立智慧宝安标准技术委员会，高起点、高标准编制了《智慧宝安建设总体规划（2015—2017）》《深圳市宝安区电子政务规划（2015—2017）》《宝安新型智慧城市试点区建设总体规划（2018—2020）》等系列顶层规划，为智慧宝安建设提供行动指南。

二是搭建“1+4”（1个大数据资源中心，以及智慧政务平台、智慧管理平台、智慧服务平台和智慧产业平台4个应用平台）应用体系框架，从“建体系、立模式、编规划、树标准、搭平台”五个方面明确了“智慧宝安”顶层设计的内容。

三是确立“三统三分”协同推进机制，在筹划过程中做到“三统”（统一规划、统一标准、统筹资金），在实施过程中采取“三分”（分工负责、分块实施、分步推进），发挥统筹部门和分头实施部门两个方面的积极性，协同推进各项工作。

（3）推进信息共享互联，建成全区统一的大数据资源中心

针对部门之间信息不共享、系统不兼容等问题，一是在信息基础设施上，全区建成一个大数据中心、一个机房、一张网络，形成“共享、实用、安全”的信息基础设施体系。目前，大数据资源中心已建立 3 个基础库、11 个主题库、86 个专业图层，整合了市、区 71 个部门 659 项数据，涵盖人口、法人、房屋等 170 亿条业务信息，汇聚了 4 万多路视频，实现 25 个系统的数据实时共享，成为“智慧宝安”的核心和大脑。二是在数据应用上，成立了战略研究组，围绕问题易发多发的领域、区域、时域和趋势，构建了 26 大主题、136 个指标，分析生成了 104 篇动态，编制各类报告 264 期，积极发挥大数据在城市治理过程中的预警预研预判作用。

（4）完善协同指挥模式，打造“1+10+15”管控指挥体系

针对传统指挥模式存在职能交叉、多头指挥等问题，一是整合街道与部门的信息化指挥系统、人员、资源，建立全区统一的中央控制平台，在区、10 个街道和安监、城管、环水等 15 个重点部门打造“1+10+15”智慧宝安管控指挥体系，中心和分中心围绕“数据集成、运行监测、分拨处置、指挥协同和应用评价”5 大功能定位开展工作，按照“十统一”进行标准化管理，实现实时监测、协调联动、高效运转、智慧管控。二是以管控指挥体系为载体，整合全区 31 个部门的应急指挥资源，初步构建“1+10”联合应急指挥体系，破解传统应急指挥模式下多头指挥、孤军作战、多小散弱的局面，通过指令体系厘清事、

指挥体系铆住人，将应急资源、力量拧成一股绳，实现应急事件“一体化指挥、多元化联动、常态化运作”。在防御台风“妮妲”“海马”“苗柏”中，4 万路“三防”视频持续保持畅通，联合应急指挥体系高效运转，实现了台风过境零伤亡、零事故。三是在消防处置中建立市、区、街道、社区消防联动指挥体系，开发了智慧消防网格化快速灭火联动系统，通过 GPS 锁定火警位置，实时动态导航、就近精准分拨，支撑构建了 5 分钟消防圈。四是依托管控指挥体系建立了三防联合应急指挥系统。

2017 年 5 月 25 日凌晨，新安街道上川社区上合花园发生火灾，从市民报警、区联合应急指挥体系下达警情到消防队员响应出发并到达现场，仅用了 2 分 23 秒，3 分钟内救出了 7 名被困人员，6 分钟扑灭明火，确保了群众生命安全。截至 2018 年 12 月 31 日，管控指挥中心共召开各级视频电视电话会议 70 余次、保障台风防御等应急指挥 30 余次、处理突发事件 67 起，成为全市新型智慧城市运行管理中心建设的样板。

（5）提升基层治理效能，构建“1+10+124+4833”的网格化工作体系

针对基层治理中发现不了、处置不及时等问题，创新“大巡查、大智慧、大执法、大诚信、大参与”的网格化管理理念，实施网格化智慧管理工程，建立 1 个区级大网格、10 个街道网格、124 个社区核心网格、4833 个工作微网格，将 153 类 160 余万个管理对象的坐标、现状精准到网格，形成“全区一张图”，确保问题隐患第一时间发现、第一时间处置、第一时间解决；建立“巡办分离”工作机制和规范化、标准化的事项巡查与办理流程，巡查、整治队伍人手一个移动终端，实现巡查、分拨、整治全过程数字化记录、全痕迹电子化跟踪、全流程信息化查办；划分警格、消防网格、安监网格等专业网格，实施专

业巡查、专业整治对接综合巡查、综合整治的多网融合治理，实现网格安则社区安、社区安则街道安、街道安则宝安安。

2017 年 6 月 2 日，新桥街道上南站网格员在黄埔社区上南东路巡查时发现某工厂存放大量易燃易爆化学品，立即将情况通报至“管控通”系统，同步将情况通报至新桥街道相关职能部门。新桥街道安监办及上南派出所收到信息后立即赶到现场查处约 140 吨危险化学品，及时消除较大安全隐患。2017 年，全区巡查上报 12 大类 155 项综合事件 600.36 万宗，已整治办结 596.72 万宗，办巡比为 99.39%，网格化事件日均案件发现量由 2594 件上升为 1.64 万件，日均案件办结量由 2061 件上升为 1.63 万件，事件办结率由 41% 上升为 99.44%，处置时间从 23.4 小时缩短为 2 小时，处置效率提高了 91.5%。

（6）深化“放管服”改革，推行“两个 100%”互联网 + 政务服务模式

紧扣优化“营商环境”改革部署，以打造全国政务服务最优区为目标，通过“智慧宝安”建设倒逼行政体制改革、审批业务流程再造，提升政务服务效率。全区建成统一的智慧政务服务系统，建立了网上办事大厅、“宝安通”App 和微信公众号、“1+10+124”实体政务服务大厅等多种申报渠道，实现审批、监管、服务跨部门联动，形成了“一门一窗一网一号”、24 小时自助、全区通办、一次到现场、一机通宝安的宝安式智慧服务模式，实现 100% 网上申报、100% 网上审批，让数据多跑路、群众少跑腿。同时，将群众、企业办事资料信息沉淀，建立了实时更新的“政务大数据库”，支撑 692 个审批事项全流程网上办理。1/3 的业务量通过网上办理，达 25.8 万件，共减少群众跑大厅 9 万人次，减少群众提供纸质材料 14.5 万件，其中占过去业务总量 47% 的残疾人业务办理和出租屋管理等事项推行全流程网上办理、网

上缴费，实现群众零次到现场。

（7）强化业务应用，编织全区信用“一张网”推进诚信建设

强化网格化管理结果的运用，整合安全生产、消防安全、城市管理等网格化管理工程重点领域信用信息，建成全区统一公共信用信息平台。2017 年，宝安区被确定为深圳市信用体系改革唯一试点区。8 月 15 日，全区统一的公共信用信息平台正式启用，全区 93.7 万家企业、534 万个人、800 余家事业单位和社会组织全部纳入大诚信系统，归集信用数据 1566 万条，通过每月动态更新，初步形成了数据全口径、主体全覆盖的“信用网”。同时，构建了信用红黑榜管理子系统、信用异议处理子系统、统计分析子系统、绩效考核评价系统，推动建立了跨层级、跨领域和跨部门的信用信息共享机制，通过信用宝安网、“宝安通”App 和微信等多种渠道提供企业、个人、事业单位、社会组织、失信被执行人、重点人群等多条件信用信息查询，并提供信用异议申请以及信用目录、双公示、红黑榜等信息。此外，深化业务应用，对接宝安区义工系统，将全区义工信息纳入区公共信用信息平台；对接宝安文体旅游局，建成全市首个文体旅游市场诚信管理平台，破解“小队伍大市场”难题。平台自 2017 年 8 月正式上线以来，累计访问量 76877 次，信用报告查询量 18966 次，其中个人信用报告查询 8957 次、企业信用报告查询 10009 次。

2017 年 8 月，松岗街道某食品公司未按排污许可证规定超标排放水污染物，区环保水务局对其作出行政处罚，相关信息被纳入大诚信系统的处罚类信息，对该企业在未来行政许可审批、公共资源交易、专项资金申请、金融贷款申请等方面给予一定的限制。

（8）坚持以民为本，打造“智慧 +”公共服务模式

针对公众信息不顺畅、公共服务效率不高、服务企业不精准等问

题，一是在公众信息服务方面，整合政务、教育、医疗、文体等16个板块，开发运营“一站式”民生服务“宝安通”App，为市民提供1756项电子化公共服务功能，以及实现22个区级职能部门、10个街道办、7个驻区单位的1060项审批事项的手机移动办理，成为“党建+360°”服务联盟、义工、家校等全流程移动电子化管理互动平台。“宝安通”App在相关应用评选中，上榜“南都第四届街坊口碑榜金奖”和“2016年中国网络理政十大创新案例”。截至2017年底，累计下载超过205万人次，累计访问超过2013万人次，日均活跃度达到7.45%。二是在“智慧+健康”方面，构建智慧医疗系统，实施“1个区域卫生专网、1个区域卫生平台、1个区域基础资源库、1套医院业务软件、1张就诊卡”工程，实现预约挂号、在线支付、报告推送及“专家问诊”在线服务，电子病历、检查结果全区共享，服务群众230万人次；打造“智慧药房”，药品快递到家、半日送达，避免现场等药和多次往返医院，为每名患者节约就医时间40分钟以上；整合全区妇幼保健资源，在全区8家公立医院开设胎儿远程监护系统、妊娠高血压监护系统、妊娠糖尿病监护系统等，打造中国最大的区域智慧妇幼平台。三是在“智慧+产业”方面，在区、街道成立“1+10”企业服务中心，打造集“诉求申报、分拨、解决、联络评价”四大功能于一体的区服务企业平台信息系统，为企业建库，接入全区企业超过31万家，导入重点企业逾3196家，解决企业诉求2197件，解决率达到99%；个人诉求超过21万条，解决率超过99.9%；成立智慧宝安产业促进会，为智慧宝安产业提供集资讯交流、技术合作、供需对接于一体的全方位资源平台，促进智慧宝安产业链融合和产业集群发展。

4. 实施效果

智慧宝安自2015年8月启动建设以来，始终坚持把发展的基点放在创新上，向科技要人力、要管理、要服务，加强顶层设计、创新建设机制，大力开展信息化基础设施和应用系统建设、加强运营管理等，初步建成了大数据资源管理体系、智慧宝安管控指挥体系、网格化智慧管理体系、联合应急指挥体系、社会信用信息体系、“互联网+”政务服务体系、公众信息服务体系等 7 大体系，取得了良好的应用效果。

5.1.3　智慧前海

1. 概述

2016年深圳市提出创建国家新型智慧城市，将前海作为“示范区”。按照深圳市“国家新型智慧城市标杆市工作方案”任务安排，“智慧前海”规划提出“城市大脑，共享中心”建设理念，致力于打造智慧城市标杆。

2. 建设目标

科学有序推进“智慧前海”建设落地，力争到 2020 年，前海在搭建通信和互联网环境、信息资源共享与开发、产业发展支撑和智慧应用创新建设等方面取得突破进展，初步树立国内一流、国际先进的新型智慧城市标杆形象。

3. 建设内容

（1）建立国际数据专用通道

前海多年来一直在争取信息通信领域的改革创新，打造营商环境的政策高地。其中，“建设国际数据专用通道”是国务院批复前海改革创新 22 条之一（国办函〔2012〕58 号）。在市通信管理局、经信委等部门的大力支持下，经共同努力，2014 年 7 月正式获工信部批准，成为自贸区首个建设直达国际互联网出入口局的国际数据专用通道，现已开通 242G 的带宽，为整个前海区域的客户提供国际通信网络服务。

国际数据专用通道的落地，使前海到香港及国外的互联网传输延时降低至 100 毫秒以内（到香港 80 毫秒以内），访问速度提升 30% 左右，前海已成为国内访问境外互联网最快的区域之一，为前海开展现代金融、现代物流及信息科技服务等提供了优质互联网基础环境。

争取国家支持开展政策和模式创新，营造国际一流的信息通信环境是前海智慧城市建设重要目标之一。“国际数据专用通道”是典型的“政府搭台、企业唱戏、多方受益”的成果。政府牵头政策创新，通信运营商推动“国际数据专用通道”建成落地，按照国家信息通信“提速降费”的方向，最终为企业和市民提供优质的互联网服务。未来“国际数据专用通道”可以不断扩充带宽并推广应用到前海外的深圳其他区域，为全市基础信息通信网络提供更优质的公共服务能力。

（2）构建综合信息通信营商环境

前海在已开通“国际数据专用通道”的基础上，继续从多方面探索信息通信领域政策创新，以打造市场化国际化营商环境。2015 年开始，前海管理局联合市通信管理局、市经信委共同开展“前海信息通信政策进一步创新开放”课题研究。经深入调研后于 2016 年 9 月通过市政府向工信部申请“在前海设置区域性互联网交换中心”“股权放开的增值电信业务对外开放在前海试行”“放开国内 IP-VPN 业务股比”“港资在广东经营移动通信转售业务”“推动内地运营商与香港运营商深度合作”等 5 项政策建议。2017 年 12 月工信部正式回复，明确同意其中 3 项，“关于在前海设置区域互联网交换中心”，工信部表示愿与深圳市政府共同研究具体落实的可行性。

国家对以上创新政策的支持，将进一步巩固前海政策开放优势，集中打造前海领先的信息通信营商环境，积极促进深港的通信合作与融合，共同推动深港通信资费的降低，为推进前海深港信息通信同城化，建设与港澳有着良好互联互通的国际化通信环境创造条件。同时，以上政策可以逐步推广至全市，进一步优化提升深圳的信息通信基础服务能力。

前海作为国家改革开放再出发的战略平台，智慧城市建设首先要打造国际一流、互联互通的基础设施，通过不断政策创新和模式创新，持续营造高效优质的营商环境，为前海的产业发展和市民生活提供高标准的公共服务，为深港合作提供基础支撑，为“粤港澳大湾区”信息互联互通和一体化建设创造有利条件，进一步提升前海及深圳在“粤港澳大湾区”融合发展中信息通信的核心地位。

（3）建设深港公共 Wi–Fi 无线网络

按照深圳市统一部署，前海从 2017 年启动公共免费 Wi–Fi 基础设施建设，为市民提供“信息惠民”服务。前海公共 Wi–Fi 建设目标在满足高带宽、高速率体验的基础上，进一步发挥前海深港合作的特点，积极推进深港两地通信领域合作，力争将“信息惠民”惠及香港用户。在满足两地政策要求和数据安全基础上，前海管理局与香港移动运营商进行协商合作，经过双方技术升级改造和建设专用鉴权认证平台，实现前海公共 Wi–Fi 后台能够认证香港手机用户，实现 Wi–Fi 认证数据“深港通”，为到访前海的香港用户提供高速优质的公共 Wi–Fi 网络服务。按照有关建设进度，此项目在 2019 年 6 月前投入使用，届时香港移动用户将在深圳首次实现直接访问政府公共免费 Wi–Fi。

前海是深港合作的国家战略平台。前海智慧城市建设也将力争突出深港合作的特色，为港人港企提供均等化高质量的信息通信公共服务。前海公共 Wi–Fi 深港合作的经验可以为下一步全市公共 Wi–Fi 建设提供很好的参考，为更大范围向香港移动用户提供信息惠民服务提供经验。

（4）引导通信网络市场由基础资源竞争转向服务竞争

前海从一张白纸开始规划建设，在通信基础设施共建共享方面阻力相对较小，因此前海在建设和运营模式方面进行大胆的创新，在建设国际标准的“全光纤城区”基础上，实现“共建共享、三网融合、公平接入”。具体做法是采取第三方集约化建设模式，实现通信网络基础设施（包括有线和无线网络）“统一建设、统一运营、统一维护”，通过与通信运营商合作，提供更高质量的通信服务和更低的通信资费。按照前海建设模式，可以有效解决运营商通信基础设施重复投资以及“最后一公里”接入难的问题，符合国家提倡的集约建设、共建共享、提速降费等方向和要求。

按照前海“共建共享、公平接入”的新模式，信息基础设施集约建设成本大幅降低，最终商业用户宽带资费大幅下降（以前海周大福为例，共用接入机房利用率提高 60% 以上，通信运营商建设成本降低约 60%，用户宽带资费降低约 30%）。引导通信运营商聚焦于通信服务竞争，进一步优化了前海的通信营商环境。

国家在通信基础设施共建共享方面成立了铁塔公司，以实现集约化建设和统一运营服务。前海的信息通信基础设施建设模式为破解当前普遍存在的共建共享、三网融合等难题进行了有益的探索，尤其对新建区域智慧城市的顶层设计和规划建设提供了重要的实践经验。

（5）构建集约共享的智慧前海政务云平台

政务云平台属于信息化公共基础设施。前海在建设初期就谋划统筹布局、集约共建，建立统一的信息资源共享平台。前海管理局及廉政局成立以来，已陆续开发建设 26 套应用系统，基本满足了各类业务工作需要。按照集约共享方式建设的政务云平台，集中承载了电子政务、企业服务、园区服务等各类应用系统，降低软硬件投入，提高部署效率，为下一步大数据建设及共享建立了基础。

2016年3月，按照广东省《关于在全省推广一门式一网式政府服务模式改革的实施方案》，前海“e站通”服务系统建设了企业专属网页、外资一口受理平台、现代服务业试点申报等政务应用系统，并对涉及网上办事应用系统进行整合，初步形成前海“一口受理、一门审批、一网服务、一枚印章”和“行政事项集中管理、审批资源集中共享、审批过程集中监管”的“三个集中、四个一”全方位的政务服务新模式。

（6）积极应用BIM数字技术，精细化建设城市

按照前海城市新中心定位，前海城市规划建设对标国际一流，要实现精益求精、精雕细琢，积极应用BIM技术成为重要抓手。一是建立整个前海“BIM+GIS一体化电子沙盘”，快速梳理、预检和处理前海各层级规划衔接、地下空间、建设时序在空间、功能和技术上的错漏碰缺，提前预判地质风险等问题，动态监控规划实施情况。二是利用三维设计模型解决项目实施过程中二维图纸的错漏碰问题。BIM使工程设计从二维时代进入三维时代，能够提供完整的、与实际情况一致的城市全信息模型，实现基于模型对设计方案进行错漏碰检查及三维可视化调整优化。三是利用数字化平台解决复杂项目群投资、进度、质量、安全统筹难问题，搭建协同工作BIM建设管理平台，创新实现“线上+线下”的集群项目协同管理模式，解决工程建设过程中各参建方信息沟通不畅、“信息孤岛”问题。四是创建前海城市新中心规划模型，为规划好城市新中心提供有利条件。通过创建规划模型来支撑规划方案的设计、优化和调整，为建设好城市新中心发挥积极作用。

BIM不仅仅是数字化可视化工具模型，更是一个系统工程，涉及

多方协作。前海不是简单将 BIM 当成一个工具，而是把它当成一个战略手段，在城市建设中科学利用 BIM 来协调各方关系、解决纠纷和明确责任。通过 BIM，还能完善和推行标准，实现与国家标准、法规保持对接，与各参建方标准保持对接，进一步使标准与系统平台、数据接口和管控流程相融合，有效解决标准不统一、不遵循以及执行难、事后补救等问题。因此，在复杂的城市建设过程中，创新应用和推广 BIM 将为精细化管理提供重要的手段和工具。

4. 实施效果

前海深港合作区正处于城市基础设施建设大时期，智慧城市现阶段的成果主要体现了“政策创新”“深港合作”“模式创新”“精细化管理”的特色亮点。

5.2 打牢共用

5.2.1 网络

深圳市党政机关网络包括政务办公网（内网）和政务公共网（外网），都是全市统建统管，党政机关计算机专网（政务办公网）覆盖到街道，公众服务网（政务公共网）覆盖到社区。截至 2012 年底，政府投资建设机关专网光缆总长超过 2000 公里，有 1000 多个光纤接入点，网络骨干带宽达万兆，用户接入带宽为百兆和千兆。政务办公网接入 280 多家单位，政务公共网接入 300 多家单位，并覆盖到 600 多个社区工作站，拥有 5 个互联网出口，包括 2G 电信出口，2G 联通出口，3 个 BGP 出口（教育网、联通、电信），出口部署三台 30G 的防火墙，出口总带宽 3.65G。当前政务网络实现了 10GE 互联和百兆、千兆接入，其带宽基本满足电子政务公共平台当前业务的运行需求。

通过政府购买服务方式，深圳市基本完成公共场所免费 Wi-Fi 覆盖，细化国家光纤入户标准，形成 3 个地方标准。新一代信息网络建设成效明显，全市通信机楼 91 座，通信管道 5.26 万公里；成为首批“宽带中国”示范城市。全市城域网出口带宽超过 3560G，IPv6 固定宽带接入端口覆盖率达 62%，光纤覆盖用户超过 450 万户；全市互联网宽带接入用户达 455.7 万户，家庭宽带普及率达 85.2%，全市无线宽带网络覆盖率达 89%；3G 基站达到 1.8 万个，LTE 基站超过 2 万个，实现城区 4G 网络全覆盖，公共场所免费 WLAN 覆盖率超过 90%。三网融合试点成果显著，有线数字电视终端数超过 235 万户，IPTV 用户超过 50 万户，视频节目内容超过 5 万小时；率先完成“全城全网”有线电视双向改造和数字化整体转换，率先启动北斗地基增强系统建设，成为中国首个城市 CORS 示范建设城市。

5.2.2 计算存储

经过多年的建设，深圳市电子政务计算存储平台建设与应用水平已处于全国领先地位，形成了各单位共享机房、共享网络出口、共享公共应用（政务邮件平台、政务短信平台和网站生成平台等）和安全管理（每年可为深圳市财政节省资金 1 亿元以上），实现了基础设施的初步整合。

政务数据中心已建成市民中心机房、市民中心塔楼机房、市委大院机房、同心路五楼机房和城市数字资源中心机房等五大党政机关专用数据中心机房，总面积达 4000 平方米，汇聚机房 18 个，托管 90 余家单位的3000多台设备。其中市委大院机房主要用于政务办公网（内网）业务，归市委部门管理。

电子政务云平台充分利用政务网络、IDC 机房和安全基础设施，采用虚拟化技术建设的统一基础 IT 支撑环境，以云主机、云存储等服务模式承载深圳市党政机关公共政务应用，目前承载了深圳政府在线、织网工程、网上办事大厅、商事主体信息公示平台等重要政务应用。

政务容灾备份中心（梅林灾备中心）向党政机关提供同城和异地的数据备份服务，占地面积 5000 平方米、建筑面积 16000 多平方米，具备 1 至 5 级的灾难恢复能力，可容纳 300 多个服务器机柜及小型机，集中数据备份可提供累计容量近千兆。

国家超级计算深圳中心（超算中心）是隶属深圳市科技创新委员会的事业单位，超算中心提供各种资源的租用，包括计算、网络和存储资源，同时也提供基础设施的托管服务。但超算中心暂不能支持对性能要求较高的计算业务，且计算资源不支持与光纤存储互联。

除全市层面的数据中心外，各区和部分市委办局也建有独立自用的数据中心，如交通运输委建设自有数据中心 130 平方米，公安局自有数据中心，国土规划局自有数据中心。各区数据中心采用云计算技术在所辖范围内提供信息基础设施服务。

5.2.3 物联网设施

当前，深圳市安监局、公安局、规划国土委、交通运输委、城管局、口岸办、气象局、人居环境委、水务局等相关部门已经建立了覆盖重大危险源、社会治安视频监控、机动车防控、车牌识别、身份证识别、海洋环境监测、土地视频监控、交通运输 GPS 监控、市政设施感知、口岸视频监控、气象观测、污染源视频监控、机动车排气感知、空气质量感知、噪声监测、水质水文感知、水库河道视频监控、水库大坝安全监测、城市易涝点监测的感知系统，较大范围地获取了城市的鲜活信息，具体见表 5–1。

表5-1　　　　　　　　深圳市物联网设施

感知系统名称	感知覆盖范围	采集信息
重大危险源视频监控	深圳市	重大危险源实时监控
视频监控系统	深圳市	视频监控信息
机动车防控智能感知系统（RFID）	深圳市主要道路	车辆属性信息
身份验证服务系统	大型工厂、物业、长途汽车站、商业楼宇、重点单位等20多个行业或领域的部分企业或单位	人员身份、企业或单位基本信息
车牌识别系统	深圳市	车牌信息
深圳海域浮标监测应用服务平台	深圳市近海	水质、沉积物、生物、气象、水动力、放射性、水中油、营养盐等
深圳市规划土地数字监察平台	每个设备监控约3.1平方公里区域	视频监控
交通视频联网监控系统	交通运输场所（客运站、港口码头、机场、出租车场站、高快速路等）	—
GPS监控	出租车、公交车、长途客车、旅游包车、重型货车、泥头车、危险品车、拖车等	—
口岸视频监控系统	各口岸主要人流、车流通道	视频信息
区域气象观测站	深圳市	气温、湿度、风向风速、气压、雨量
深圳国家基本气象站	深圳市	气温、湿度、风向风速、气压、雨量、日照、能见度、蒸发量、天气现象、云量等
新一代天气雷达	深圳市	雷达回波
风廓线雷达	深圳市	廓线产品
污染源视频监控系统	深圳市	视频
远程水样采集器	深圳市	采集水质情况
排气检测监控管理信息和监控信息系统	深圳市	车辆尾气检测数据
深圳市固定式机动车尾气遥测系统	南山、龙岗、宝安	车辆尾气排放数据

续表

感知系统名称	感知覆盖范围	采集信息
深圳市道路机动车排气监控视频	南山、龙岗、宝安、盐田	黑烟车
环境空气质量自动监测系统	深圳市	污染物浓度
水质自动监测系统	深圳市	河流水质参数
污染源自动监测系统	深圳市	减排指标
噪声自动监测系统	深圳市	声环境质量数据
海洋自动监测浮标系统	东部：杨梅坑海域；西部：珠江口海域	海水水质水文及气象信息
网上互联互通巡考监控系统	深圳市中高考考点	监控视频
深圳市“数字水务”一期工程——三防预警应急指挥系统	深圳市	水位、雨量和视频
北部水源工程管理处信息采集	北部水源工程管理处	—
东江水源工程管理处	东江水源工程管理处	—
防洪设施管理处	防洪设施管理处管理河道	—
水质检测中心	全市部分供水管网	—
	铁岗石岩石水库	—
西丽水库	西丽水库、长岭皮水库	—
智慧罗湖Wi-Fi	罗湖区	用户手机号码、终端设备

5.3 整合通用

5.3.1 城市大数据中心

1. 概述

2016 年 10 月，深圳市人民政府办公厅印发《深圳市促进大数据发展行动计划（2016~2018 年）》，明确提出：建成全市统一的政务云平台和政府大数据中心，建立大数据采集、存储、共享、开放和应用的工作机制，形成多层次建设和多主体共享的信息资源体系，全面支撑各政府部门开展大数据应用；建成全市统一的政府数据开放平台，数据开放单位超过 80%，带动社会机构开展大数据增值性、公益性和创新性开发利用。

目前深圳市已建成了政务信息资源共享平台、6 个基础数据库（人口、法人、房屋、空间地理、公共信用、电子证照）和多个主题数据库（市场监管、政务服务和城市规划等）、政府数据开放平台和大数据应用平台，形成包括约 1800 万人口、280 万法人、80 万栋楼宇、1300 万间房屋在内的超过 153 亿条信息资源，共享平台日交换数据量超过 2000 万条，并在教育“双免”、小汽车摇号、居住证二期、深圳市“多规合一”、基本公共服务规划、城市运行管理中心、政务服务精准化、决策大数据信息服务等方面成效显著，成为全国唯一的政务信息资源共享国家示范市。

政务云平台于 2014 年由市电子政务资源中心开始建设并投入运行，目前仅实现虚拟化功能，拥有 75 台物理服务器，已向全市党政机关提供在线运行的各类型虚拟机共计 515 台，有效支撑市委、市人大、市政协、市纪委、市文体旅游局、市政务办、市标准院等多家单位的业务运行，包括深圳政府在线、网上办事大厅深圳分厅、市智能办公系统等，累计节省财政资金约 3500 万元。

电子政务资源中心目前有 7 个机房，总面积 6060 平方米，共有机柜 1360 个，现有托管设备近 4000 台，其中服务器近 2000 台，托管单位 127 家，其中梅林机房达到国家 A 级标准。

目前深圳市建有两套覆盖全市 10 个区的政务网络平台，分别为深圳市政务办公网（内网）、深圳市政务公共网（外网），两套网络物理隔离；内、外网骨干带宽均为万兆，用户接入带宽为百兆或千兆。

2. 建设目标

建设“国内一流、国际一流”的深圳市大数据中心，作为深圳市新型智慧城市建设和数字政府建设的数字枢纽，汇集整合城市运行的全时空、全方位、全要素的大数据资源，实现对多源异构数据源的统一接入汇集，统一编目，打通信息壁垒，消除信息孤岛，实现用数据说话、用数据决策、用数据管理、用数据创新，通过对数据资源的治理形成高质量数据资源池，进行数据资源的统一管理和共享，提供大数据应用支撑服务能力。

3. 建设内容

（1）完善管理制度建设

为推动信息共享工作，深圳市于2006年发布了《深圳市政务信息资源共享管理暂行办法》。2015年，市经贸信息委组织对该暂行办法进行修订，完成《深圳市政务信息资源共享管理办法》(以下简称《管理办法》）并以市政府文件印发实施。《管理办法》确定了“共享为原则、不共享为例外”的基本原则，提出全市政务信息共享实行“负面清单”管理制度，除经市电子政务主管部门、法制部门、编制部门和监察部门共同审核确定列入负面清单的信息外，所有政务信息资源应无条件提供共享。同时强调提出“各单位应加强基于信息共享的业务流程再造和优化，创新社会管理和服务模式，提高信息化条件下社会治理能力和公共服务水平”，并要求各部门对现有管理制度中和信息共享不一致的有关规定进行修订、调整。

为全面贯彻落实《管理办法》，市经贸信息委组织对市政务信息资源共享平台、政务数据中心、公共信息资源库等电子政务公共资源进行梳理，以市信息化工作领导小组办公室文件发布了《深圳市电子政务公共资源管理暂行办法》和 8 个配套文件，对规范各类市级电子政务公共资源的使用和管理提出了具体的操作办法。

各部门按照《管理办法》要求积极探索制度创新，围绕砍掉无谓证明和烦琐手续，重新设计制度内容，涉及优化办事流程、减少群众现场办事次数、减少提交资料、实现网上预办理、实现网上全程办理、规范办事指南等各个方面。

（2）建设市政务信息资源共享平台

市政务信息资源共享平台按照国家《政务信息资源交换体系》和《政务信息资源目录体系》标准，依托全市统一的电子政务网络开展建设，提供目录管理、共享申请、数据交换和共享服务等功能。共享平台是支撑市政务数据归集、交换与共享的电子政务基础设施，主要由目录子系统、交换子系统和运行管理子系统组成。共享平台于 2007 年建成，并实现与国家、省共享平台互联互通，已接入 61 个市级单位和 10 个区，接入平台并使用跨部门数据的应用系统超过 115 个。目前，共享平台资源目录数为 4353 类，信息指标项共 131699 个，平台日均数据交换量约2000万条，峰值数据交换量达近8000万条，为“互联网 + 政务服务”、“织网工程”、商事主体登记及许可审批信息公示平台、综合监管服务平台和公共信用管理平台、市政务数据开放平台、教育“双免”核验、市小汽车增量调控系统、市公安局居住证二期项目等应用提供了数据支撑。

（3）建设公共基础信息资源库

市公共基础信息资源库包括人口、法人（机构）、房屋（城市部件）、空间地理、公共信用、电子证照等信息。目前，基础信息资源库已通过市政务信息资源共享平台归集了 29 家单位、492 类资源，形成了 1810 万人口、288 万法人、82 万栋楼、1330 万间房屋的公共基础信息资源，并实现了身份证号码、组织机构代码和房屋编码的“三码关联”，可以结合空间地理信息为领导辅助决策、公共资源配置、政务服务与管理等应用提供数据支撑。各区自 2015 年开始，基于市公共基础信息资源库开展教育“双免”、中小学学位补贴、中考报名资格等数据核验主题应用，2016 年数据核验量累计达 82 万余条，2017 年上半年数据核验量达 53 万余条。

公共信用库根据省市“两建”工作要求建设，公共信用信息管理系统已开发完成并通过项目初步验收，目前处于试运行阶段。该项目通过前期梳理，综合监管与公共信用的资源目录共包括 74 家单位（含区）、426 项资源信息，已有 55 家单位通过共享平台或采集系统接入深圳市公共信用信息平台。其中，通过市共享平台与市公共信用信息平台对接，实现信息自动实时报送的有 44 家；通过采集系统报送数据的有 11 家，归集数据的总量超过 13 亿条，其中行政许可约 248 万条，行政处罚约 15 万条。数据按要求同步推送给市市场和质量监管委、省平台和“信用中国”，已上报省平台“双公示”的数据约 250 万条，上报信用中国“双公示”的数据约 61 万条，上报给信用广东关于商事主体信用信息近 3760 万条，是目前报送数据量较多的城市之一。

按照省统一建设规范，目前已完成政务电子证照系统地市基础版部署，实现与省电子证照系统互联互通，与市网上办事大厅统一受理审批平台、市统一身份认证平台、CA 交叉认证平台、统一申办平台、两个网页对接。印发了《2017 年推进市政务电子证照系统建设工作方案》，并组织各区各部门召开了三次电子证照系统使用培训会，共 39 个单位 174 人参加会议，对电子证照系统部门进驻、证照目录注册、系统对接等工作进行培训。目前已有 120 个部门（29 个市直部门、91 个区属部门）进驻政务电子证照系统。市委配合市直部门 472 个证照目录编目工作，目前发布 34 个，增量同步签发 26 个。

（4）建设公共主题信息资源库

公共主题信息资源库主要包括网上办事、商事主体、综合监管、公共信用和电子证照等主题数据库，为跨部门应用提供数据支撑。

市网上办事大厅通过市政务信息资源共享平台实现区、市直部门的数据归集，目前已接入 10 个区、24 家市直部门。为方便申请人同时在部门网站及深圳分厅查询办事进度、办事结果等信息，深圳分厅统一了市直部门的申办流水号，并汇聚了各市直部门、各区级分厅的审批数据和办事过程数据。通过数据归集后的梳理、整合，形成全市网上办事数据库，主要包括行政审批事项的申办、受理、审批处理和办结等环节，共归集了 25500 万条数据。

目前市政务办通过行政审批库数据的归集情况对网上办事大厅进驻部门进行考核，实现全市网上办事过程数据集中监测，进一步提高全市行政审批事项网上全流程办理率和网上办结率，深化网上办事深度。市监察局主要通过对行政审批库的分析，实现部门内部对审批和办事过程的全流程监控。根据已经发布的网上办事效能测评指标，每季度开展网上办事效能监督检查和测评工作。

商事主体登记及许可审批信息公示平台目前已经完成与 10 个区（含新区）的接入，以及 27 家市直部门的接入，包括市市场和质量监管委、经贸信息委、国税局、地税局、住建局等。平台已归集 288 万户商事主体登记信息，其他相关信息 4216 万多条，并通过广东省网上办事大厅深圳分厅和深圳信用网向社会公示了商事主体注册登记、许可审批、纳税及经营异常名录等相关信息。

（5）建设社会建设数据库

社会建设数据库依托市“织网工程”，通过全市 1 万多名社区网格员，实现全市基层社区人、企、房相关事件的统一采集、统一入库、统一分拨，是社区综合治理的重要抓手。

（6）建设大数据应用平台

数据的价值取决于数据的质量。资源中心目前汇聚的数据主要来自各部门业务系统，不仅数据量大、内容庞杂，且部门与部门之间数据标准不一，编码规范差异较大，数据质量也参差不齐。大数据应用平台于 2014 年建设，按照《深圳市公共基础信息数据元规范》，通过 1650 条数据清洗规则，对 27 家数源单位 368 个数据项进行清洗、比对、入库，形成深圳市政务大数据库，累计业务数据总量已达 137 亿多条，目前为市规土委全市总体规划、市发改委公共资源规划、市智慧城市运行管理中心、全市智能 OA 系统、“互联网 + 政务”大数据示范工程等业务提供数据支撑，有效发挥数据的价值。

（7）建设数据开放平台

深圳市政府数据开放平台于 2016 年 11 月 21 日正式开通。截至 2017 年 12 月，已完成六批次数据开放目录的归集工作，开放平台已在交通运输、金融财税、文化休闲、教育科技、生态资源等 14 个领域试点向社会开放政务数据，包括 39 家单位 1022 项数据集、4800 多万条数据。2017 年，市经贸信息委会同市社工委举办 2017 年深圳“中国电科杯”城市数据创新大赛，共有来自全球的 1487 名选手报名，组建团队 389 个，提交创意作品 265 件，涌现出“一键乐租”“城市公共设施体检方案”“大数据驱动的城市车位”等优秀创意作品。目前平台共有 5207 位注册用户，数据目录下载 30012 次，数据接口调用 148869 次。

（8）制定信息共享监督考核机制

自 2012 年起，深圳市在全国率先将政务信息共享纳入市政府绩效评估，通过“倒逼机制”，推动各部门充分利用信息共享，逐步取消市民办事所需证明材料，创新社会管理和公共服务模式。根据2017年上半年考评情况，《深圳市政务信息资源共享考评目录（2017年）》包括21家政府部门需提供的共享信息665项（包括证照、证明、批复、办事结果等），涵盖社保、纳税、房屋产权、租赁合同、营业执照、建设项目环评批复意见等各部门业务办理使用较多的共享信息，到2017年上半年已有607项向市共享平台提供数据，共享信息提供率达91.3%，为各部门业务开展提供了有效的信息共享支撑；各部门需要使用深圳市其他部门信息开展业务的办事事项共计622项，已通过信息共享取消原件提交的达497项，跨部门共享利用实现率达79.9%，有效缓解了市民办事需要重复递交材料的问题，便民服务水平得到有效提升。

（9）制定安全保障及相关管理制度

市公共基础信息资源库归集了大量的人口、法人数据，部分涉及隐私信息，为保障数据库的信息安全，市经贸信息委按照市领导要求，参照公安“金盾工程”的做法，在市政务外网划出了资源网安全专区，按照等级保护三级进行建设，通过单向光闸实现政务外网和资源网的安全隔离，并定期对基础库进行安全风险评估。

技术上，市公共基础信息资源库已经部署了数据库加密与审计系统、信息防漏泄系统、防病毒系统等，另外对资源网终端进行了安全管控，屏蔽了终端设备的无线网络及光驱、红外、蓝牙、U盘写入等功能，防止数据的非法拷贝。通过上述技术手段保证市公共基础信息资源库“进不来，看不到，带不走，可追查”。

管理上，市电子政务资源中心已经通过了ISO9000和ISO27001质量和信息安全认证，制定了总体安全管理制度、系统建设管理制度和系统运维管理制度等，落实好数据的分级授权，加强对内部人员的管理，不断从技术上和管理上加强对基础库的信息安全防护。

4. 实施效果

经过多年的宣传、贯彻和推动，深圳市各部门积极利用信息共享简化办事流程、创新服务模式，促进了办证多、办事难等问题的解决，基本实现了让信息多跑路、群众少跑腿。目前，基于共享交换平台已建设多个跨部门应用系统，涉及民生及市委市政府重点工作支撑应用主要包括：社会建设“织网工程”、市教育局“双免”系统、深圳市行政服务大厅信息系统二期工程项目、广东省网上办事大厅深圳分厅、深圳市商事主体登记及许可审批信用信息公示平台、政府投资项目跨部门协同办理系统、信息公开生产管理系统、证照比对应用、发改委业务服务系统、深圳市保障性住房信息系统、市交委“小排量汽车摇号系统”、市公安局居住证二期项目等 115 个应用。

5.3.2 城市运行管理中心

1. 概述

2015 年 12 月 14 日，深圳市委书记马兴瑞、市长许勤在深圳会见了中国电子科技集团有限公司（以下简称中国电科）董事长熊群力、总经理樊友山一行，听取了中国电科关于“携手打造深圳新型智慧城市标杆市总体构想”的工作设想与建议。双方就加快推进深圳建设新型智慧城市标杆市进行了深入交流，并就合作和落实等事项达成共识。

2015 年 12 月 18 日，深圳市人民政府与中国电科签署《新型智慧城市建设战略合作协议》，根据战略合作协议内容，2016 年 4 月 1 日中国电科在深圳注册成立国有全资子公司——中电科新型智慧城市研究院有限公司（以下简称中电科智慧院）。2016 年 4 月 21 日，深圳市经济贸易和信息化委员会与中电科智慧院签署《新型智慧城市建设合作框架协议》。根据深圳新型智慧城市建设领导小组第一次会议（深会纪〔2016〕29号）的要求，为进一步推进深圳新型智慧城市建设，践行十九大提出的建设“网络强国、数字中国、智慧社会”的总体要求，深圳市人民政府、中国电科决定进一步加强合作，打造现代化、智慧型的城市运行管理体系，成立深圳市城市运行管理中心。

2. 建设目标

为发挥智慧城市的整体效能，整合资源，实现共享互联，深圳市提出组建智慧城市运营管理中心。基于新型智慧城市标杆市定位要求，通过体制机制创新，整合深圳市现有资源、条件和技术基础，配置新资源。深圳市城市运行管理中心集成现有独立系统，如电子政务资源中心、超算中心和织网工程等，为党政电子政务提供服务，为智慧城市产业提供支撑，为老百姓提供公共服务，并全面对外开放共享。

3. 建设内容

深圳市城市运行管理中心的主要职能包括：负责组织研究深圳智慧城市建设和发展的重大基础性、关键性问题，提出深圳智慧城市建设发展的总体性建议方案；负责接入各部门与城市治理相关的信息系统，汇集社会数据，建设、管理和维护城市运行管理综合资源库；负责城市的运行态势监测工作，及时发现城市运行的异常，跟踪城市重要的事件信息；与区级的运行管理中心联动，实现数据接入、事件汇总，接收区运行管理中心上报的综合性事件，实现跨区、跨部门、跨系统、跨层级的市级事件联动处置；承担城市重特大事件的应急协调指挥保障工作，接入各区“三防”、公安、应急、安监等应急指挥系统，各业务系统和数据共享，在任意中心都可以实现各类系统的调用、信息查看和决策指挥；负责向市领导定期推送全市运行统计分析报告；

负责向各部门推送城市治理相关的辅助决策建议；向社会提供城市综合数据服务，促进企业参与城市治理；承担市政府相关部门、各区（新区）委托项目的执行，承办有关上级部门交办的相关工作。

为有效支撑城市运行管理中心的任务开展，需要建立态势监测中心、综合协调中心、协同指挥中心和辅助决策中心。

（1）态势监测中心

全面整合城市各区和各领域运行数据，形成“城市运行态势一张图”，实现对城市部件、治理事件、公共安全、社会经济、民生服务、生态环境、城市交通等方面运行状态的监测，通过数据关联融合形成城市运行关键体征指标（KPI）体系，提供城市运行不良状况的预测预警，实现城市管理由被动应对向实时监测、快速预警、主动预防转变。

“一图在手、信息无忧”，可以通过多种人机交互方式即时调出所有汇聚到城市运行管理中心的城市资源信息，提高领导掌握城市综合信息的效率，并为其他部门查询和提取信息提供了便捷，为领导研判和决策提供依据。

（2）综合协调中心

以城市日常运行管理和跨区跨部门事件协调处置的需求为核心，构建全面覆盖、集约高效、纵横联动的城市运行管理体系，实现事件的全过程跟踪管理，做到“事过留痕、人过留迹”，全面提升城市协同治理过程中快速响应、分析研判、动态管控、联动处置和事后评估能力。

在充分发挥各个部门系统功能的基础上，提升城市综合管理的整体优势、集聚效应。在条块并存的现有组织架构下提升“条块联动、协同行政”，使整个城市系统高效和有序的条线联动协调运行。

（3）协同指挥中心

作为重特大突发事件的指挥场所，承担市委市政府重特大突发事件处置的指挥任务，提供宏观指挥决策、统一调度、辅助决策服务；作为深圳市应急演练基地，提供应急演练服务；同时支持各区运行中心成为指挥中心，实现各类系统调用、信息查看和决策指挥。

城市运行管理中心通过指挥通信云来融合音视频通信系统。无论指挥官在应急指挥大厅、现场指挥部、指挥车内还是使用移动终端，城市运行管理中心都可以为指挥官推送现场视频监控图像，召开现场和后方的多方音视频会议，让指挥官能够和一线处置人员、网格员直接对话，从而达到“接得通、看得见、听得到”的目的，实现跨层级、跨地域、跨部门的协同指挥、随行指挥。

（4）辅助决策中心

作为城市治理的综合智库，通过跨域数据的整合分析，结合各业务领域的专家分析模型、运行仿真模型，结合领导决策需求形成各领域城市运行分析报告、预案库，使领导快捷准确获取信息情报与决策支撑，实现“一键辅助决策”。

运用大数据、人工智能等技术，集成世界先进成熟的研究方法和模型，通过政策仿真和情景模拟等方式，模拟真实的城市复杂巨系统，为城市综合管理提供依据。扩大城市巡查监管的空间覆盖范围，由定期被动巡查转变为“人机合查”的主动探查方式，辅助各部门及时发现、提早应对各类城市事件，提高城市治理响应能力和智能化水平。

4. 实施效果

深圳市城市运行管理中心围绕“一图全面感知、一体运行联动、一键可知全局”的目标，按“资源汇聚、态势监测、决策支撑、协同指挥”四大业务定位开展工作，通过连接 11 个区级运行管理中心（包括各区、新区和深汕特别合作区）和 N 个市直部门职能中心，初步形成了反应快速、预测预判、综合协调的“1+11+N”城市运行管理体系。

5.3.3 数字深圳空间基础信息平台

1. 概述

数字深圳空间基础信息平台是深圳市政府开展“数字深圳”建设的第一阶段成果。该项目于 2007 年正式立项实施，2009 年 10 月完成主体工程建设。项目建立了深圳市三大数据库之一的“自然资源和地理空间数据库”，形成包括系列比例尺电子地图、遥感影像数据库、15 个大类 125 个小类约 22 万个信息点的公共设施数据库、统一空间基础网格数据库、统一地理编码数据库、全市建筑普查及三维模型数据库、城市规划专题数据库以及结合社会经济统计信息监理的在线动态地图集数据库。

2. 建设目标

建立城市空间信息大数据、云平台，为城市规划编制、管理、指挥决策提供有力的定量化、科学化支撑。

3. 建设内容

（1）建立数字深圳空间基础信息平台

数字深圳空间基础信息平台（以下简称“空间平台”）是深圳市空间基础信息管理和共享的核心基础设施，管理全市自然资源和地理空间数据，通过政务网和互联网提供空间信息资源目录管理、空间信息共享和发布等服务。

空间平台提供共享的空间信息资源包括遥感影像、电子地图、三维仿真、公共设施、统计专题和部门专题信息六类，提供的共享方式包括浏览查询、二次开发、信息发布三类。

浏览查询：在线浏览查询空间平台的信息资源。

浏览——遥感影像、电子地图、三维仿真模型、动态统计图集等。

查询——建筑物、公共设施、地址信息、公交线路等。

定制“我的地图”——自有图形加载、在线标注、地图加工、地图导出。

二次开发：将空间平台的数据资源和功能接入本部门业务系统。

数据落地——利用平台地址匹配工具空间化地址描述信息。

快速搭建——利用平台搭建工具零编程构建本部门 GIS 系统。

集成开发——利用平台服务接口将平台信息资源和功能无缝嵌入本部门 GIS 系统。

信息发布：将本部门自有信息通过空间平台发布实现共享。

自主发布——利用平台发布工具在线发布本部门信息。

授权发布——授权平台运维部门发布本部门信息。

（2）探索大数据应用，搭建规划云平台，支持城市总体规划修编

创新开发“大数据服务平台”，在以 GIS 为基础的规划、土地、基础地理信息等全市空间数据集合的前提下，充分融合人口、法人、城市建设、手机信令等大数据，开展基于手机信令的珠三角区域分析、深圳市动态人口和通勤大数据分析、主要交通走廊分析、住房空间布局分析等，通过云服务平台方式，将 200 多个图层数据、文件资源提供给 50 多家总规主管部门和编制单位 200 多个用户在线应用，并提供数据分析处理服务和专题数据产品。在线服务的模式创新了规划编制对数据的使用方式，在保障数据使用安全的同时，提高了数据使用效率，通过新的大数据分析手段和方法的应用，对重点专题、重点领域进行基础分析，在规划编制中起到关键性的信息技术支撑作用，提

升了总体规划的精确性及科学性。

（3）开展深圳市“多规合一”信息平台建设

“多规合一”是住建部头等大事，是落实国土空间规划改革和中央“简政放权”改革的要求，是深圳市城市总体规划编制改革的重要内容。“简政放权”改革通过职权下放、流程精简提高服务效率，重要的是审批流程再造，而审批流程再造的基础是“多规合一”信息平台，没有这个信息平台，所有事都做不起来。2017 年城市运行管理中心积极开展深圳市“多规合一”工作和信息平台的前期研究工作，开展“多规合一”项目生成、规划协调、协同审批等内容的建设和整合工作，为收集和确定“多规合一”信息平台需求并为领导决策、检查提供有力保障。同时协助“多规办”制定“多规合一”工作规则，完成“多规合一”信息平台原型开发，并获得住建部的认可。目前正协同相关部门，基于全市既有的基础性平台，搭建全市“多规合一”信息平台框架，逐步实现全市“一本规划”“一张蓝图”“一套机制”“一个平台”。

（4）形成全市统一的“交通—土地”大数据管理平台

系统建立了数据共享机制，融合了规土委的土地利用、建筑物普查、道路网络和交通调查数据，统计局的历年人口普查、经济普查数据，交委的出租车、公交车、客货车的 GPS 数据，深圳通公司的轨道、公交刷卡数据以及市交警的全市道路、停车场车牌识别数据。基于规划国土空间地理信息平台，系统构建了全市统一的“交通—土地”大数据管理平台。目前，平台每季度接入的数据增量在 10 亿条以上，自 2013 年以来已累计接入近 200 亿条数据。

为实现对城市与交通现状发展的动态评估，建立六大业务专题，从时间、空间多维度交叉分析形成 580 类交通指标，形成道路交通、轨道交通、常规公交车、出租车四大专题数据挖掘子系统，实现面向规划决策指标的海量数据快速高效处理。

面向区域、市域、片区、节点等不同层次规划的编制要求，构建了宏观—中观—微观一体化交通仿真模型，对不同层次规划方案进行定量评估，有效提高规划编制效率与质量。

（5）搭建市级城市更新全过程跟踪平台

搭建市级城市更新全过程跟踪平台，完善土地审批和供应业务系统，为“强区放权”提供强有力的信息化支撑。

完成城市更新各项业务的表格化和标准化，提高了各区办理业务的时间效率和规范化；制定业务数据标准，建立了全市统一的城市更新审批结果、审批指标和空间信息业务库；搭建市级城市更新全过程跟踪的工作平台初始版本，对各区城市更新业务审批状况、问题进行全方位跟踪，为在“强区放权”体制下推进全市城市更新业务发展提供良好的信息化支撑。

（6）支撑各层次规划编制工作

支撑各层次规划编制工作，定量分析辅助规划决策得到普及深化。系统应用于区域、市域、片区和线路节点等不同层次规划，支撑了“深圳市城市总体规划”“国家铁路规划深圳地区枢纽布局”等项目。

成为深圳市轨道交通客流预测的常规工具，应用于轨道线网规划、建设规划、线路工可初步设计等轨道各层次研究的客流评估工作。

成为市规土委城市更新及个案调整定量审查的常规工具，已支持上百项交通评估项目，提高了规划决策的科学性。

支撑重大活动交通组织实施方案仿真评估，有力保障了大运会车辆及行人交通组织。

（7）实现市区城市空间信息共享

面向全市 92 个委办局提供空间信息共享，平台年访问量 3000 万余次。在龙岗区、坪山区、福田区、宝安区、市公安局完成空间平台分节点建设，为各区和专网用户提供地理信息公共服务，实现了市区两级地理信息共建共享和统一管理。

2017 年空间平台继续开展多样化的数据更新模式，更新发布 2 个版本的全市电子地图和影像地图、4 个版本的重点片区电子地图，完成 4 万公里地下管线成果数据建库，全年累计更新 12000 余栋三维建筑模型。

支持公安局三维地理信息系统升级，形成可供公安系统快速浏览的虚拟三维场景。

建立前海三维辅助审批系统，强化提升空间平台的服务能力。

4. 实施效果

“数字深圳空间基础信息平台”可以为城市规划国土管理、环境保护、人口管理、工商管理、公共交通、物流等提供信息支撑。各政府部门可以通过空间平台共享各类空间信息资源，使城市管理决策更为科学、高效；社会公众也可以通过空间平台查询出行、公共设施等相关空间信息以及政府发布的各类热点信息，让生活更为便捷、环保。

5.4 开放应用

5.4.1 公共服务

1. 智慧政务

（1）概述

政务服务工作是新型智慧城市建设的重要内容和载体，政务服务的智能化、便捷化程度直接关系到市民对智慧城市建设成效的感知和评价。近年来，深圳市政务办按照市委、市政府关于“互联网 + 政务服务”改革、“放管服”改革的有关部署，主动融入深圳市智慧城市、创新型城市建设整体布局，坚持“业务 + 技术 + 制度”的改革路径，以“互联网 +”思维，推动政务服务转方式、提质量、见实效。

（2）建设目标

根据深圳市委、市政府提出的行政审批服务事项“100% 网上申报、100% 网上审批”的建设目标，按照市领导关于“互联网 + 政务服务”改革要力争全省第一的指示精神，在市领导、市政府办公厅统筹协调、各部门通力协作下，全力推进政务服务“八个一”建设，即“一码管理、一门集中、一窗受理、一网通办、一号连通、一证申办、一库共享、一体运行”，以人民为中心，营造“亲清服务、畅快办事”的政务环境，努力为市民提供“亲切办、清廉办、顺畅办、快捷办”的智慧政务服务。

（3）建设内容

• 实现政务服务线下、线上“亲切办”

深圳市行政服务大厅是政府对外服务的窗口，是政府联系市民和企业的桥梁纽带。大厅自 2004 年成立以来，强化窗口人员管理，持续开展提升政务服务品质活动，为市民提供优质现场服务，大厅涌现出了“邱婧式服务”“深圳最美笑脸”等诸多服务品牌，产生了良好社会效益，先后获得“全国文明单位”“全国人民满意的公务员集体”“全国五一劳动奖状”“全国精神文明先进单位”等荣誉称号。2019 年深圳市重点推进各级行政服务大厅“一门式一网式”综合窗口受理改革，实现了政务服务办事模式的重大变革。如市级 1618 项中，进驻市行政服务大厅 973 项，352 项进驻各市级专业分厅，315 项进驻区以下大厅，保留处室办理 48 项，首次实现了市级政务服务事项往行政服务大厅的“一门集中”“应进必进”，且按业务链条实行综合受理。高标准、严要求配备服务意识强、综合素质高、业务技能熟的综合窗口工作人员，牢固树立“为人民服务”“以人民为中心”的意识，从现场咨询、窗口受理、业务办理、咨询投诉等方面，为来大厅办事群众提供有温度、有情感、有体验的面对面现场服务。

网上政务服务方面，借鉴电子商务成功模式，完善网厅 App，打造出智能搜索、智能排行、智能推荐以及单点登录、交叉认证和统一流水号等增值服务，引入人工智能机器人服务，逐步实现智能化、个性化和便捷化的网上办事服务，打造市民爱用、能用、想用的网上政务服务平台。截至 2019 年底，深圳网厅共进驻部门 38 个，进驻事项（含行政审批和服务）1618 项，其中行政审批事项 579 项。行政审批进驻事项中“零跑动”事项（不含使用国家、省垂直系统）占 68.3%，不超过 1 次跑动事项占 98.3%。全市网上办事大厅办理事项业务 728.1 万笔，行政审批事项网上全流程办理率为 95.9%，上网办理率为 99.2%，网上办结率为 99.2%。

• 实现政务服务全程阳光透明的“清廉办”

深圳市着力于满足群众对阳光化政务服务的需求，推进政务服务阳光化运作。

一是依托权责清单系统，做到事项清。以权责清单为基础，建成权责清单系统，做到应进必进，努力实现清单之外无审批。全市（10 个区、31 个市直部门）共完成 7147 个依申请事项录入审核。同时，10 个区、32 个市直部门的门户网站都已按要求从市权责清单系统调用事项信息，实现权责事项的数据同源和实时更新。

二是加强政务服务标准化建设，做到标准明。一方面，依托权责清单系统对所有事项制定统一、规范的办事指南和业务手册，明确各事项业务受理标准、业务办理标准、自由裁量标准、监督考核标准等。另一方面，制定发布《深圳市行政服务大厅管理规范》等四个政务服务地方标准规范，参与两项国家标准制定，政务服务工作做到有规可依、有章可循。

三是加强政务服务业务办理监督，做到监督严。全市政务服务线上与线下统一业务流水号，方便市民办事进行进度查询，同时方便对业务办理时限进行监督。通过综合窗口统一收件、出件，规范了自由裁量，杜绝了政务服务审批办理过程中的随意操作，提高了政务服务审批办理的规范性和可预期性。综合窗口严格按权责清单要求收件并分情况限制退件；依托市统一申办受理平台收件、出件，总审批时限受到严格管控，杜绝部门自主操作规避时限控制的可能；严格按规定要求出件，对退件的，要求各审批部门按规定出具书面不予受理通知书或不予审批通知书或其他退件情况说明，并连同退件材料一并返回给申请人，形成完整的监督闭环，限制了审批部门随意退件并指导了申请人下次报件。

• 实现集成系统支撑的政务服务“顺畅办”

深圳市以信息化技术为手段，通过“互联网+”与政务服务的融合，实现畅快办事，提升市民享受政务服务的办事体验。

一是建设高度集约的政务服务信息基础支撑系统。联合共建市、区、街道和社区四级通用的市公共服务综合信息系统，包含统一申报系统（网厅系统）、网上办事大厅手机版、一窗式综合受理系统、统一审批系统、市权责清单系统、“两个网页”、统一身份认证系统、电子证照系统等多个全市性平台系统，实现政务服务统一申请、统一受理、集中办理、统一反馈和全流程监督等功能，节省电子政务建设、运维成本，形成面向申请人统一界面，提高群众满意度。

二是汇聚政务服务数据，形成政务大数据库。根据《深圳市网上办事大厅建设规范》要求，统一规范各区、市直各单位交换数据，按照统一数据接口接受所有政务服务业务发生数据，构建统一政务服务大数据库。目前，已有10个区、37家市直部门接入交换平台，实现与深圳网厅实时数据同步，累计交换数据166614348条。各部门在事项办理时自动调用全市统一流水号，利用统一流水号做好审批数据组织，将所有事项审批申报数据、过程数据和结果数据汇聚到深圳网厅，有效保证审批数据质量，解决了交换平台“应用难”问题，交换平台数据汇聚、信息共享、统计分析作用得到加强。

三是推广政务服务事项网上预审，进驻深圳市行政服务大厅的政务服务事项全面开通网上预审功能，申请人正式报件前在网上预申报，审批部门进行网上预审并指导申请人申报，预审通过后再到大厅现场报件一次成功，减少申请人因政策不熟、材料不符导致的奔跑次数。大力推广网上审批，提供全天候在线审批服务。2019年下半年以来，深圳市全流程网上办事率迅猛提升。以市住建局为例，该局64个进驻大厅的政务服务事项，已经实现了42个事项全流程网上办理，仅22个事项需要申请人来大厅窗口报件。市残联的事项进驻大厅后全部转为全流程网办。市公安局依托“互联网+政务服务”开发完善民生警务平台，进一步提高全流程网上办理率。从2017年10月开始，年业务量超10万件的无犯罪记录证明逐步转为全流程网上办理，减少申请人奔跑次数10万人次以上。市交委年业务量超4万件的网约车事项，自12月10日起全面推广电子证照，实行全流程网上办理，极大地方便了网约车司机办事。

四是推广智慧政务自助终端服务。宝安区自主研发智慧政务自助服务终端，以新安街道为试点探索建设 24 小时自助服务社区，可办理 190 项业务，实现政务服务 24 小时“不打烊”。福田区与市政务办合作建设全市自助服务平台，内容涵盖民政、卫生等民生服务事项，群众可选择就近自助服务，畅快办事。

• 实现政务服务优化简化“快捷办”

深圳市行政服务大厅是政务改革的重要场所，推行商事主体登记制度改革，颁发第一张多证合一营业执照；推行政府投资项目跨部门协同办理改革，精简审批流程，压缩办事时限。近年来，各项改革在全市范围内展开。

一是“一窗式”综合窗口受理覆盖各级大厅，群众办事只找一个窗。全市 10 个行政区（含新区）区级行政服务大厅共开设综合窗口 290 个；74 个街道共开设综合窗口 774 个；645 个社区党群服务中心共开设综合窗口 1518 个。全市各区政务服务大厅综合窗口共受理业务 2470361 件（日均 7486 件）；街道服务大厅综合窗口受理业务 3010482 件（日均 9123 件）；社区服务大厅综合窗口受理业务 601079 件（日均 1821 件）。市、区建立健全综合窗口人员管理、业务流转制度，提升综合窗口效能。如南山区建立政务服务生态修复机制、前后端无缝衔接机制、监督评级机制等，保证窗口服务质量。综合窗口受理模式，群众办事“只进一个门、只找一个窗”，大幅压缩办事等候时间。

二是全城通办、邮政专递服务在多区推广。如宝安区通过梳理街道综合窗口事项信息，制定通办通取事项目录，引进邮政 EMS 专递服务，按照“电子预审、物理流转”“电子预审、电子流转”“本地审批、结果互认”三种模式定制通办流程，构建“多点受理、受办分离、线上审批、线下邮寄”的政务服务新模式，做到审批服务“网上批、快递送，不见面、办成事”。福田区按照“一标准、一窗口、一层级、一区化”，30 项街道业务尝试推行通办通取，“让数据多跑路，让群众少跑腿”。

三是手机智能终端服务广泛推广。大力推广移动应用，打造掌中政务服务。罗湖区在信息化建设和智慧管理方面，率先上线智慧管控平台——罗湖易控。宝安区自主开发全国首个全口径手机办事大厅“宝安通”App，756 个事项实现在线申报和材料上传，审批业务流程实施全流程电子监察，各办理环节责任清晰，审批业务“人过留迹、事过留痕”。龙岗区开发手机 App 软件，开通手机网上预约、办事查询、牌号提醒等功能，打造智慧便民服务大厅。以上措施，降低了政务服务门槛，在申请材料、申报方式等方面减少了对申请人的约束，提升了申请人的办事体验。南山区开通的政务服务微信公众号，可提供强大的办事和服务功能，群众可通过手机微信终端进行预约、取号、申办、评价、查询等。

四是推进审批重心前移，提高现场办结率和即来即办率。市行政服务大厅建立了政务服务首席代表制度，推动各审批部门授权首席代表及其团队在行政服务大厅现场审批办理政务服务事项，减少审批环节，提高审批效率。建立审批部门委托综合窗口直接受理审批政务服务事项制度，推动简单审批事项由综合窗口收件后直接受理或审批办结。宝安区推广“即来即办、审决合一”办事模式，一年来，平均办结时间由 107 小时缩短为 63 小时，效能提升 41.1%，居民现场办事平均时长由 30 分钟缩短至 15 分钟，办事效率提高一倍。南山区目前进驻大厅的 513 个区直部门事项中，“一次办”事项已达到 100%，“零跑动”事项超过 90%。南山产业扶持资金“1+7”政策的 100 多个事项，全部以“网上办”“零跑动”的形式进驻大厅，极大地方便了群众快捷办事。

（4）实施效果

通过构建无所不在、无时不在的政务服务体系，深圳市建立了高度协同、无缝衔接的“大政务服务”工作机制。

2018 年 6 月 28 日深圳市政府发布第一批 100 个“不见面审批”服务事项清单。着眼“减材料、减环节、减时间、减跑动次数”，开通“掌上办”“自助办”，在商事登记、网约车、港澳通行证等 11 类高频服务事项领域，特别是年业务量超 10 万件的无犯罪记录证明实现全流程网上办理，真正实现了“审批不见面，办事零跑腿”。2018 年 8 月 19 日又发布了第二批 200 项“不见面审批”事项和首批 300 项“全城通办”事项。

落实“深圳 90 改革”，投资建设项目的审批时间由 267 个工作日压缩至 90 个工作日以内，其中，政府投资建设项目从立项到施工许可办理完成时间控制在 85 个工作日以内，社会投资建设项目从签订土地使用权出让合同到取得施工许可时间控制在 33 个工作日以内。

实现普通高校应届毕业生落户“秒批”。2018 年 6 月 10 日上线以来，材料提交减少 70%，节约申请人办事成本过亿元。目前已有超过 1.3 万名高校应届毕业生通过系统“秒批”引进深圳，占同期引进应届毕业生的 90%。

2. 智慧医疗

（1）概述

医疗服务事关市民的切身利益。深圳市公立医院管理中心（简称市医管中心）将提升医疗服务水平、提升市民看病就医满意度作为工作重点，推出了“优化诊疗服务安排，改善市民看病难问题的实施方案”和“市属公立医院专家进社区”“市属公立医院与基层医疗机构帮扶协作”“市属公立医院优化门诊服务”“1+3”方案，通过实施市属医院专家驻点社康中心、市属医院对口帮扶基层医疗机构、医院门诊服务优化提升、医院周边交通整治及院内交通疏导、加快新建市属医院建设步伐、更新现有市属医院老旧设备、推动市属医院名医 / 名科持续发展等举措，推动优质医疗资源下沉基层、院内诊疗服务便捷高效、优质医疗资源供给能力持续增强。

（2）建设目标

实施“智慧医疗”计划，通过建设“1+4”的智能医院管理平台，让医院管理更科学、市民就医更便捷。

（3）建设内容

第一，规划建设“一中心 + 四平台”。一个中心，即深圳市公立医院数据中心，涵盖了深圳市公立医院的临床数据记录 CDR 库（也称为电子病历库 EMR 库）、电子健康档案库（HER 库）、医疗卫生管理库（HDW 库）三大主题数据库。具备标准管理、主索引服务、数据交换、数据采集、数据清理等功能。

四个平台包括深圳市公立医院综合管理平台、深圳市市民健康服务平台、深圳市公立医院管理中心电子政务协同平台和深圳市公立医院远程医学平台。其中，深圳市公立医院管理中心电子政务协同平台旨在建立高效的市医管中心系统政务办公系统。深圳市公立医院远程医学平台将采用市面上通用的、领先的视频会议数据传输标准，搭建桥梁，将直属医院国内外名校名院和社康中心、病人连接在一起，推进分级诊疗、双向转诊。

第二，建设公立医院综合管理平台。深圳市公立医院综合管理平台通过对医院门诊挂号数、排队数、就诊各环节时间、病床使用率等数据的监控和预警，辅以同比、环比的分析，让医院管理层对医院的各项运行情况有深入的了解，掌握第一手资料，提高医院管理效率。

首批进入平台的是市属 11 家公立医院。

市医管中心通过对电子病历的数据分析、数据挖掘、实时预警、智能提醒等形式，实现对各医院医疗质量的环节控制和医疗质量的终末评价，提高市属各医院医疗质量的整体水平，促进各医院持续提升医疗质量。同时该平台还将建设阳光招采公示系统，对各医院采购的医用耗材（高值、低值）、医用设备等物资进行横向对比，对各单位招采环节进行监督。

第三，建设市民健康服务平台。作为智慧医疗的重要项目，由深圳市医管中心开发的市民健康服务平台——健康易，已在市第二人民医院、市第三人民医院、市妇幼保健院、市中医院、市儿童医院、市眼科医院等各大市属公立医院上线运行。市民可通过手机 App 直接登录市民健康服务平台，自助完成预约挂号、健康档案查询、费用实时支付、检验检测结果查询等事项。换句话说，除了诊断和取药在线下进行，其他看病就医的流程皆可网上解决。这大大减少了市民就医时的线下环节，节省大量排队时间。

以往各医院的号源划分时段多数以一个小时为单位。时段越长，放的号源越多，这意味着单位时间内市民等候就医的时间也相应拉长。智慧医疗平台统一标准，以不高于 30 分钟为一个时段单位，引导市民有序就医，控制就医等候时间。

健康易还将建立个人完整的健康档案，将身份证号作为“唯一识别号”，避免各医院信息系统当中姓名、社保卡号、银行卡号、市民健康卡号、手机号、电子信箱等识别码种类繁多带来的不便，将在不同时间、不同医疗机构的就诊信息按个人收集、整理、分类，建立每个居民一生的完整健康档案，并能一定程度上纠正市民就诊时提交错误信息，将多次就诊信息归入正确的健康档案中，同时也实现医疗机构间共享电子健康档案和检验检查结果。

除了目前已经实现的微信支付和支付宝支付，根据自身需要，未来自费医疗的市民还可通过健康服务平台将银行卡、市民健康卡等绑定到“唯一识别号”下，实现就诊各环节费用支付。

除此之外，健康易还可以让市民查找周边生活服务、约车出行、获取健康资讯、查询疫苗接种信息和产科床位情况。

第四，开启智慧医疗新体验。深圳市中医院全面开启智慧医疗新体验，患者在该院门诊大厅的大型触摸屏上可自助了解到医院的全貌以及各楼层布局、各功能科室相关信息，甚至是具体的就医流程。

3D智能地图是该院独立设计研发的一款电子地图系统，主要包含院区查看、位置标示、自助导航、触摸查询、信息发布和智能导诊等功能。在电子屏幕的下方，有一个扫码区域，患者只需将挂号单上的条码在此扫一扫，地图上就会显示出前往该诊室的路线，有效地解决了以往病人看病过程中来回寻找就诊科室的问题。对于医院来说，可省去大量的人工引导和讲解，节约成本；对于患者来说，可以提前了解医院和就医方法，省去大量的就医时间。

在市中医院的住院部，患者入院后，会在住院登记处分配一个腕表，并绑定患者记录进行初始化。腕表集患者信息记录、吃药提醒、输液提醒、医嘱、呼叫等功能于一身。当患者佩戴腕表后，将得到各种人性化的智能提示，而且该系统与医院HIS同步，医生与护士也可随时查看病人情况。当患者出现不适症状或需要更换药物，按呼叫按钮就可以通知护士。另外，腕表还有定位、测量脉搏心率等功能，还能显示患者的医生叮嘱和饮食护理等。

第五，推进区域医院和社康互通。南山区卫生专网是单一纯粹的区域内部局域网，提供“社康初诊、智能导诊、预约挂号、诊间付费、报告查询、就医评价、健康资讯”等主要门诊服务，打通从院内到院外、从信息流到资金流、从医疗到健康的全流程。除问诊、检验、诊断、取药 / 治疗必须在线下完成外，门诊挂号、候诊、检查缴费、取报告、药品缴费、医患互动等环节全部线上完成，大大缩短了患者的诊疗时间，线上流程平均节省 35 分钟。

通过检验“社区取样—院本部检测—结果返还 / 打印”、心电图“社区检查上传图片—院本部诊断—结果返还 / 打印”的流程，整合专家资源，提升社康服务能力，让居民享受更加高效、便捷和同质化的医疗卫生服务。目前实现了肝肾功能、生化全套、微量元素、甲状腺功能、风湿、乙肝及肿瘤相关检验结果的互联互通，社康中心日均送院本部标本百余人次。

有了南山区卫生专网和互联网优势，南山区实现了电子病历和居民健康档案的互联互通，延伸医嘱、电子处方、远程医疗等服务，实现医院的医学影像、健康档案、检验报告、电子病历等医疗信息与社康共享共用。基于区域微信信息平台，患者体检信息和诊疗信息在南山区属的 5 家医院与 89 家社康中心之间互通共享，方便了患者在医院和社康之间的双向转诊。

第六，发力人工智能医学创新。依托“医疗影像国家新一代人工智能开放创新平台”，开展医学影像、辅助诊断、教学工具、医疗质量控制等领域的人工智能创新项目科学研究，建设深圳医学影像人工智能平台，探索基于人工智能的医学影像诊断标准、医疗质量持续改进机制，推动深圳健康服务体系持续优化升级。

（4）实施效果

深圳市属公立医院全面实现与深圳健康网对接（其中 5 家医院正在全面推进检验检查报告线上查阅等功能），预约量占门诊量的比例已达 79.3%，共有 12 家医院实现在线付费、11 家医院实现诊间结算、10 家医院实现社保人群在线支付功能、13 家医院实现医保跨省结算，“智慧药房”“云胶片”等信息化便民服务也有序开展。

通过卫计委公众号、医院公众号、微信城市服务、微信小程序等服务窗口，市民可以享受社保查询 / 缴费、挂号预约、智能导诊、微信医保支付、在线咨询、处方流转、患者随访、慢病连续处方的“互联网 +”全流程卫生健康服务。

3. 智慧教育

（1）概述

近年来，随着信息技术的飞速发展，人们的工作方式、学习方式、思维方式、交往方式乃至生活方式都在发生深刻的变革。信息技术在教育领域的运用为教育教学提供了丰富的信息表征形式，改变了学习者的认知方式和学习形态，从而促进教育观念、教学方式、教学内容、教学手段等的变化，促进教育改革和发展。

深圳市近年来持续开展智慧校园建设与应用创新实践行动，发挥深圳市信息技术和产业优势，加快信息技术与教育教学的深度融合。

（2）建设目标

达成“一个共识”。推动“内涵式”发展，探索建立网上创客教室和“STEM 创新学习实验室”，通过网络和实训让师生开展创客式教学，培育“智慧型”师生，助力深圳创客精神培育发展战略。

采取“五个一”行动。在 100 所智慧校园示范学校的基础上，开展“五个一”行动，即一校一特色、一校一示范、一校一课题、一校一结对和一校一骨干，促进智慧校园示范学校创新发展、特色发展、持续发展，发挥示范引领作用。

聚焦“一个中心”。推动“智慧校园”的主阵地、中心环节——

"智慧课堂"的建设与应用，制订"深圳市'智慧课堂'评价标准指引"和评选方案。

（3）建设内容

智慧校园是指运用新一代信息技术，为师生构建一个网络化、数据化，具有一定智慧（如感知、推理、辅助决策）的教学时空环境，从而推动教与学观念、方式和方法的创新，并利用教育大数据促进教育管理与服务的创新，最终促进师生智慧发展的新型校园。

智慧校园应用信息技术推动传统课堂和教学方式的变革与创新，提高教师的教学效率，提升学生的自主学习能力和学习兴趣，培养学生的创造性思维能力和综合解决问题的能力，实现高效课堂，推动信息技术与教育教学的全面深度融合。

智慧校园有四个主要特征：一是能为广大师生提供一个全面的智能感知环境和综合信息服务平台，提供基于角色的个性化定制服务；二是将基于计算机网络的信息服务融入学校的各个应用与服务领域，实现互联和协作；三是通过智能感知环境和综合信息服务平台，为学校与外部世界提供一个相互交流和相互感知的接口；四是师生能智慧地应用好校园的智能设备设施，并在校园的智慧环境中潜移默化成长为智慧型师生。

• 做好统筹规划和顶层设计

把智慧校园建设与应用纳入深圳教育信息化未来发展蓝图。在深圳市编制下发的《深圳市教育信息化发展规划（2015~2020年）》及其6个配套文件中，明确把智慧校园建设与应用作为全市教育信息化发展的一项重要工程，以智慧校园为抓手推动全市信息技术与教育教学的全面深度融合。

市、区、校一盘棋谋划深圳教育云。以规划、建设深圳教育云为契机，做好全市教育信息化统筹规划，梳理业务流程，明确任务边界，市、区、校分工推进。深圳教育云项目，由市财政计划投入专项资金，对深圳市“三通两平台”有关内容进行整体规划、全面升级，以支撑智慧校园建设与应用。

结合智慧校园建设与应用试点实践，探索制定《深圳市中小学智慧校园建设与应用标准指引（试行）》，为智慧校园建设与应用提供量化指标，为全市中小学校探索信息化环境下的教育教学新模式、新方法和未来学校新形态提供理论参考与评估依据。

把智慧校园建设与应用列入省市改革试点项目和重点工作。2014~2017年，智慧校园工作先后被列入广东省深化教育领域综合改革试点项目、深圳市政府和市教育局重点工作计划。通过改革试点项目和重点工作推动全市智慧校园建设与应用工作的开展。

通过专项资金、示范学校评选等工作鼓励学校特色发展。深圳市教育局通过组织智慧校园示范学校评选，安排专项资金进行奖励等手段，鼓励学校积极开展智慧校园建设与应用，发展特色、树立品牌。全市目前已评选出100所中小学“智慧校园”示范学校，资助每所示范学校20万元，并在年度全市基础教育信息化工作会议上请市教育局领导亲自授牌，有效调动校长们参与创建“智慧校园”示范学校活动的积极性。

• 建设泛在的智慧校园环境

结合智慧校园的承载需求，升级改造教育城域网，逐步推广校园无线网络覆盖，构建无线为主、有线专用、移动网络为补充的可靠网络，为海量资源存取提供安全高效的网络环境。

• 促进优质教育资源共建共享

建设智能化的教育资源云服务平台。建设优质数字教育资源云服务平台，实现一站式检索、审核、下载、评价、智能推送、社交化分享等功能，为深圳市广大师生提供优质教育资源服务。

从质和量两个维度加强教育资源的开发和积累。连续数年投入专项资金推进中小学"网络课堂"和高清互动"电视教育"优质课例视频建设，举办微课、微电影大赛等活动，制定实施《深圳市中小学优质课例视频资源建设评比奖励暂行办法》《深圳市中小学数字教学资源管理办法》《深圳市中小学课例视频及配套教学资源标准与规范》等，规范全市教学资源建设，有效调动各区、校和广大教师参与教育资源共建共享积极性。2015 年，在深圳外国语学校等 12 所优秀中小学校建立"优质数字教学资源共建基地"。截止 2018 年底，深圳"网络课堂"共享的自建优质课例视频资源超过 21000 节，并向全国开放共享，点播量超过 1800 万人次。其中，为配合资源建设所开展的微课大赛在2013年、2014年曾长期占据百度对"微课"词条搜索的前8名。开辟"深圳市网络创客学堂"专栏，率先建立创客教育视频资源平台，并制定相关管理制度，为深圳市中小学创客搭建了一个教师与学生、学校与企业进行学习、分享和资源交流的平台。"雏鹏奖"校园微电影大赛已举办 3 届，汇集微电影、纪录片和论文等作品 436 部（篇），点播量超过 404 万人次。教育资源建设与应用不但有效助力深圳市教育均衡优质发展，还辐射惠及全国各地。

• 应用信息技术助推教育教学深刻变革

探索信息技术与教育教学深度融合的实践。探索在无线网络环境下，微课、学科题库资源、互动工具支持下的新型教学模式（翻转课堂、混合教学模式等），根据学校特色，以课堂教学为重点，积极开展信息技术融入课堂教学的理论与实践探索，形成一批在智慧校园环境下信息技术融入课堂教学的新型教学模式和典型教学案例，以点带面，辐射推广。

探索智慧型师生的素养培养模式和策略。深入开展信息时代智慧型师生的培养模式与培养策略研究，通过环境建设策略、制度保障策略、师生自主发展与团队合作策略等，促进学校教育的变革与创新，从而实现以技术启迪智慧，促进师生智慧成长。

• 应用教育大数据促进教育治理与服务创新

建设教育管理公共服务门户，整合管理资源统一提供服务。建设教育管理公共服务门户，聚合市、区、校各级教育管理部门的管理资源与服务信息，为社会公众提供一站式的教育管理服务。

建设教育人财物事管理应用系统，提升教育监管与服务能力。按照统一门户和单点登录的规划，根据各级教育行政管理部门实际业务需求，建设含学生管理、教师（职工）管理、学校经费资产及办学条件管理等功能的教育管理服务应用信息化系统，实现对教育系统人财物事的智能管理。

运用教育大数据服务教育决策。扩大政府部门管理信息网上互通共享，及时监测各级各类教育和区域教育发展情况，建立教育管理、教育决策数据模型，完善基于教育大数据的决策服务体系，提高教育管理水平。

• 互动反馈新技术支持下的个性化智慧教学

智慧教学是深圳市智慧校园建设的主阵地，也是各学校践行素质教育、实施个性化教学的内在需求。依托最新的交互媒体设备及云计算、大数据技术，各学校积极探索传统课堂向智慧型课堂转变的途径和方法。如南方科技大学第二实验小学的统整课程项目，利用信息技术对学校课程进行重构，教室里取消了讲台，课桌椅也不是“排排坐”，在与现实生活充分链接的教育情境当中创新跨学科统整学习，信息技术“像空气一样”自然浸润，在全市甚至全国产生了很大的影响；在龙华中心小学的课堂上，传统的语文听、说、读、写在教育云下变得高效、开放、互动。语文老师实时进行拍照、上传和分享，学生通过答题宝作答，系统迅速分析结果，实时进行交流与评价，老师们及时了解到学生知识点的掌握情况。教育云开启了龙华中心小学的全新学习模式，信息技术与各学科教学深度融合，学生们体验到了学习的快乐。

- “互联网 +”理念支持下的智慧成长与创客教育

促进学生的综合能力发展及教师的专业成长也是构建智慧校园的重要目标。同时，智慧校园的智能化手段可实现一种“数据驱动的发展”，为促进师生成长提供了良好的平台和保障。如深圳市第二实验学校将大数据应用于促进教师专业成长的领域，有效发挥了大数据评价在绩效考核、激发积极性、避免职业倦怠等方面的重要作用。深圳市高级中学利用信息技术推动学生“八大素养”的培养和评价，建设了“我的青春 @ 紫色城堡”学生综合素质评价云平台，以可视化图谱的形式，标识了学生在不同时间线上的发展性评价情况，并通过大数据分析等方式对学生发展状况做提前预测与风险预警。

深圳市还将智慧校园同创客教育有机结合起来，促进“互联网 +”视域下新时代素质人才的培养。如南山区海滨实验小学将传统的艺术教育同互联网创客模式有机融合，以“创客”为育人导向和理念，以创客模式践行 STEAM 教学目标与 OBE（Outcome-Based Education，成果导向）教育范式，打造创客人才培养模式与支撑体系，并通过增加课程的多样性和选择性，因势利导，让学生在自主、合作、探究中学会学习与创造，快乐成长，培养具备创新思维与批判性思维的“艺术 + 小创客”；深圳市第二高级中学构建了创客空间，以全开放的姿态面向学生，课外时间都有不少同学聚在这里进行头脑风暴、思维碰撞，享受“造物”的过程与成果分享的快乐。

• 物联网与大数据支持下的智慧管理

如何通过智慧手段提升校园管理效率一直是教育信息化的重要实践领域。深圳市在完善智慧校园顶层设计过程中，就不断加强物联网与大数据在管理自动化、评价科学化方面的应用。如深圳大学师范学院附属中学构建了基于校园卡的智能化管理平台，实现了校内各事项的“一卡通”；南山区珠光小学建立起一套行之有效的卓越绩效管理体系，并将其作为智慧校园的重要支撑。其他包括指纹识别、人脸识别等技术在深圳市多所学校的管理中已经有了成功应用。

• 云技术支持下的特色智慧环境建设

深圳市智慧校园建设从技术角度一直紧跟国内外最新的信息化发展趋势，并以开放的视野将社会、企业中最新的技术与应用成果引入智慧校园建设中来，构建出“网络化”“智能化”“服务化”“协同化”的特色智慧环境与生态体系。如北京师范大学南山附属学校将“云桌面”引入学校的信息化管理与教学中，实现了学校终端的“虚拟化”与信息化服务的“透明化”，实现了将传统数字校园向云支持的智慧校园转变；盐田区盐田高级中学从绿色能源角度打造生态型智慧校园；深圳中学积极同华为、腾讯、大疆等社会名企和科研机构合作，分别成立了十大创新体验中心，并引进中科大、港中大、深大等名校成立高端实验室，开设选修课，为学生创造全球高端学术活动、发明竞赛和体验交流平台。

（4）实施效果

深圳市从智慧成长、智慧教学、智慧管理、智慧环境四个维度开展了智慧校园建设与应用的探索，有效地推动了信息技术与教育教学的全面深度融合，为智慧校园建设与应用积累了宝贵的经验和典型案例。

创建“智慧校园”示范学校活动最大的成效就是点燃了全市中小学校校长、教师们重视教育信息化的热情。如三批“智慧校园”示范学校评选竞争越来越激烈，申报入围率分别是80%、70%和50%，可见创建“智慧校园”示范学校这个抓手，有效提高了校长们对教育信息化的认识；2016年组织全市近700所中小学校长封闭5天开展“教育信息化领导力”专题培训，结果有1000多人次正副校长报名参加培训，可见校长们对教育信息化的重视程度越来越高；2017年组织100所“智慧校园”示范学校封闭5天开展“‘智慧校园’示范学校教育信息化应用骨干教师高级研修班”培训，非信息技术学科教师占比45%，其中语数英等传统“考试”学科教师占比高达38%。以往类似培训中，非信息技术学科教师占比为28%，可见教师们参与教育信息化应用的自觉性提高了，信息技术与学科教学的融合面扩大了。

目前，全市中小学教育信息化应用呈百花齐放的良好局面。深圳市教育信息技术中心在专家指导、提炼的基础上，把100所“智慧校园”示范学校的经验成果加以整编，取名为《智慧教育，成就未来幸福——深圳市“智慧校园”建设与应用典型案例集》，目前已出版发行3辑，很好地发挥了“智慧校园”示范学校的示范、辐射作用。

4. 智慧人社

（1）概述

为深入贯彻落实国家、广东省、深圳市关于“互联网＋政务服务”的要求，深圳市人力资源和社会保障局以党的十八大、十九大精神为指导，简化优化服务流程，努力提高服务质量，充分利用互联网创新技术和思维，构建“互联网＋人社政务服务”新模式。

（2）建设目标

打造微信政务服务办理平台，推出医保移动支付、养老金领取资格"刷脸认证"、智能应答咨询机器人、跨省市异地就医结算等互联网创新便民利民服务新模式。

（3）建设内容

• 创新医保移动支付服务

深圳市于 2016 年 6 月开始开展"医保移动支付"试点工作，成为全国首个医保移动支付的试点城市，是"互联网 + 医疗"移动支付方式的破冰之举。"医保移动支付"以发行金融社保卡为契机，以"深圳人社"实名认证体系为基础，依托第三方支付机构的实名认证体系，建立统一的绑卡、快捷支付结算平台，联合市、区属规模较大的公立医院，搭建核心验证结算交互平台，借助移动互联网公司的用户平台、支付技术及风控体系，与各医院合力打造移动支付平台，一键完成医保与自付费用的移动支付，即使忘记人社用户名和密码也可轻松通过"刷脸"找回，大幅简化了业务流程。

截至 2018 年底，"医保移动支付"已与支付宝、微信、平安集团、建设银行、银联云闪付 5 家支付平台建立合作关系，试点覆盖全市 30 余家就诊频率较高的市区公立医院，患者候诊时间大幅缩短，医生问诊效率大幅提高，有效缓解医院人满为患等问题，广大市民、医院一致反映"医保移动支付"极大地方便了就诊患者，同时也减少了医院人力资源成本，是政府、医院改善服务的有效尝试。移动支付功能上线运行以来，得到了广大参保人的一致认可，已有 137 万参保人完成绑卡，总支付金额达到 6600 万元。

• 创新养老金领取资格"刷脸"认证服务

为保证社保基金安全，根据有关规定，退休人员每年需到社保机构进行养老金领取资格生存验证。为缓解退休人员来回奔波之苦，深圳市人力资源和社会保障局创新服务模式，与蚂蚁金服、腾讯、平安医疗健康管理公司3家企业合作，采用“人脸识别”“实人核身”等先进技术，让退休人员不受地域距离限制，通过手机App，按照提示“摇摇头”“眨眨眼”“读读数”即可轻松完成“刷脸”认证，极大地方便了退休人员，特别是行动不便老人或移居外地、国外人员。

养老金领取资格在线“刷脸”认证系统的亮点如下：一是采用支付宝“城市服务”、“深圳人社”“深圳社保”微信公众号、“城市一账通”App等多渠道实现了资格验证，满足不同人群的使用需求；二是使用互联网公司成熟的人脸识别“实人核身”能力，使用国家公安部门统一的证照信息库，降低照片误识风险；三是利用合作公司的风控体系，签订合作协议，一旦在事后监管过程中发现恶意欺骗行为，合作方承诺对资金损失先行赔付，再由其协助追偿。

自2017年5月推广“刷脸”认证养老金领取资格以来，已有近5000名退休人员使用“刷脸”完成资格认证。未来在保障安全的前提下，深圳市人力资源和社会保障局将不断探索更多在线申办服务模式，更加方便群众办理各项社保业务。

• 创新使用人社业务咨询机器人

深圳市人力资源和社会保障局以业务咨询机器人为载体，提供“一对一”智能服务模式，逐步打造以用户为中心的智能化、人性化服务。智能应答咨询机器人可提供便民服务实时查询，业务办理流程的主动式智能引导，办理事项精准问答，重点业务、专题服务的聚合分发，办理材料的关联下载等服务。目前已在深圳市人力资源和社会保障局及深圳市社保局的门户网站、微信公众号等多个渠道运行，为1200多万参保人提供7×24小时全天候业务咨询服务，累计提供服务逾500万次。

•创新微信人社政务服务平台

为满足公众在移动端查询办理人社业务，深圳市人力资源和社会保障局开发建设了“微信政务服务平台”。公众通过人社政务微信“深圳人社”不仅能获取最新的人社政策资讯，还能查询和办理多项人社业务。如需到深圳人才园服务大厅办理业务，可通过“深圳人社”微信公众号实现方便快捷的线上预约取号；如需查询相关办事机构，可通过“人社地图”查询人社业务就近办事地点及路线导航服务信息。“深圳人社”微信公众号还实现了社保“免密”查询，即针对已绑卡用户，无须再次输入用户名和密码，实现快捷查询；针对尚未绑卡用户，提醒用户主动绑卡，绑卡成功后即可便捷查询社保信息。

（4）实施效果

深圳人力资源和社会保障局通过“互联网+”对人社领域各项业务进行重塑和再造，实现从被动服务到主动服务的转变，提升了人民群众的获得感和幸福感。

5. 智慧气象

（1）概述

针对深圳市人口密度大、精细气象预警预报难度高、气象服务量大面广的难题，气象防灾减灾工作需突破部门、系统、区域界限，利用互联网技术和资源，解决部门信息分割、数据交换不畅、信息发布不快、服务覆盖不全等突出问题。

在全市“智慧城市”建设总体工作要求下，深圳市气象局坚持以服务需求为引领，借助云计算、移动互联网等新兴信息技术，打造气象服务信息基础新构架、气象服务新模式及防灾减灾新机制，积极探索基于“互联网+”的城市气象服务转型。

（2）建设目标

深圳市气象局根据实际情况，创新建设“基于影响的气象灾害四级防御协同化平台”“突发事件分区预警信息发布系统”“@深圳天气‘两微一端’指尖上的气象台”防灾服务“三驾马车”，实现了防灾服务中“三驾马车”齐头并进，一套平台跨部门协同应用、突发预警信息快速及时全覆盖发布、公众服务以用户为中心全方位交互反馈，打造了“平台集约—靶向发布—服务多样”的智慧气象防灾服务新模式。

（3）建设内容

• 共建气象灾害四级防御协同化平台

共建气象灾害四级防御协同化平台，实现一套平台跨部门集约化应用。四级协同平台由深圳市气象局和各区防灾部门合作共建，它将气象和防灾数据融为一体，建立了实时统一的气象防灾数据库，构建集监测预警、决策指挥、防灾管理于一体的集约化平台。平台延伸到市、区、街道和社区，提供了基于灾害影响的精准防御决策服务，实现了应急响应秒级启动和四级防灾部门快速实时联动，打造了市区两级线上监督、街道社区线下落实的“O2O”模式综合防灾体系。

一是打破气象防灾数据壁垒，搭建统一大数据库，建立智慧中枢。平台建立了实时更新的气象防灾统一大数据库，集成了监测、预报、预警、气候等气象信息，还集成了各级预案、重点防御单位、易涝点、水库、河道、避难场所、防灾物资、应急启动、防灾责任人、灾情处置管理、灾害报表等全方位的防灾信息。统一大数据库集中在政府数据中心，跨部门、跨系统、跨行业共享，建立智慧中枢。

二是线上重构气象防灾减灾应急流程，建立四级联动机制。平台紧紧围绕天气监测、预警发布、预案启动、应急响应、人员管理、灾情处置、信息报送等防灾业务工作流程，线上重构气象和防灾部门防灾减灾应急流程，建立了覆盖防灾业务全流程的集约化平台，平台延伸到市、区、街道和社区四级政府，解决了部门协作和防灾联动管理问题。

三是高效设计和信息化流程管理，实现秒级响应。平台服务全市10个区、74个街道、734个社区，横跨PC、移动两端。预警信息一键发布，应急响应指令秒级直达四级防灾责任人，风情、雨情、灾情、防御报表自动汇总，一键报送，实时送达气象和防灾管理部门。高度集约化模式减少了部门之间的流转环节，显著提高防灾效率。

四级协同平台是国内首创气象与防灾部门深度合作模式，将气象防灾工作融入政府防灾管理中，调动了防灾部门的主观能动性，建立了“一级预警、两级监督、四级联动、社会响应”的气象防灾管理机制。2017年，全市各区通过平台启动各级应急响应156次，平均启动时间由原来的1小时减少到48秒；处置灾情609起，平均处置时间由原来的360分钟减少到92分钟。“基于影响的气象灾害四级防御协同化平台”获得2017年中国气象局首届气象服务创新大赛二等奖。

- 开发突发事件分区预警信息发布系统

开发突发事件分区预警信息发布系统，实现了预警信息快速及时、精准高效、全覆盖的发布。该系统纵向直连国家、省、市、区，横向互通本市各政府部门、应急指挥部，对接全市10个（新）区、15个部门的自然灾害、公共卫生和事故灾难等22类39项突发事件预警信息，系统云端部署、多部门应用、13种渠道“一键式”精准发布，确保政府部门的突发预警信息进得来、发得出、传得快，确保社会公众能够收得到、收得及时。

一是首次建立系统与深圳三大通信运营商手机短信数据平台直连互通模式，市应急办一次授权，减少预警信息发布审核中转和层层审批环节，明显提升发布效率。同时，与市、区及应急成员单位平台互通，各防灾部门数据共享、四级联动，大大提高部门联动高效协同。

二是创新应用微区域网格大数据智能分析技术，基于用户位置信息实时分析处理，在全国人口密度最大的城市实现面向公众的手机全网预警短信精准发布，以街道办为最小单元分区预警，全市手机用户信息更新频次达 20 分钟 1 次，进行智能快速分析和处理；最快发送速率达 5000 条 / 秒，2 小时发布完成全市 2200 万用户，展现“深圳速度”。

三是突破业务体制瓶颈，实现深圳本地及来深漫游用户全覆盖，解决预警信息发布“最后一公里”难题，避免来深的外地手机用户因未收到预警信息而导致生命财产损失。

突发事件预警信息发布平台已成为深圳市应急工作的“信号枪”。2017 年，通过该系统已发布台风、暴雨、海浪、风暴潮等各类预警信息 312 次，共发布台风暴雨、人流预警、防空警报等全网预警 25 次，突发事件预警信息发布在 2 小时内完成，最高发布速度达到 5000 条 / 秒，仅手机短信总覆盖人群达 4.6 亿人次，其中来深漫游用户 1.05 亿人次，有效保障了台风、暴雨等重大气象灾害防御。在党的十九大、国庆中秋假期等安全高敏感时期，书记、市长和三防、应急指挥部门的一线决策领导在防御指挥现场，均可实时掌握预警信息发布情况，获取反馈数据，发布速度和防灾效果获得市领导高度肯定。

• 打造“@ 深圳天气”“两微一端”指尖上的气象台

“@ 深圳天气”微博、微信以及客户端（“两微一端”）是深圳市气象局新媒体服务的主平台，是深受深圳市民喜爱的“互联网 + 智能气象”服务“三剑客”。以“两微一端”互动交互的愉悦服务，赢得了百万量级的铁杆粉丝，超过千万量级的用户群体，推动了各大主流媒体引用和传播气象信息，牢牢掌握了互联网气象服务的主导权。

一是产品贴人心、接地气、有温度、有生命力，形成了公共气象服务的主阵地。用新媒体方式解读“高大上”的天气预报，设计富有创意的短临预报产品，建立了有个性、接地气的服务风格，被网友誉为最创新、最接地气、最有温度的气象公共服务产品。重大天气过程中信息高频率发布和推送，给市民提供最快速、最直接、最权威的服务。

二是以用户为中心，建立全方位交互反馈的精准精细服务。提供精细到街道级别的气象服务产品，显示用户所在位置最邻近自动站的实况和临近预报，提供定点、定时、定量的短时降雨预报，根据天气状况切换不同服务场景。用户在任一端均可以点赞、吐槽、评论或转发，还可以上传天气实况和天气图片。

三是以公有云架构布设，按需定制推送，满足大容量大流量服务。App 和微信后台布设在公有云上，可以满足千万级别同时在线服务，保障台风正面袭击峰值服务和年百亿次点击不受影响。同时分析“两微一端”用户行为习惯，对用户行为大数据进行分析，筛选推送更受用户欢迎的产品。

“@深圳天气”“两微一端”指尖上的气象台，成为全国大城市“互联网+智能气象”服务的风向标。“@深圳天气”“两微一端”服务人数众多，服务量巨大，微博超级话题得到过亿阅读，年阅读量近 10 亿人次，微信年接口调用超过 1.15 亿次，推文最大阅读量近 200 万人次，App 累计下载量达 1300 万，年点击次数 114.5 亿。“@深圳天气”“两微一端”赢得了市民的欢迎和广泛的赞誉，“深圳天气”微博连续六年进入全国气象行业政务微博十强，连续三年蝉联榜首；“深圳天气”微信多次获得省、市级“最具影响力公众号”；“深圳天气”App 是深圳市民必备的出行应用，获得 20 多项荣誉和奖项。央视新闻高度赞扬“@深圳天气”贴人心、接地气，人民网称赞“@深圳天气”发布时机恰到好处，语言风格幽默诙谐。

（4）实施效果

近年来，在市委市政府的坚强领导下，深圳市逐渐完善了“政府主导、部门主体、社会参与”的气象灾害防御机制体制，在灾害防御中发挥了重要的作用。

深圳气象在信息发布、决策服务、部门联动和社会响应等方面取得的成果获得了各方赞誉。国家突发事件预警信息发布中心负责人裴顺强和中国气象局气象发展研究中心负责人张洪广指出，深圳智慧气象和信息化工作走在全国前列；2017年时任中国气象局副局长许小峰在调研深圳后指出，协同平台有机融入智慧城市体系，是一个科学防灾管理典范。广东省三防指挥部也将协同平台作为三防标准化工作示范工程。

5.4.2　公共安全

1. 智慧公安

（1）概述

党的十九大报告提出，“要推动互联网、大数据、人工智能和各项工作的深度融合，培育新增长点、形成新动能”。在市委市政府大力支持下，深圳市公安局聚焦上级战略部署，“走出去、请进来”，深入调研、反复论证，紧紧抓住大数据、云计算技术发展契机，聚焦信息化建设和管理模式的改革，投入大量的精力去抓统筹、抓规划、抓攻坚，推动信息化建设更快更好地发展，并依托科技信息化打造全新警务模式。

（2）建设目标

建设深云（警务云终端）、深微（民生警务微信平台）、深警（执法闭环平台）、深目（智能视频华为平台）、深海（大数据平台）等一系列应用平台，构建深圳市公安局信息化的“四梁八柱”。

（3）建设内容

针对统筹管理不到位、信息资源共享难、业务系统多而散等问题，深圳市公安局对信息化建设和管理模式进行大刀阔斧的改革，树立“开放、分层、解耦、服务”新理念，主要采取了六个方面的措施。

• 编制信息化顶层设计

历时一年的努力，深圳市公安局编制了《深圳公安信息化顶层设计》。该书系统地阐述公安信息化顶层设计方法论，全面借鉴成熟的企业管理理论，设计贴合实际的六大架构体系（业务架构、应用架构、数据架构、技术架构、合规架构、演进架构），找出具有普适性的公安主流程（分数据采集、分析研判、指挥调度、执法行动、对象处置五个环节，其价值在于能把零散的系统串起来，形成一个信息化整体视图），探讨大数据、云计算、人工智能等最新技术架构。顶层设计的价值至少有五个方面：部省规划的承接，统一思想的武器，项目管理的工具，深化设计的依据，课题研究的样板。

• 强力抓好统筹管理

过去，市区两级对公安信息化建设都非常重视，投入很大，但也出现重复浪费、“烟囱”林立等问题。为此，深圳市公安局成立科技信息化委员会，由局领导担任主任，负责全局信息化工作的总体设计、统筹协调、整体推进和督促落实。各分局和警种设立信息化建设小组，主要任务是“听口令，做动作”，弱化其规划和设计职能。深圳市公安局还配套出台了《关于加强全局信息化工作统筹管理的决定》等 3

份文件，建立信息化“四统”（经费统筹、平台统建、数据统管、应用统一）机制，明确了市局建平台，分局建前端，派出所提需求的任务分工。同时，还要求所有信息化项目必须纳入单位主要领导经济责任审计内容，初步扭转了信息化零敲碎打、各自为战的局面，避免了廉政风险和重复建设，实现全局信息化愿景明确、技术统一、步调一致。

• 全面整合信息资源

深圳市公安局信息资源整合长期面临内部整合难、种类不丰富、关联性不强等重重困难，尤其是内部信息资源长期散落在各分局、各警种手上，久攻不下。为此，深圳市公安局明确提出除涉密数据外，其他信息资源必须无条件实时共享至市局信息中心。经过多轮攻坚，市局信息中心已全量汇聚局内所有单位共2479种1548亿多条数据。数据汇聚后，对这些数据进行逐一梳理，剔除了大量的重复和垃圾数据，形成了1024种有效数据资源目录；并建立市局信息资源服务平台，对有效的资源目录进行注册并发布，面向用户和各个系统提供查询使用接口。此外，深圳市公安局还发动各个警种，利用管辖职能和消防监管优势，拓展了全国民航、网约车、水电油气等50多类近百亿条数据，获取的社会数据已达174种100多亿条；与东莞、惠州等周边地市建立信息资源互换机制。

• 统一搭建骨干平台

坚持“开放、分层、解耦、服务”技术理念，推进六大核心骨干平台的建设，提升支撑软件开发的能力。即用移动警务平台统一移动应用；用智能视频平台统一视频应用；用民生警务微信平台统一互联网应用；用大数据平台统一情报应用；用第三代指挥平台统一指挥应用；用公安云计算平台统一业务应用。对于现有的信息化系统，采取“通、并、砍、拆”的方式，逐步与骨干平台进行对接；对于新建的信息化系统则要求必须在市局骨干平台上开发，推广全新的“微服务化”软件开发模式。目前，集约化建设、一体化管理已成为深圳公安信息化的绝对主流。

• 推进软件开发集约化

按照顶层设计，在平台统一支撑下，2017 年深圳市公安局成立了 21 个信息化攻坚团队，分局和警种捆绑作战，聚焦基层信息化应用痛点和短板，错位发展，统筹抓好全局软件的开发。经过一年多努力，深圳市公安局推出了深云、深微、深警、深目、深海等一系列应用平台。同时，市局改革办与攻坚办同步运作，对信息化攻坚发现的体制机制问题，由改革办组织深入研究，提出流程再造、职能调整、机制优化的建议，实现信息化倒逼体制机制改革。

深云平台即深圳市公安局移动警务终端，具有四个主要特点。

一是双系统终端。基于智能手机，深圳市公安局在全国公安首创“双系统”终端，即一部手机同时运行两个操作系统，双系统双在线、秒级切换，工作生活两不误。三年多来，已迭代 mate7、8、9、10 等多个版本，目前共配发深云终端 1.9 万部。

二是一张可信专网。即深圳公安无线虚拟专网，在相关专家指导下，采用可信体系加固安全，为终端提供安全高效的 4G 网络。2016 年 6 月，公安部将深云平台“双系统”“一张专网”等主要技术标准，纳入公安部标准，全国推广建设。

三是“五个一”的用户体验。各种操作采取“点一点、拍一拍、扫一扫、说一说、刷一刷”等方式即可完成，用户体验好，操作简便，基本达到会微信即会深云的水平。

四是以租代购的终端配发模式。在配发模式上，深圳市公安局根据民警岗位需要，以“租用服务”的方式、每台 350 元 / 月的资费，分批向深圳电信打包购买终端、资费、维护等服务。月租包含 1500 分钟语音、300 条短信和 6G 数据流量，民警使用手机满 2 年，就可以更新最新一代手机。

深微平台是深圳市公安局以微信平台作为统一入口建立的民生警务平台。通过“一网、一窗、一机、一号”，可提供多样化、跨区域、一站式服务。

一网：彻底整合人口、出入境、交警等 68 个民生服务系统及 App，以微信公众号为统一入口，可上线办理 84 项业务，让市民最多跑一次，其中 26 项业务“足不出户”即可办理。

一窗：推进窗口无差异化受理、后台一站式审批模式，公安机关的任何一个窗口即可办理所有业务事项。

一机：整合人口、出入境、交警等单一业务办理终端功能推出民生警务“一体机”，市民最多刷一证就能办理多项业务。

一号：将所有民生咨询电话整合为一个号码，并开发智能机器人，90% 的咨询实现了智能解答。

• 狠抓应用推广工作

深圳市公安局明确由各级政委、教导员履行抓信息化应用的主体责任，推动信息化应用与党建、思想政治、队伍建设有机结合。信息化应用能力已成为深圳市公安局干部选拔、民警考核的重要指标之一。

（4）实施效果

2016 年 9 月，深圳市公安局确定移动化战略以来，深云平台应用突飞猛进。App 数量从 61 个增长到 136 个，除涉密业务外，其他警务工作基本实现移动化，实现“一机在手、全程无忧”。全局月均使用次数从 120 万人次增长到 1520 万人次，增长 12 倍，民警从“要我用”转变为“我要用”。2017 年 11 月，全国公安移动警务试点经验交流会在深召开；2017 年 12 月，广东省厅提出智慧新警务战略，全省推广深云。

截止 2018 年底，深微平台注册用户已达 393 万，实名认证用户 73.6 万人，每天注册用户约 5000 人次；受理量 205 万宗，网上办事率超过 60%。该项目获评《南方都市报》2017 年度街坊口碑榜十大金牌项目第一名。

2. 智慧应急

（1）概述

2016 年 11 月，深圳市召开了新型智慧城市建设领导小组第一次会议。根据会议相关指示精神，围绕市委、市政府提出的“国内领先，国际一流”总体要求，按照“一个体系、两个中心、三大系统，四大能力”的建设思路，深圳市应急办提出建设高清场景下全要素的深圳市第三代应急指挥平台，全面提升深圳市应对突发事件应急处置能力。

（2）建设目标

切实融入新型智慧城市建设大局，做好软、硬件对接和相关工作进展衔接，不断创新规划设计思路，加快推进项目建设工作，将第三代应急指挥平台打造为全市乃至全国的新标杆，提升深圳市应对突发事件的响应速度和处置能力，为深圳新型智慧城市建设做出贡献。

（3）建设内容

2017 年 10 月，深圳市发改委批复通过了深圳市第三代应急指挥平台项目可行性研究报告。深圳市应急办积极配合深圳市政府办公厅，从市级层面打造“数字政府”，全力推进项目设计、市民中心应急指挥大厅改造方案设计等工作。

• 加强组织领导和统筹规划保障

深圳市第三代应急指挥平台是深圳市新型智慧城市、智能化公共安全体系建设的重要组成部分，智慧城市建设也为突发事件特别是重特大突发事件处置提供了重要支撑，为提升应急信息化水平提供了新基础、新机遇。深圳市应急办高度重视推动第三代应急指挥平台规划设计和建设工作，成立了建设领导小组，统筹全办力量，抽调各业务处室业务骨干，引进相关专业技术人才，进一步成立了领导小组办公室、专家咨询团队和法律服务团队，建立详细工作机制，确保建设工作有序开展。

• 顶层设计牵引，充分融入新型智慧城市体系

深圳市应急办参照深圳市新型智慧城市顶层设计，将第三代应急指挥平台规划设计为新型智慧城市体系的一个有机组成部分，充分融入新型智慧城市体系，结合智慧城市将应急信息化建设推向智慧化、智能化。第三代应急指挥平台充分借鉴新型智慧城市统一架构和标准，遵循“公用设施—共性能力—业务应用”的架构，充分利用已有公用信息化基础设施，避免重复投资、重复建设；整合 GIS、大数据平台、融合通信等共性能力，能够通过智慧城市网络与公安第三代指挥平台等各专项指挥部信息化系统互联互通、后台统一、数据共享、业务协同、功能对接，结合深圳市城市运行管理中心打造双中心模式，实现“平战结合，无急可应，有急必应”的效果。

• 加强外部合作，提升设计理念和建设标准

以“国内领先，国际一流”为目标，深圳市应急办加强与一流企业、一流技术团队交流，借助其参与全球、全国应急指挥项目建设的经验和视野，共同进行项目研究，重点从“先进性、稳定性、便捷性”三个方面全面提升平台设计理念与建设标准。平台设计采用国内最新

设计方案、技术和产品，并将信息安全防护、容灾备份和高可靠的架构设计等要求纳入平台整体规划设计理念中。通过规划设计监测预警系统、预警发布系统、应急值守系统、应急资源信息系统、应急模拟演练系统、应急指挥系统、处置评估优化系统、应急移动应用系统、集群终端系统、移动指挥车等系统，实现对应急处置全流程的信息化支撑，致力于构建市、区、街道、社区的四级应急联动体系。

• 标准先行，指导统一规划设计和建设

结合深圳市“统一领导、综合协调、分类管理、分级负责、属地管理为主”的应急管理体制，全市的应急体系信息化建设需要标准先行，深圳市应急办通过制定应急平台建设标准，规范第三代应急指挥平台建设和各层级的应急管理业务信息化要求，提高了突发事件处置的应急效率和水平。围绕上述目标，深圳市应急办组织了对全国各地区应急平台和行业产品的调研，同时，也搜集整理了美国的NIMS平台、日本的防灾通信网、德国的deNIS平台的资料。深圳市应急办通过大量案例的调研分析，充分掌握了国内应急平台建设总体水平和深圳市建设现状，为标准的编制提供了充分依据。目前，深圳市应急办已完成深圳市应急指挥平台建设标准的编制工作，正紧密地推进标准的发布工作。

• 深耕业务，打造“未来应急模式”

结合深圳市领导开展应急处置的工作需要，以及各处室的实际工作职责，深圳市应急办对第三代应急指挥平台进行深化设计。依托互联网、物联网、云计算、大数据、人工智能、融合通信、高清传输、地理信息和卫星定位等先进技术，构建集信息接报、综合协调、语音识别、文本分析等功能于一体的“智能应急值守”模式；融合视频会议、视频监控、集群通信、电话等通信系统，打造“上通下达，纵横联动”的立体化指挥调度平台；通过建立深圳市高风险、频发灾害的应急指挥模型，将灾害评估、组织体系搭建、指挥调度、物资调配、人员疏散等工作与应急预案紧密结合，为指挥官打造“场景式的应急指挥”服务。

（4）实施效果

深圳市第三代应急指挥平台密切结合应急工作实际，在深圳市新型智慧城市的新基础设施和新技术环境下，着力推进应急信息化统筹管理和大数据创新应用等，从“先进性、稳定性、便捷性”三个方面全面提升平台设计理念与建设标准。

监测预警智能化：接入各相关部门的风险隐患监控信息、突发事件预警信息、视频监控信息、专业预测分析数据，对预警信息进行采集、识别、分级、评估、分布，实现突发事件的早期预警、趋势预测和综合研判，提高事前监测预警能力。

数据要素聚合化：梳理分析各灾种事前、事中、事后各环节所需的数据要素，通过统一的数据标准，整合各相关部门的专业数据，通过大数据技术实现数据处理、分析、展示。

指挥场景可视化：基于空间地理信息技术，设计适用于不同灾种的指挥场景，在指挥场景中通过图层叠加可视化展示全部应急资源，并关联事件的相关要素和动态信息，实现应急“一张图”模式下的决策指挥。

视频互动高清化：全面升级整个传输链路上所涉及的摄像、交换、投影、终端等设备，运用带宽压缩、自适应等技术，加强图像采集、传输、显示能力，实现在超低带宽下的全数字高清图像的传输和显示。

指挥中心随行化：设计了与各区、专项应急指挥部及重点部门共60个高清视频会议分会场的双机热备、实时联通，并支持主会场漫游，从而使平台以领导为指挥中心，适用应急场景，实现随行指挥。

系统构建模块化：统一接口协议，将各业务系统独立封装，减少模块间、系统间的逻辑依赖，方便功能扩展及系统维护。

3. 智慧安监

（1）概述

安全生产网格化监管工作由市安全监管局统筹，各区安全监管局具体负责组织实施，在全市范围内建立安全生产网格化管理机制，充分发挥专职安全生产监督检查员队伍在基层安全生产巡查监管中的职能作用。

（2）建设目标

进一步完善“全覆盖、无缝隙”的安全生产监管责任体系，落实属地、网格监管责任，明确基层安全生产监管职责边界，进一步推动各级安全监管部门聚焦安全生产监管主业，按照安全生产与职业卫生一体化监管的要求，着力推进安全生产监管的信息化、专业化、精细化，推动实现各区基层安全监管力量、资源的有机整合和统一调度，实现安全生产管理信息整合共享，不断夯实安全生产监管的基层基础，为促进全市安全生产状况持续好转提供坚实的基础支撑和制度保障。

（3）建设内容

• 合理划分网格

安全生产监管网格作为基层安全生产监管的最小管理单元，其划分按照“属地为主、便于监管、职责清晰、分工明确”的原则进行。具体划分原则如下：一是以辖区各街道为基础，在每个街道辖区范围内划分设置若干个网格；二是每个网格的划定，具体可综合辖区历史沿革、地理位置、网格面积大小、监管对象数量、监管任务量等因素加以确定，可以视具体情况决定是否跨社区加以划定，原则上每个网格内监管对象数量以 180 家左右为宜；三是网格的划分应确保各网格之间无缝对接，所有直接监管对象均应纳入网格化管理，不留监管死角和盲区。

• 明确网格监管对象

纳入网格的监管对象主要为各级安监部门直接监管的且实际开展生产经营活动的单位，主要包括工商贸企业，危险化学品生产、经营企业，以及经营危险化学品的小档口、从事生产加工活动的小作坊等部分需要安监部门直接监管的“三小场所”。

• 落实网格员配备要求

实行安全生产网格化管理，应充分发挥专职安全员队伍在基层安全隐患排查、监管执法中的作用。每个网格内应配备至少 2 名网格员，一般由专职安全员担任，并尽可能优先选配考取行政执法证的专职安全员，以大力推进隐患排查整治与执法监察一体化，确保重大事故隐患能第一时间得到有效处置，安全生产违法行为能及时得到查处，推动实现网格内隐患“排查 + 整治”的闭环管理，提升网格内巡查监管的效果，强化巡查监管的威慑力。在网格员队伍之外，各区局、各街道安监部门应当保留并集中掌握一定比例的专职安全员机动力量，并可具体承担飞行检查、跨网格检查、督查督办等任务，有效解决网格化管理难以覆盖的管理难题。

• 建立网格化监管配套工作机制

一是明确网格员职责定位。各网格是安全生产监管的末梢和最小责任单元，网格员作为网格企业监管员、信息员和宣传员，要切实履行网格内企业分级分类监管、监管基础信息采集、安全生产法律法规、上级部署以及监管指令宣传、贯彻、动员三位一体的网格员职责。

二是建立和完善网格员监督管理与履职保障机制。加大对网格员队伍履职情况的监督考核力度，加强对网格员履职情况的日常监督管理。大力争取区政府及其相关部门支持，同步建立网格员履职的激励机制，规范其工作场所、工作服装、工作装备配置以及网格员薪酬待遇等，探索建立网格员薪酬定期增长制度。通过加强日常监督管理和履职激励，切实增强网格员岗位的吸引力，保持网格员队伍稳定。

三是加强网格员工作规范指引。建立和完善网格员开展网格内企业巡查监管、信息采集、安全生产法律法规宣传、贯彻等工作的方式方法、程序，加强对网格员的业务培训，不断提高网格化监管工作成效。

• 全面实行网格内企业全覆盖式分级分类监管

一是网格化监管实行全覆盖监管。除提级由区、街道安监部门直接监管的企业外，网格员应当按照安全生产与职业卫生一体化监管的要求，组织开展对网格纳管企业的巡查监管。每个网格纳管企业每年至少检查一次，不留死角和盲区。

二是根据网格内各纳管企业安全生产现状实行分级分类监管。组织网格员或成立专门评定组织根据市局制定的《深圳市网格纳管企业安全生产现状分级评定办法》，对应红橙黄蓝四个等级，对网格纳管企业逐一进行分级评定，并加强评级结果应用，相应确定各等级企业的监管巡查频次和力度，提高监管巡查的针对性和实际效果。

三是对于评估认为风险等级高、监管专业性强、监管难度大的特定网格纳管企业，可提级由区局或街道安监部门直管，强化对重点监管对象的专业化监管。

• 提高网格监管信息化水平

充分运用“深圳市安全管理综合信息系统”平台，整合网格划分、人员配备、监管对象、隐患治理等网格信息，并利用该平台提供的安全生产监管巡查系统和安全生产执法监察系统开展巡查与执法，以科技化、信息化手段，进一步提升安全生产网格巡查、执法的规范化水平，提升监管工作质量和效率。根据各区划分设置安全生产管理网格情况，依托市安全管理综合信息系统，充分利用信息化手段和大数据资源，编制全市安全生产管理网格分布图，建立和完善全市统一的安全生产网格化管理信息平台，整合网格划分、人员配备、监管对象、巡查执法、隐患治理等数据信息，实现网格化管理全市“一盘棋”，提升网格化管理成效。今后全市风险点、危险源分布电子地图、应急救援资源、力量分布电子地图、重大隐患分布电子地图，等等，都可以在全市安全生产管理网格电子地图的基础上层层叠加，进一步实现信息整合共享，强化统一指挥调度，服务安全监管决策。

（4）实施效果

截至目前，各区安全生产网格化监管体系初步建立：各区安全生产网格全部划定（共 990 个），所有网格纳管企业基本完成精准地理定位和基础信息采集，网格员（共 2042 名）配备基本到位，市安监局在此基础上已完成全市安全生产网格化电子地图绘制和网格化管理信息平台建设。

4. 智慧市监

（1）概述

深圳市市场和质量监管委高度重视信息化建设，按照深圳市委市政府建设智慧政务工程的总体部署和《深圳市新型智慧城市建设 2018 年实施方案》的要求，统筹协调、全面推进智慧市场监管工作。

（2）建设目标

按照“以‘三化三型’开创市场和质量监管新局面，打造智慧市场监管委 2.0 版”的要求，在学习先进经验、认真研究工作实际的基础上，将实施智慧监管工程作为工作重点，大力推进“互联网 + 政务服务”，围绕智慧监管，按照“制度 + 科技 + 责任”的总体思路，深化体制机制和监管方式改革，以信息化、智能化引领市场和质量监管工作的现代化，建立高效运作的工作机制，打造国际一流、国内领先的市场和质量监管大部制改革样板。

（3）建设内容

智慧市监建设工作包括四方面的内容（“1234”智慧市监工程）：1个智慧市监平台、2个支撑中心（大数据中心和智能管控指挥中心）、3张业务网（巡查网、检测网、执法网）和4大功能模块（办公自动化、监管执法、运行分析、公众服务）。

• 坚持“三统三分三融合”原则，协同推进信息化建设

一是坚持“三统”协同：统一规划、统一标准、统筹资金。全委信息化项目在智慧市监平台的统一规划下开展立项和设计，严格按照设计要求、时间进度开发和验收；所有信息系统和数据要标准统一，确保系统之间无缝衔接。二是坚持“三分”推进：分工负责、分块实施、分步推进。实行项目组负责制，由业务部门牵头，主要领导担任项目组组长，有关单位人员组成项目组，全面负责项目管理和建设推进工作。三是坚持“三网”融合：推进各类新项目融入“巡查网”“检测网”“执法网”运行。改造已有的信息化系统，把相关业务和数据接入“三张网”运行；新建的各信息化项目，在设计阶段充分论证，明确与“三张网”的对接与协同方式，统一设计，成熟一个，建设一个，逐步推进，不断完善智慧市监平台的功能，提升“三张网”的运行效率。

• 建立自主查询比对系统，推行商事主体名称自主申报登记

按照“精简、共享、智能、便民”的工作要求，制定了名称自主申报规则，建立名称自主查询比对系统，通过信息技术手段实现对禁限用企业名称、近似企业名称的查询比对和智能申报。2015年7月1日，在全国率先实施了企业名称自主申报制度，即由企业在网上自行申报名称，

商事登记系统经比对确认不违反名称禁限用规则后自动审核通过，将名称核准时限由以往的 3~6 天缩短到即时生成，真正实现了还权于民、还权于企。2017 年 12 月，在运行成熟的基础上，又将名称自主申报的范围拓展至个体户，实现全市商事主体名称自主申报改革的全覆盖，受到企业、群众的广泛欢迎。经统计，改革后名称申报通过率较改革前提高了 15 个百分点，名称使用率达 94.18%，较改革前增长了 24.11 个百分点。

• 充分运用信息技术，实行全业务、全流程、无纸化网上注册

将现代互联网及加密技术与商事登记注册业务深度融合，申请人借助银行 U 盾等数字证书通过互联网提交电子申请材料，股东可远程电子签名、在线提交申请，无须多次往返办事大厅提交纸质材料。商事登记机关实行网上受理、网上审查、网上颁发电子营业执照，并保存电子档案。同时，网上申请进入数据库后，再分派后台办理，不仅减少了前台受理的时间损耗，而且实现了后台审批行政资源在各个时点的有效分配利用，大幅提高了登记效率。目前商事登记 95% 以上设立业务、80% 以上变更业务已实现全流程网上办理，登记方式从传统的窗口登记为主转变为以网上注册为主，真正实现了“让政府信息多跑路，让群众少跑腿”。申请人无须提交纸质材料，决议、章程等各种文本根据企业填报信息生成统一规范的模板，进一步提高了注册登记的标准化程度。该登记模式属全国首创，得到了原国家工商管理总局的认可并被全国许多省区市学习推广。

• 利用“互联网 +”思维，推行“多证合一、一照一码”改革

以“互联网 +”理念为指引，实行跨部门协同运作，采用全流程无纸化网上登记，以“一表申请、一门受理、一次审核、信息互认、多证同发、档案共享”的模式推行“多证合一、一照一码”改革。2014 年 12 月 1 日起，深圳市市场和质量监管委联合市国税局、市地

税局、市公安局在全国率先推出营业执照、组织机构代码证、税务登记证和刻章许可证的“四证合一”的登记模式。2015 年 6 月 1 日将社保登记纳入商事登记办理流程。2017 年 3 月，在全国率先将住房公积金缴存单位登记纳入“多证合一”，实现营业执照、组织机构代码证、税务登记证、刻章许可证、社保登记证、住房公积金缴存单位登记的“多证合一”。2017 年 10 月，在原“多证合一”的基础上，进一步探索整合外商投资企业设立备案、对外贸易经营者备案登记、国际货运代理企业备案、检验检疫报检企业备案、原产地证申领企业备案登记 5 证，使深圳市“多证合一”的范围拓展到 12 证。“多证合一”改革制度利用业务数据的联通、共享，有效整合了政府部门间的资源，减轻了企业和群众负担；同时，政府部门也节约了大量人力、物力、财力等行政成本，实现了政府部门有效“瘦身”。

• 构建“跨界”协作，实现商事登记与统一地址库采集管理深度融合

在市委政法委等有关单位的大力支持下，开展商事登记环节应用深圳市的统一地址，将商事主体住所申报由原来的文字录入方式，调整为利用全市统一地址库实行地址智能选填的方式。申请人在登记申报时，通过全市统一地址库查询并选定商事主体住所地址信息进行申报，保证了地址申报的规范性、准确性，堵住了“虚”地址登记漏洞，提高了商事登记质量。

• 畅通企业退出机制，实行企业简易注销

针对企业“退出难”问题，2015 年 7 月 1 日深圳市市场和质量监管委率先在全国开展企业简易注销改革试点工作。对于未开业企业以及无债权债务企业，放宽注销登记的材料、程序、申请方式等条件，全流程网上办理。商事登记机关不再要求企业办理清算人员备案和提

交清算报告。企业无须在报纸上发布注销公告，提交材料信息后，由商事登记机关在网上免费发布注销公告。企业简易注销改革为将要退出市场的企业提供了极大方便，免除了以往烦琐的注销手续，商事登记机关真正做到了服务到位。通过提供权威的公共公示平台，减少了企业的开支成本，优化了资源配置，促进了公平有序竞争。

• 探索引入自助服务终端，实行自助发照

积极探索在部分办事大厅、社区、街道等场所部署自助服务终端，提供自助发照服务。由法定代表人或登记经办人在线通过实名认证并确认营业执照正面信息后提出自助发照申请，而后申请人本人前往自助发照设备完成人脸识别，自助打印营业执照。此项措施进一步提高了商事主体办事的便利度，较好地解决了商事登记“最后一公里”的拥堵问题。

• 保障食品安全，建设食品安全追溯服务平台

自 2015 年起，深圳市食品药品监督管理局深入推进深圳市食品追溯体系建设，“食品安全监管追溯与信用管理建设推进项目”围绕食品流通追溯，合理整合索证索票信息、索证索票信用评价、风险管理等相关内容，实现预包装食品索证索票资料的信息化管理和共享、预包装食品及供应商的信用管理和风险防控；有利于实施食品安全监督管理计划，加强对风险较高的食品生产经营企业的监管；通过编制实施方案、技术标准等多种形式，为追溯工作奠定了较为坚实的理论基础；以认证认可的方式加强追溯体系建设，促进企业的追溯管理；通过试点及推广，形成了较为广泛的实际推进基础。

项目成功搭建并推出了“深圳市食品安全追溯信用管理系统”，系统已成功稳定运行 3 年，并已经在岁宝百货、天虹、永旺、百佳华、顺丰优选等 10 多家大型连锁超市全面推广应用。截至 2017 年 7 月 11

日，该系统完成了 2700 多个供应商、72000 多个证照和 140000 多种产品的数据采集、整理、稽核、梳理等工作。

项目研发的“食品安全追溯”App（iOS 版本及 Android 版本）已发布，可供监管部门、企业用户及公众群体使用。政府监管部门可进行线下移动监管，提高监管执法效率，通过“食品安全追溯”App 扫描商品条码或查询商超，即可实现商品的追溯和相关供应商信息的查看，其中包括商品的标签信息、相关证书证明、检验报告信息、监督抽查情况及产品供应链追溯。消费者使用“食品安全追溯”App 进行追溯查询，不仅可获知所购食品基本信息及产品追溯信息，还可以了解到所购食品的风险指数，保障消费者知情权。

（4）实施效果

2013 年 3 月 1 日，深圳在全国率先实行商事制度改革，破除市场准入障碍，激发市场创新创业活力，为各类市场主体健康发展提供了宽松便捷的准入环境。

商事制度改革以制度创新和技术创新双轮驱动，力推“互联网 +”的极简商事登记模式，成为深圳市市场和质量监管委全面深化改革、转变职能、简政放权、构建现代化治理体系的“先手棋”。通过“互联网 + 商事登记”新模式，有效激发了深圳市各类市场主体的活力，使社会公众的获得感明显增强，为深圳市社会经济转型升级、提质增效提供持久动力。

5.4.3 城市治理

1. 智慧交通

（1）概述

近年来，深圳市交通运输委紧紧抓住“互联网 +”新机遇，坚持“以信息化、智慧化引领全市交通运输行业现代化国际化一体化”的发展思路，持续夯实基础建设环境，全面强化安全防控和数据决策支撑，全方位拓展交通便民服务，促进交通数据共享共用，不断提高智慧交通的前瞻性、科学性、引领性。

（2）建设目标

以国家智能交通系统体系框架为指导，建成“高效、安全、环保、舒适、文明”的智慧交通体系，大幅度提高城市交通运输系统的管理水平和运行效率，为出行者提供全方位的交通信息服务和便利、高效、快捷、经济、安全、人性、智能的交通运输服务，为交通管理部门和相关企业提供及时、准确、全面和充分的信息支持和信息化决策支持。

（3）建设内容

• *以顶层设计为统领，全面搭建智慧交通发展框架*

在顶层规划方面，开展了3轮全市性智能交通总体规划，2008年编制了《深圳市智能交通系统建设近期工作方案（2009~2011）》，2011年和2017年分别印发了深圳市智能交通“十二五”“十三五”规划，搭建智能交通总体框架，同步开展系列专项规划，系统推进了深圳市智能交通的发展。

在标准建设方面，成立了深圳市智能交通标准化技术委员会，搭建了智能交通标准化体系框架，制定一系列应用技术标准，奠定了数据共享、系统集成的基础。

• *以互联互通为根本，夯实“互联网＋交通”基础环境*

打通光纤链路。打造10条光纤专线交通骨干网（40G），链接全委各单位、主要行业企业和全市各数据共享单位，为智能交通系统运行提供基础链路保障。

加强数据整合。打通规划、环保、公安、城管、市场监管、水务、交警、气象等单位数据交互渠道，通过感知、接入、共享等方式整合汇聚了民航、铁路、公路、水运、公交、轨道、出租车、深圳通等30类75项交通行业数据，支撑智慧交通上层建设。

搭建云计算环境。建立了“1+N”（深圳交委内部虚拟平台、中科院华南超算节点、国家超算中心深圳节点等）分布式基础云环境，构建基于云环境的全市综合交通集成应用云数据中心，实现交通大数据实时接入、高效运算、安全存储。

• *以大数据为支撑，全面提升交通运输管控决策能力*

构建交通运输行业GPS监管平台。接入全市营运车辆动态数据，建设具有监测、管理、调控、服务等多层次的交通运输行业GPS监管平台，实现道路运输行业政企联动，共同促进行业发展。

打造日常养护智能化监管的阳光政务平台。开发集公路和市政一体化的道路养护管理系统，日常道路养护全流程无纸化，审批流程合法、透明、权责分明。截至2017年底，系统共处理案件505425件，日均处理案件近1385件，涉及养护经费约13亿元。

推广应用纯电动出租车，大力推进出租监管新模式。取消传统计价器具，通过纯电动出租汽车车辆数据换算实现计程计时；将人脸识别技术应用于出租汽车驾驶员从业资格管理，以技术创新杜绝“无证上岗”“黑机动”，保障乘客合法权益和乘车安全；制定出租汽车视频监管技术标准，实现视频动态监管。

实行大数据治堵。融合出租、公交GPS数据和手机导航多源数据，通过交通运行指数系统和实时在线仿真系统，实现交通运行监测预警和拥堵识别，支撑片区治理与改善，支撑重大基建规划和评估，支撑交通政策的落地与跟踪评估。

强化应用系统业务支撑。结合交通运输行业各领域、各板块的运行特点，利用完善的综合交通信息化系统，建成涵盖智能公交、智能设施、智能物流和智能政务四个方面的 30 多项应用系统，进一步服务交通运输业务发展，信息化、智慧化服务体系覆盖全面、管理高效。

• 以用户体验为导向，构建高效便民交通服务体系

推行“互联网 + 政务服务”。创新性开展“减材料优流程创新改革”，实现政务服务全天候、全自动、零现场、零费用办理，便民利民，廉政服务。网约车监管平台 2016 年底上线以来受理 50 余万份申请，无一申请人到窗口办理，无一行政人员签批，免去了从业者申办奔波之劳，彻底消除了权力寻租之患。

丰富交通出行信息服务。坚持“交通无处不在、服务在您身旁”的人文交通理念，利用手机屏、电脑屏、电视屏、户外屏、“12328”服务热线（“四屏一热线”），为市民提供海、陆、空、铁、地全方位、多模式的交通信息服务。

改善市民出行支付体验。全力推动“一卡通”互联互通工作，全面完成深圳 22000 台地面公交终端升级改造，实现“腾讯微信”和“阿里支付宝”支付渠道的“深圳通二维码”扫码乘车，同步与中国人民银行深圳分行合作推进金融 IC 卡在公共交通支付领域创新应用。

• 以开放共享为原则，促进部门协调联动、产业融合

推动部门信息共享联动。按照市政务资源整合共享要求，与各部门共享涉及 70 类交通数据信息，与公安交警部门共享运营车辆数据每天约 40 亿条，实现重点车辆警情的联防联控，与市场监管部门共享企业诚信信息，实行失信联惩。

促进产业融合发展。开放出行信息服务资源，鼓励第三方进行增值开发，初步建立了行业合作与产业发展的工作局面，扶持智能交通协会、智慧交通产业促进会发展，打造智能交通领域的“达沃斯”，

发展100多家会员、10多个产业链条、近400亿元市场。全面开展与科研院校、社会机构、企业的战略合作，与23家科研院校、社会机构、企业等单位全面合作，共享10多类资源，拉动1亿多元项目合作。

（4）实施效果

深圳是国内较早建立真正意义上“一城一交”大交通管理体制的城市，为智慧交通工作的统筹管理和智慧交通系统一体化建设、一体化应用提供了良好的体制机制保障。

2. 智慧城管

（1）概述

深圳是国家住建部确定的全国首批数字化城市管理10个试点城区之一。数字城管一期工程于2006年6月28日上线运行，包括市级平台和罗湖区、福田区、南山区、盐田区系统的建设，2006年10月通过了住建部专家组的验收；二期工程为宝安、龙岗两区系统的建设，于2007年7月上线运行。至此，深圳市数字城管实现了全市建成区全覆盖，国家住建部验收组专家认为深圳经验对全国特大型城市建设数字城管系统具有示范作用。数字城管是对城管工作机制的一项创新，通过网格化的管理、采集员巡查采集案件、市区街道三级分工协作，极大地提高了案件发现、处理效率。深圳数字城管系统上线运行至2015年12月31日，全市数字城管监督部门共受理各类城管案件12357246宗，日均案件受理量约3500宗，是系统建成前的13倍。

然而，随着时代的发展，科学技术的更新应用，数字城管也逐渐暴露出不足之处，如数字城管案件的处理是在数字城管系统中闭环完成，案件采集缺少市民参与、处理流程未对市民公开、处理结果缺乏市民监督；“12319”热线电话相对于移动互联网不够方便快捷，市民很难真正了解城管工作、参与到城市治理中来。

（2）建设目标

深圳市城市管理局党委明确提出“服务至上、精益求精”城管核心理念和“法治城管、智慧城管、品质城管、人文城管”建设目标，标志着深圳智慧城管发展目标的正式确立。2015 年初全市城管工作会议上，深圳市城市管理局明确指出“以公众互动服务平台为突破口、率先实现智慧城管建设落地”的工作部署，标志着深圳市智慧城管建设正式拉开了帷幕。

（3）建设内容

• 建立智慧城管课题研究团队

为确保智慧城管建设的科学、合理，深圳市城市管理局建立了由市城管监督指挥中心牵头、技术骨干组成的智慧城管课题研究团队，并借助企业外脑，探索以数字城管为基础，运用物联网、云计算等技术，实现信息自动化、监管精细化，向智慧城管的升级跨越。智慧城管课题研究团队还形成专项调研小组，组织到各相关行业单位和知名高新技术企业进行专题调研。结合调研成果，深圳市城市管理局编制了《智慧城管建设“十三五”规划纲要》，明确了智慧城管建设的主要框架为“一云、二平台、六应用”，公众互动服务平台是其中的重要组成部分。

• 建设城市管理云计算中心

采用最新的云计算技术、大数据处理分析与挖掘，打造管理与服务兼具的智慧城管核心支撑云平台。

• 建设公众互动服务平台

在原有网站、短信、热线、随手拍举报的基础上，建立城管微信公众号、全民城管 App，与数字城管综合业务系统绑定，并整合市、区媒体、公众资源，形成市区联动的公众互动服务平台。

2015年9月23日，“美丽深圳”微信公众互动服务平台正式上线运行。市民通过关注“美丽深圳”微信公众号即可快捷反映城市管理问题、咨询城市管理业务及城市服务信息，轻松参与与城管相关的互动活动。市民通过“美丽深圳”平台实现与城管的零距离接触，走进城管、了解城管，参与城市治理，营造城市治理的良好氛围。2016年初，开发并上线“美丽深圳”App，进一步实现行政许可、办事信息查询等功能，同时逐步推出其他便民服务，包括公园门票网上支付、停车位查询等。

2016年6月，为强化城市事、部件管理，扩大“美丽深圳”微信公众号影响力，市城管局研究起草市民举报城市管理问题奖励实施办法。市民通过热线电话、公众互动服务平台等方式举报城市管理问题，可获得相应的奖励，有力地发动和鼓励了市民群众参与城市管理工作。

• 建设综合指挥调度平台

采用实时定位、视频采集、场景上传和远程控制等手段，建成一个高效运行、及时处理、全面覆盖的综合指挥调度系统，统一协调各职能部门的行动，实现对城管业务工作更快捷、可靠的全方位应急指挥及业务调度。

• 建设行业监管信息系统

建设涵盖综合执法、环卫作业、景观照明、绿化管养、户外广告、爱卫作业、森林防火及公园管理的城市管理行业监管信息系统。划分责任网格（标段），以网格化管理推进更精细量化的考核评价，创新城市管理监管机制。

• 建设智能考核评价系统

通过提升市、区现有的数字城管考核评价体系，全面纳入精细化作业监管考核评价内容，并结合全国文明城区考核测评体系中相关城市管理指标，建立深圳美丽城市考核评价工作长效机制。

• 建设服务企业征信系统

充分运用大数据分析与挖掘、云计算等技术整合涵盖城市管理各相关服务企业，包括行政执法的企业对象、门前“三包”的沿街商铺及城市管理服务外包企业的数据信息，建设一个科学、客观、规范的城市管理相关服务企业征信系统。

此外，还将建设智能数字城管系统、大数据分析应用系统，提供更便民、快捷、高效的城市服务，实现城市让人生活更美好的目标。

（4）实施效果

深圳市智慧城管在原数字化城市管理的基础上，通过对作业流程的再造，对管理机制的革新，运用云计算、物联网、移动互联网和大数据等新一代先进信息技术手段，实现对管理事项作业的标准化、精细化和智能化的新型城市管理模式。

3. 智慧水务

（1）概述

“智慧水务”是通过数采仪、无线网络、水质水压仪等在线监测设备实时感知城市供排水系统的运行状态，采用可视化的方式有机整合水务管理部门与供排水设施，形成“城市水务物联网”，并将海量水务信息进行及时分析与处理，作出相应的辅助决策建议，以更加精细和动态的方式管理水务系统的整个生产、管理和服务流程，从而达到“智慧”的状态。

深圳水务集团作为与民生息息相关的水务企业，一直以来不断探索水务企业的信息化战略，将信息化作为支持战略、促进管理、提升效率的重要手段之一，在水质监测、水务调度以及企业运营管理等多个方面以“智慧水务”为标杆，促进深圳水务集团向智慧型水务公司转变。

（2）建设目标

以保障供排水安全、提升服务水平为主线，构建水务物联网体系、客户服务体系、业务运营体系和信息安全保障体系，打造涵盖生产、经营、服务、管理等主要业务领域的信息化应用系统。

（3）建设内容

• 高度重视顶层设计，完成智慧水务总体方案编制

以需求为导向，紧密围绕服务水务中心工作，编制智慧水务总体方案，从顶层设计、制度安排、近期重点项目和重要工作推动等方面落实市领导关于水务信息化工作的批示精神。

在总体方案中，提出了智慧水务总体建设思路、目标、重点任务、关键技术及实施计划，计划用3~5年时间，围绕自然—社会二元水循环过程，充分利用新一代信息技术，采用松耦合架构模式，构建智能感知、数据融合和智慧应用三大体系，通过“一图全感知”“一键知全局”“一站全监控”“一机通水务”，实现涉水事务感知、监管及决策的全过程智能管控。

• 以需求为导向，提升核心业务信息化水平

进一步加强资源监测能力建设，为落实水资源三条红线管理提供支撑。在已建覆盖全市所有172座中型、小（一）（二）型水库，5条较大河流（布吉河、梧桐山河、葵涌河、坪山河、沙头角河）的水雨情数据采集系统的基础上，2018年将在2条引水线、13座主要供水水库建设20套水质在线监测系统，新建27个水源地供水水量实时采集系统，升级水资源管理系统，实现水资源的精细化、科学化管理，全面提升深圳市水资源管理及科学调度能力。

围绕安全迎汛，不断提高防汛智能化水平。在初步实现水情智能感知、全面集成气象信息的基础上，建设视频监控整合平台，实现多

平台视频资源无缝集成，共集成、共享市直相关部门、局属单位和区级水务部门视频监视点近两万路，覆盖主要水源地、引水工程、渔港和易涝地区；建设内涝自动监测系统，实现160处重点桥区、路面积滞水自动监测；新建灾情上报、公文模板化定制功能，实现市区三防部门及指挥部成员单位间高效联动；集成城市洪水风险图成果，为防汛指挥提供科学支撑手段。2018年，按照广东省三防信息系统标准化建设的要求扩建三防指挥中心，以保障指挥高效为中心，突出"指挥手段先进、信息流转顺畅、业务处理便捷"的原则，建成会商区、值班区、成员单位联合值守区、系统操作区等功能区域；建设三防融合指挥通信平台，建立"平战结合、预测预判、快速反应、互联互通、业务协同"的第三代应急指挥管理体系；建设三防应急事件闭环分拨管理系统，打造"1+11+N"的三防应急事件管控格局，实现三防应急事件及隐患"第一时间发现、最短时间响应、最快时间处置、第一时间反馈"，初步实现市区三防成员单位间音视频会商、决策支持、应急处置一体化联动协同，提升突发事件响应速度和处置效率，推动从被动式、应急式向主动式、预警式三防管理模式转变。

服务治水提质工作，推广建设河务通系统。为落实河长制管理工作要求，按照深圳市中央环保督察整改和治水提质攻坚例会的会议精神及要求，统一建设全市河务通系统，即在宝安区河务通系统的基础上，进一步拓展和提升河务通功能，供市水务局、人居环境委及各区（新区）环保水务部门使用，实现河流基础信息、河长信息、涉河工程信息、舆情信息的移动化管理，提供现场事件的上报、处置、执法的全过程闭环管理，满足河道管理"看得见、叫得应、用得好"的需要，为督促河长履职、规范执法监管、落实考核工作提供信息化支撑；建成深圳市治水提质项目管理系统，实现项目生命周期的全过程管理，提高了治水提质项目的管理效率；建设治水提质公众版 App，提升市民参与水环境管理获得感。

• 统筹规划，全面启动新技术在水务工作中的应用

加强新技术应用的顶层设计。结合水务工作的实际需要，规划遥感、无人机、三维测绘、卫星定位、窄带物联网（NB-IoT）、融合通信、大数据、人工智能（AI）等技术在水务工作中的应用，利用科技、智慧来破解水务管理中存在的“小马拉大车”、辅助决策能力不足问题。

强化新技术在水务工作中的应用。利用视频无缝监控等先进手段，2017 年建成铁岗石岩水库视频综合管理系统，实现了水库重点区域、重点设施全覆盖、无盲点、无死角的视频监控；综合运用地理信息技术、大数据分析、高光谱识别、物联网、人工智能（视频识别）、三维倾斜摄影等新技术，实施茅洲河流域智慧水务试点项目，将基本实现试点区内的“三维一张图，一键知洪涝，一站全监控”；启动无人机在梅林水库水源保护区的应用研究，探索以无人机结合自动化巡线、红外线检测技术、GIS 地理信息、三维影像重建等技术在水库巡检、植被保护、雨季水土预警与灾情评估、森林防火等工作中的应用；利用第三代应急指挥平台，建设集“固定 + 移动”的视频会议、电话会议、视频监控及业务分析于一体的三防融合通信指挥平台。这些新技术的应用，对创新水务管理模式、提升水务精细化管理与决策支持能力具有重要意义。

• 加强机构建设，为智慧水务建设提供强有力的组织保障

2017 年，在不增机构、编制的大环境下，合并了 2 个正处级事业单位，成立了正处级事业单位——市水务科技信息中心，承担智慧水务建设和管理工作。根据“智慧城市”建设总体要求，为有序推进深圳市“智慧水务”建设工作，成立了深圳市水务局智慧水务建设领导

小组，由局长任组长，分管副局长任常务副组长，其他局领导任副组长，各部门负责人为小组成员，负责贯彻落实“智慧城市”建设要求、组织实施智慧水务，水务信息化工作逐步形成了“主要领导亲自抓、分管领导具体抓、具体工作有人干、建设资金有保障”的良好氛围，为智慧水务建设提供了坚实保障。

（4）实施效果

近年来，深圳水务信息化工作严格按照中央、水利部、深圳市委市政府的政策要求，紧密结合深圳水务中心工作，围绕治水提质、安全迎汛、水资源管理、信息资源共享利用等重点任务，采取了一系列具体措施，取得了一些成效，逐步提升水务精细化、智能化管理水平，为推进“智慧水务”建设奠定了良好基础。

4. 智慧住建

（1）概述

为加快建立多主体供给、多渠道保障、租购并举的住房制度，培育和发展住房租赁市场，按照深圳新型智慧城市建设 2018 年工作方案部署，深圳市住房租赁服务监管平台以“互联网 + 租赁服务 + 公共服务”为定位，参照“惠民利民、安全高效”的建设原则，构建供应主题多元、系统功能完备、高效便捷、有公信力的房屋租赁平台。

在构建租赁服务平台的同时，深圳市住建局进一步创新服务模式，通过采用新一代信息技术，致力于打造更为便民的智慧服务体系。

（2）建设目标

在推动“互联网 + 政务服务”工作中，做好顶层设计，着力消除信息孤岛，解决服务平台分散建设、重复建设的问题，以深圳市政务服务资源整合为突破，引领推动服务事项跨部门协同办理，打造权威、便捷的一体化新型互联网服务平台。

（3）建设内容

•智慧租房引领租赁安居新模式

租赁平台实现了各类房源筹集、信息验真服务、供求信息发布、租赁交易撮合、公共服务汇集、智慧物业服务、数据监测分析七个方面功能，在线签约备案、优惠政策兑现、租赁全程监管功能待完善上线，届时租赁平台交易、服务、监管三大板块的规划将全部实现，为广大市民提供“一站式”的租赁信息服务。

开放包容，海纳百川。租赁平台按照“1+N”的平台架构体系，搭建以政府监管为核心，多企业交易服务平台共同融合的集交易、服务和监管于一体的全市统一住房租赁服务监管平台。“1”指政府主导搭建的租赁平台，“N”指引入社会力量（尤其是培育和发展租赁企业）建立的多个交易服务平台，平台通过数据互联互通实现对企业租赁平台的实时监管，包括对房源核验、租金价格、租赁交易、房源管理等信息的监测和分析。通过租赁平台，实现全市房源全覆盖、公共服务全纳入、租赁环节全打通。

互联共享，服务民生。租赁平台建设作为智慧城市的重要组成部分，也是“互联网＋租赁”的新型信息化系统模式，充分发挥大数据、云计算等先进技术优势，集成各项政府服务，引入金融机构、第三方公司提供优质金融产品服务、生活服务等，充分发挥租赁平台最大效益，为市民提供最优质的服务。

信息安全，监管到位。租赁平台通过数字技术的创新运用，实现房东、租客、中介经纪、租赁企业、房源等相关信息的云端存档与验证，有效地解决租赁过程中出现的假房源、假合同和假身份等问题。租赁平台利用语音识别和人脸识别等前沿技术，提供房屋核验、身份识别、VR看房、在线备案、支付等全链条能力。建立覆盖租前、租中、租后的后台运营和处理机制，通过开放 API 数据接入、LBS 精准位置服务、人工智能和大数据可视化交互系统，建立深圳市“楼盘字典”和用户画像，实现数据可视化、高效、智能的后台管理。

使用便捷，办理高效。通过租赁平台建设，实现各部门间信息互联互通，打通公积金中心、租赁办、教育局、公安局、人社局、地税局等部门数据接口，提供在线提取住房公积金、办理合同备案、申请积分入学、办理居住证、申请积分入户、申请租房和生活补贴、缴纳税费等公共服务，方便市民，实现“信息多跑路，群众少跑腿”。

惠民利民，降低成本。一是租赁平台实现线上租赁电子签约。目前平台使用的数字电子签约证书均符合国家标准，具备完整的时间戳和证据链收集的功能。电子签约是实现租赁全流程线上办理的关键环节，极大地提升了租房的便捷体验。二是首创信用免押租房。目前市场租房通常需要缴纳一至两个月押金，政府租赁平台则秉持惠民利民的原则，推出基于信用分的免押险服务。满足一定信用分的租户即可购买信用免押险，享受免押金入住，并提供违约保障。同时，通过完善的信用体系建设保证租赁双方履约，助力深圳市诚信社会建设。

• 用户为先、信息互联，打造智慧应用，让公积金服务触手可及

深圳市住房公积金管理中心以为缴存单位和职工提供优质服务为导向，多措并举扎实推进“放管服”改革，打通职工办事“最后一公里”。2016 年起，在国务院“互联网 +”战略方针的指导下，市公积金中心在住房公积金业务办理、服务场景等领域与互联网公司深入合作，着力打造以数据共享为支撑、以移动终端为着力点的“随身式服务”。现建立起行业领先的微信公众号、支付宝、网络、电话、银行自助终端、柜台“六位一体”的住房公积金业务多元化办理渠道，切

实保障业务程序全流程畅通，激励缴存单位积极诚信缴存，确保职工随时随地办业务更便捷。

以智慧应用为平台，让职工“零跑腿”提取公积金。在保障职工基本住房消费的理念下，深圳构建了覆盖所有缴存职工、按照不同住房消费需求分层级的提取机制，实现了每年“人人可提”一定额度的住房公积金。同时，通过与市产权登记、社保、市场监管、人行征信等众多部门联网打通信息共享渠道。市公积金中心设置了多层次提取情形及便捷化的提取服务：深圳在全国首创租房、物业费、销户等多项微信“零材料”秒提住房公积金服务，让职工不再受时空约束即享便捷化的提取服务，有了实实在在的获得感。此举获得了社会的广泛认可，形成了良性互动的关系格局。

以智慧应用为支撑，让职工享政策“零了解”极简办事流程。为给缴存职工打造高效的服务体验，市公积金中心努力打造智能服务系统，通过后台精心预设业务场景参数、嵌入精密逻辑关系，让系统自动分析职工状态、智能筛选业务类型、逐步提示操作过程，做到让职工不需先了解政策和业务流程，就可以由系统引导办理业务。特别是微信提取服务，系统可根据职工有无房产、业务办理记录等实际情况进行智能判断，自动筛选出职工当前可办理的提取类型，并根据该职工的住房公积金缴存基数、业务办理历史记录等信息自动测算出职工当前可提取的最高额度，极大提升了用户操作便捷性。

以智慧应用为媒介，让职工“零咨询”享公积金贷款贴心服务。市公积金中心为使职工在享受住房公积金低息贷款的同时体验全流程便捷周全的贷款服务，在全国同行业内首次推出微信“贷前智能试算”及“贷后自助变更”服务。贷前，职工可通过微信试算可贷额度，系统自动根据职工信息智能试算出最高可贷额度，为职工规划贷款计划。

贷中，提供预约办理功能和贷款业务办事指南链接，并提供办理网点地址和电话，职工可提前准备所需材料和安排出行时间，最大限度节省办事时间。贷后，职工可通过微信自助办理提前还款、贷款缩期、变更还款日、变更还款方式、对冲还贷等多类贷后变更业务，根据自身情况及时调整，减轻经济压力。

以智慧应用为载体，让职工“零输入”刷脸认证公积金账户。市公积金中心在全国同行业内首次启用人脸识别技术，依托支付宝成熟的人脸识别系统及大数据分析能力，结合后台多重身份交叉验证，在全面防范风险的前提下，实现账户“免密”登录、快速查询缴存、提取、贷款信息；若职工忘记密码，通过人脸识别认证即可重置，破解了此前需本人到实体柜台办理的难题。

• 首创物业管理微信服务平台，破解物业管理顽疾

2015 年 12 月，深圳市住房建设局创新便民举措，利用微信即时通信平台打通服务“最后一公里”，先后在福田区天然居、新天国际名苑等多个小区试运行了全市物业管理微信公众号，这是全国第一个官方性质的市级物业管理微信服务平台，也是市住建局探索应用“互联网 +”提高基层治理能力、破解物业管理“顽疾”的重要尝试。目前，市物业管理微信服务平台已在全市正式推广使用，关注该微信公众号的用户约 40 万人，通过公众号进行业主身份认证的已超过 26 万人。

以公众号为依托，实现物业管理信息公开。一是全市 5000 多个小区的房产基础信息、业委会信息、物业服务企业信息以及维修金信息通过微信公众号进行公开，业主随时可以通过微信公众号查询所在小区的物业管理信息。二是建立物业小区共有资金（包含物业服务费、停车费、场地费、利用小区公共区域的广告收入等）管理平台，使广大业主能够明晰小区共有资金的各项收入与支出，同时通过平台实现

日常维修金的自动划扣。目前物业小区共有资金系统已在条件成熟的地方选取了 10 多个小区进行试点。

构建物业管理微信投票，保障业主的决策权。2016 年 4 月 1 日起在全市推广使用物业管理微信投票系统，截至目前全市已有 300 多个小区使用了微信投票系统。借助于微信使用的广泛性和便捷性，微信投票有效降低了业主大会的运行门槛，破解了物业管理业主大会召开难的问题。同时业主可通过微信实时查看自己的投票结果和统计情况，确保了投票结果的公平公正公开。

搭建物业咨询投诉服务平台，拓展诉求表达渠道。建设物业咨询投诉服务平台，业主通过微信公众号反映诉求，物业企业、业委会和街道、市区物业主管部门迅速反应，确保合理诉求能够得到及时跟踪处理。目前系统已经开发完成，并选取了小区开展试点工作。同时，以业主投诉及处理情况为基础，建立一套物业服务企业和业主委员会的评价指标。系统还将实现业主对小区内物业服务企业、业主委员会的工作开展情况进行评价打分，打分结果将作为行业排名、列入黑名单等的重要依据。

• 市区共用、全网通办，合同与造价监管系统助力“互联网 + 政务服务”

建设市建设工程合同与造价监管系统，主要应用于建设工程合同备案与设计变更备案。同时，作为专业数据收集的重要来源，系统在备案的基础上对采集的数据进行分析与运用。建设工程合同备案与设计变更备案一窗口办理、一日内受理，受理和办结两次自动短信提示；依托统一的业务系统，由点及面、从上至下，推进两项备案业务在区一级实现全过程网上办理。

减负提效，去行政审批，推进建设服务型政府职能。零纸质资料减少企业负担、零现场办理节约企业成本、零接触人员降低廉政风险；优化了备案业务流程，突出建设工程备案业务的告知、登记性质，不再进行审核，从自身入手，积极推动政府职能转变。

一源多用，市区共用，智能化信息提取方便比对，全过程留痕、信息可追溯。打破管辖范围限制，与市、区相关业务系统互联互通，深度挖掘合同、造价信息价值，为计价标准编制提供数据源；为招标投标、施工现场的大数据监管提供合同造价数据源。

• 微信认租、认购和交租

深圳市住房建设局微信公众号新增“微信支付公共租赁住房租金”等服务，市民可以通过微信进行安居型商品房看房预约、安居型商品房认购、公共租赁住房认租和交租等。这些举措进一步方便了广大公共租赁住房租户缴纳租金，同时提升了服务质量和办事效率，向着“群众少跑腿”的目标又迈进了一步。

• 施工许可全流程网上办理

深圳市住房建设局深入开展内部审批流程优化，在施工许可审批方面自我革命，开展大刀阔斧的改革创新，施工许可由原来的现场办理变为全流程网上办理，申请人在网上填报工程基本信息并上传部分申报材料。业务准予许可后，申请人可在网上直接下载并打印施工许可证，无须前来现场即可办理施工许可手续。

审批方式上的突破。进一步减少了审批环节，办事群众避免了多次往返，极大地方便了企业办理业务。

审批材料上的突破。通过信息化手段，实现与市规土委、公安消防局、城建档案馆的外部信息共享，以及与内部各业务处室的信息共享，从而破解审批瓶颈，由原来的 41 项材料精简到 16 项，减少了 60%，精简幅度位居全国前列，有效减轻申请人负担。

审批流程上的突破。转变行政审批的理念，凸显服务型政府的职能，将前置审查改为后续监管，业务办理完成后，系统将主动把办结业务的相关信息推送至质监、安监等部门，原来申报时需要提供的质量安全技术材料，后置到开工时，由监管部门现场核查，从而进一步减少审批时限，由原来的10个工作日减至5个工作日。

• 创新驱动、科技引领，打造新时代“互联网＋交易服务”平台

市建设工程交易服务中心紧紧围绕“服务质量提升年”主题，开拓思维，创新尝试，探索“互联网+”招投标服务模式，在建设工程交易服务领域先创性地开展BIM和大数据应用，打造智能化专业服务平台。

完成全国首个应用BIM技术的电子招标投标系统建设。建设完成施工BIM辅助评标系统（包括模型评审、进度计划评审、场地布置评审、施工工艺评审、资金资源计划评审、报价清单评审、直接费评审七大功能）和设计BIM辅助评标系统（包括模型展示、亮点展示、GIS环境展示、投标方案对比、同类工程历史方案、投标人历史方案六大功能），打造基于“BIM+大数据+GIS”的专业招标投标模式，实现招标投标向智能化、可视化跨越式变革。

将BIM技术引入招标投标过程，在现有电子招投标系统基础上，通过三维建筑模型与工程建设过程管理的成本、进度等信息相结合，使建设单位、设计单位、施工单位、项目评标专家等多方主体能在同一平台上，以全新的N维视角，共享同一建筑信息模型；辅助评标专家提高评标质量和效率，增强项目招标投标的科学性和客观性；辅助建设单位、施工单位实现项目全过程可视化、精细化、智能化建造和管理，提高项目总体经济效益；辅助行业主管部门便捷和精细化的监管，促进建筑行业更快普及和发展BIM技术，推动工程项目在设计、

施工、竣工、运维各阶段的有机衔接，进而提高整个建筑行业管理水平。

完成“深圳市建设工程招投标大数据应用系统”建设，实现招投标领域的专业大数据分析应用。利用大数据技术和 GIS 技术，对积累的大量电子招投标数据及其他关联数据进行充分挖掘，逐步横向引入其他政府部门数据与社会外部数据，研究针对性算法模型，建立大数据应用平台，创新性地落实七个方面（招投标价格数据分析、政策执行效果分析、招标企业倾向性分析、建设行业集中度分析、施工企业竞争力分析、工程建设分布情况分析、中标企业竞争态势分析）的大数据应用服务。其中招投标价格数据分析应用属全国首创，相应的关键技术国内领先。

大数据应用系统的研究和建设，实现了为行业的管理和发展提供决策支持，为工程交易各方主体提供专业创新服务，为交易平台规范化建设提供精准数据支撑。

（4）实施效果

智慧租房引领租赁安居新模式，搭建以政府监管为核心，多企业交易服务平台共同融合的集交易、服务和监管于一体的全市统一住房租赁服务监管平台，实现互联共享、安全监管，提供“一站式”的租赁信息服务。

智慧应用让公积金服务触手可及，结合最新科技拓展服务渠道，在全国同行业内首次启用人脸识别技术，刷脸认证公积金账户，实现账户“免密”登录，快速查询缴存、提取、贷款信息。深圳共有 280 多万市民使用支付宝“刷脸”功能并绑定公积金账号，2017 年业务总量超过 200 万笔，先进服务模式在全国快速“被复制”。

交易中心“基于 BIM 的电子招标投标系统建设与应用”和“基于

大数据技术的建设工程招标投标数据研究与应用”两个项目，于2017年底分别通过了“住房和城乡建设部2017年科学技术计划项目”的“科技示范工程”和“信息化技术”的项目验收。同时，交易中心作为广东省为数不多的一年承担两个科技项目的单位，以BIM和大数据技术应用于建设工程交易服务领域的先进性及推广性，被省住建厅选中为典型案例，入选“广东省住建厅2017年科技建设成果”宣传展。

5. 织网工程

（1）概述

2012年7月，《深圳市社会建设“织网工程”综合信息系统建设工作方案》发布，就全市范围如何推进“织网工程”进行顶层设计。同年8月，龙岗区南湾街道被选定为“织网工程”改革试点街道。

2013年4月，深圳市委市政府在坪山开展“织网工程”综合试点，为在全市范围内推进工程探路。坪山整合基层队伍，把全区划分为450个网格，建立起一支统一的网格信息员采集队伍。同时，将涉及基层管理的各类事项梳理、整合，细化为35大项381小项，将基层和群众迫切需要的服务事项细化为8大项43小项，及时采集事件信息，并建立起采集事件信息的五级自动分类分拨办理机制，极大提升工作的规范化、精细化。“织网工程”的坪山经验得到全市推广、影响全国。

2013年11月5日，深圳印发《关于全面推进社会建设“织网工程”的实施方案》，提出到2014年末完成建设并试运行，促成信息资源跨区域、跨层级、跨部门联通共享；2015年，市、区、街道、社区四级“织网工程”综合信息系统正式运行。

（2）建设目标

“织网工程”是充分运用网格理念和现代信息技术，以责任制为依托，合理划分网格管理单元，将城市管理、社会管理、社会服务等内容进行整合，以城市管理中的事件、部件及社会各类人的管理为重点，综合考虑“地、物、事、组织”等因素，搭建网格化管理系统平台，并以此为基础开展公共服务与便民服务等一系列社会服务。

深圳创造性地提出“织网工程”，建立“一库一队伍、两网两系统”的基本架构，建成覆盖市、区、街道、社区四级的综合信息平台，让信息资源能跨区域、跨层级、跨部门互通共享。

（3）建设内容

建立全市统一的公共信息资源库，打破信息孤岛和信息壁垒。深圳全市范围内只设一个信息资源库，通过市政务信息共享交换平台联通和汇集相关信息资源，实现“市—区—办事处—社区”四级纵向联通。市公安局、市民政局、市教育局等36个市直部门悉数接入公共基础资源库，其中16个部门实现数据同步更新。

组建网格信息员队伍，避免基础信息多头采集和反复扰民。在科学划分社区基础网格的基础上，按照减员增效的原则，整合基层原有出租屋、计生、城管等部门从事基础信息采集的人员，组建一支统一采集、统一管理、统一考核的网格信息员队伍，构建起“定格定责、采办分离”的网格化工作模式。按照“街巷定界、规模适度、无缝覆盖、动态调整”的原则，以平均1000套（间）房屋为标准，全市划分为15000个基础网格，相应配备15000名网格信息采集员，专门解决基层服务管理工作中信息空白、过滤、失真等问题，实现信息及时更新共享。

建设社会管理工作网。开展矛盾纠纷和问题隐患的分流、处置、督办、反馈和考核，初步实现各类事件网上处置。搭建社会治理协同工作平台，避免事件信息重复分拨和多头处理。将各类社会事件进行统一编码，建立统一的分级分类标准，并明确事件处理主体，使各类事件信息能够及时准确地分派到具体部门并得到快速处理。

建设社区家园网将政府服务延伸到各社区。社区家园网集行政性服务、公益性服务和市场化服务于一体，同时也成为社区居民民主选举、民主决策和民意调查的载体，及时化解各类矛盾纠纷和问题隐患。

建设全市统一的社区综合信息采集系统，实现基层信息统一采集。网格信息员通过移动智能采集终端使用全市统一的采集系统，按照“1+N”采集原则，“1”即网格信息采集员实地采集，“N”即多种信息来源，按照“多表合一、统一平台、动态采集、关联对比、统一分发”的要求，将采集来的基础信息进行核实比对，初步实现实有人口、法人、房屋（城市部件）、事件的动态采集。

搭建决策分析应用支撑系统，发挥大数据作用。基于“织网工程”大数据库，建成全市统一的决策分析应用支撑系统，为政府制定公共政策和开展便民服务提供支撑。

（4）实施效果

深圳“织网工程”在破除“信息孤岛”、创新社会管理、改善公共服务、重塑政府流程等方面的顶层设计和试点，受到国内各级政府部门的广泛关注。

2013 年 11 月 13 日，国家发改委、工信部、审计署等七部委在深圳市召开“全国政务信息共享工作研讨会暨信息惠民国家示范城市现场会”，对“织网工程”给予充分肯定。同年，国家发改委等五部委还联合为深圳市颁发“政务信息共享国家示范市”奖牌，以“织网工程”为代表的社会治理创新举措，让深圳成为全国首个“政务信息共享国家示范城市”，荣获“信息惠民示范市”称号。

目前，“织网工程”公共信息资源库已联通全市10个区（新区）和23家市直部门，导入公安、教育、卫生计生、劳动社保、民政、住建、统计等部门的业务数据达38亿条。通过自动清洗对比，已关联1000多万人口、200多万个商事主体、79万栋1000多万间（套）房的信息。

通过“织网工程”信息资源库，每位深圳人的出生日期、父母信息、籍贯、何时调入深圳、现有工作地点、住所等信息在系统中均有据可查。好比一个最基础的母数据，基于这个母数据，政府管理者和服务者可以挖掘出城市治理和社会管理的许多应用。

目前，“织网工程”大数据在社会服务管理、城市规划、经济布局、交通管理等领域的决策分析以及基本公共服务资源配置等方面的应用逐步增多。教育、卫生、民政、住建等部门基于该数据库，在积分入学、敬老优待证办理、高龄老人津贴、居住证办理、房屋租赁合同登记备案、健康进社区等方面进行了二次开发应用，并取得初步成效，真正做到了“让数据多跑路，让老百姓少跑腿”。

6. 智慧法院

（1）概述

福田法院辖区为深圳市中心城区，审判执行工作具有案件增长快、数量多、标的额大、新型疑难案件多等特点。2016年受理民商事案件37253件，占全院收案总数的56.32%，其中信用卡纠纷超过1万件。面对巨大的司法需求，受到审判资源的制约，继续沿用传统的方式和手段已经难以为继，必须探索智能审判方式，向信息化科技要效率。

（2）建设目标

福田法院积极应对信息化社会的司法需求，以搭建与互联网时代相适应的现代化司法审判体系为目标，研发“智慧法院”的各种核心技术、系统集成、大数据算法、司法人工智能，建设“全业务网络办理、全流程依法公开、全方位智能服务”的信息化平台，加快推进审判体系和审判能力现代化，全力建设公正、创新、阳光、便民的智慧型法院。

（3）建设内容

以信用卡纠纷为切入点，根据信用卡纠纷等类型化案件的办理特点，以提升司法质效为目的，福田法院推出法院信息化办案辅助平台——类案全流程在线办理平台，即“巨鲸”智平台。

• 要素式审理

通过改造传统审判流程，平台把流程分成七个模块，明确每个模块的信息收集、办理流程要素，审判围绕要素进行。如图 5–1 所示。

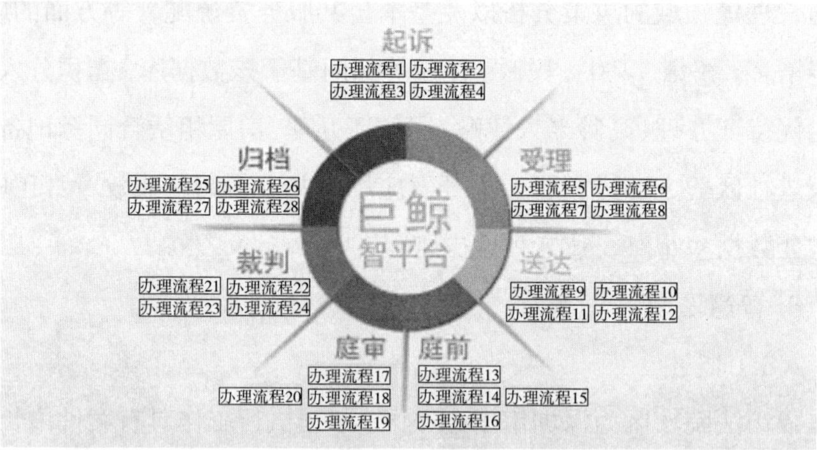

图5-1　七大模块

• 网上自助立案

当事人按照起诉要素自助录入信息，平台自动生成民事诉状并上传后台申请立案。对符合条件的，一秒立案、线上缴费。

• 电子签名盖章

采用安全可靠的电子签名技术，对法律文书进行电子签名盖章。

• 电子送达

平台以电子邮件等方式将法律文书发送给当事人，实现电子送达。

平台还与 EMS 网上对接，只需轻点鼠标，邮政 EMS 平台会自动打印文书并投递至对方手上，投递结果及时反馈，办案周期缩短一半。

• 网上开庭

平台具有远程视频调解和庭审功能，当事人可异地远程参与调解和庭审。

• 裁判文书自动生成

系统根据法官确认的要素来核定判决文书需要生成的内容，并辅以令状式裁判文书附表的形式，最终智能形成裁判文书。

• 网上执行

裁判文书生效后，当事人可通过平台申请执行。平台与执行系统对接，所有与财产相关的强制执行措施均可在网上完成。

（4）实施效果

"巨鲸"智平台是福田法院建设智慧法院开发的首个信息化平台，在全国率先实现了金融类案从立案、审判到执行全流程在线办理，使案件全流程公开透明可视化，极大地提高了法官办案效率，节省了当事人的诉讼成本，强化了司法公开，为满足辖区金融司法需求、服务金融产业发展提供了更加有力的保障。

以信用卡类案件为例，法官年均办案数可实现 1 倍以上增长，从 4000 件左右增至 10000 件以上，案件办理周期由四个月缩短为两个月。"巨鲸"智平台自 2017 年 6 月 28 日上线运行以来，截至当年 11 月底，已实现在线立案 14782 件，在线结案 9101 件。

福田法院"巨鲸"智平台创新项目入选"2017 年中国地方法治发展蓝皮书"，是广东省法院系统唯一一个入选的法治创新项目。

办理信用卡纠纷只是第一步。未来，福田区人民法院将逐步把金融类案件、其他类型化案件纳入"巨鲸"智平台办理，全面提升司法质效。

7. 智慧海洋

（1）概述

作为沿海城市，深圳的发展与海洋活动息息相关，由此带来了巨大的海洋信息需求：从气象、潮汐、地理、水文等基本信息需求，到航运信息、渔业信息，再到海洋执法信息以及海洋军事信息等。

智慧海洋的提出正是为了解决巨量海洋信息的整合问题。建设智慧海洋，也是转变海洋管控与海洋开发发展方式、提升海洋经济发展质量的客观要求。通过电子信息技术与传统海洋装备和人类海洋活动的结合，智慧海洋有效地提高了各项海洋活动的安全性和效率。

（2）建设目标

围绕提升海洋信息服务水平，制定实施“智慧海洋”规划，重点推进基础感知设施建设、海洋数据中心和管控平台建设，构建安全高效的海洋信息发布、灾害监测预警和应急指挥体系。

（3）建设内容

“智慧海洋”是智能化信息技术与海洋活动相结合，是“海洋工业化 + 海洋信息化”的深度融合，是“互联网 +”时代的海洋形态，更是日趋成熟的陆地智慧产业向海洋领域的拓展。

推进海洋感知设施建设。近年来，深圳市已陆续在近岸海域建设了一系列海洋在线自动观（监）测设施，基本构建起“天、海、岸”立体观（监）测网，包括遥感、浮标、潮位仪、地波雷达、陆源入海污染水质自动监测站、高清动态监控摄像头等。

构建海洋数据库和综合管理信息平台。建成一个海洋数据库和一个海洋综合管理信息平台，为深圳市海洋管理提供了有力支撑。

集成建设包含海洋环境、海洋灾害预报、海洋空间信息、海洋经济等多类型融合的海洋信息服务体系；同时，统筹陆海信息，为航运、气象、滨海旅游等提供服务保障。充分调动市场企业参与海洋信息化建设的积极性，最大化发挥海洋信息化建设成果的作用，创新性地采用政府与企业、高校、科研院所合作共建的模式，形成“政产学研用”五位一体的海洋信息化建设平台。

实现海洋综合管理。与国家海洋信息中心、南海预报中心、市气象局、盐田区水务局实现环境浮标数据实时传输共享；为市海洋局、市经贸信息委提供约 150 家重点涉海企业的月度数据以及季度、年度全市海洋经济生产总值核算数据，提升深圳市海洋经济管理决策能力，为促进深圳市海洋经济科学发展提供技术支撑。

推动海洋前沿科学研究。为清华大学深圳研究生院、哈尔滨工业大学深圳研究生院、珠江水利科学研究院、中国水产科学研究院南海水产研究所等多所高等院校和科研机构的海洋科研工作提供了多维的海洋信息，推动了海洋环境科学研究、海洋渔业研究、海岸带遥感研究等海洋前沿科学的发展。

实现海洋信息惠民。依托立体观（监）测网动态实时获取的海洋环境、气象、水文数据，向社会公众持续提供海洋信息服务。每年报送 400 多份泳季海水浴场环境质量预报信息，出具 500 多份海水监测报告，为市民提供 190 多天的海水浴场环境预报，为市民的滨海休闲活动提供了有用的参考信息。

（4）实施效果

面向近岸海域动态观（监）测与综合管理的软硬件智能平台入选第二届南都街坊口碑优秀奖。2017 年为市三防办提供 32 期海洋灾害预警信息，为做好深圳市海洋防灾减灾决策提供技术服务。此外，还为第 26 届世界大学生夏季运动会、F1 摩托艇大赛等重大海上赛事提供保障服务，为海洋科普宣传活动等提供重要支撑。

5.4.4 智慧产业

1. 城市综合体智慧运营

（1）概述

城市综合体是指将城市中的商业、办公、居住、酒店、展览、餐饮、会议、文娱和交通等城市生活空间进行组合，并在各部分间建立一种相互依存、相互助益的关系，从而形成一个多功能、高效率的综合体。城市综合体基本覆盖现代城市的功能，因此城市综合体就是一座“微城”。在新型智慧城市建设过程中，城市综合体是新型智慧城市建设的载体。

深业上城作为深圳CBD北区的新地标，总建筑面积120万平方米，是深圳特区三十周年20大城市更新项目之一，包括产业研发大厦、LOFT办公组团、酒店、商场、公寓等，并有两座人行廊桥连接莲花山和笔架山，属于超大型城市综合体。

深业上城高度重视城市综合体信息化建设，希望通过信息化手段提升入驻企业和市民的体验感，推动传统城市综合体产业创新升级。

（2）建设目标

遵循“智慧、绿色、创新、可持续发展”的信息化目标，按照“融合、开放、立体、高效”的建设原则，构建以运营管理平台为“一身”，以用户服务平台、消费者服务平台为“两翼”的三大信息化平台集于一身的“智慧上城”，并随着深业上城的开业运营投入使用，提升入驻企业和市民的服务质量和体验感，推动传统综合体产业创新升级。

（3）建设内容

统筹顶层设计。根据智慧上城的建设目标与原则，经过对各业务板块需求的调研分析，深业集团摈弃了“单一系统满足单一用户功能”的传统设计思路。深业置地站在智慧综合体运营的高度，重新思考运营管理模式，整合功能逻辑，进行了融合化的顶层设计，确立了包括运营管理、用户服务、消费者服务三大信息化平台（含相应 App 及微信等）在内的“一身两翼”主体框架，基础支撑、业务运营管理、业务服务三层功能层次结构。如图 5-2 所示。

图5-2　运营管理、用户服务、消费者服务三大平台组成

同时，为了消除“信息孤岛”，明确采用 SOA（面向服务架构）和 ESB（企业服务总线）技术架构承载整个智慧上城，36 个系统模块、超过 200 项功能，全部按照 SOA 架构实现，并全部通过 ESB 进行服务调用和数据交换，以保证系统的灵活性、开放性、可重构性和可持续扩展性。如图 5-3 所示。

流程固化整合。城市综合体运营日常活动的参与角色较多，有入驻企业、商户、运营者、消费者、其他服务者等，涉及的服务内容、服务类型、服务方式众多。在业务流程的充分调研分析基础上，借鉴其他行业先进实践经验，深业置地对业务流程进行了整合与固化，如提出了“统一服务台”的流程概念，将入驻企业、商户、消费者、内部员工的报事及工单下单进行了流程的统一化、标准化和融合化，形成了多部门事件协同处理的闭环工作机制和一体化响应体系，实现了全专业支撑、全用户服务、全工单驱动、全流程承载，同时形成了 PDCA 质量管理循环。如图 5-4 所示。

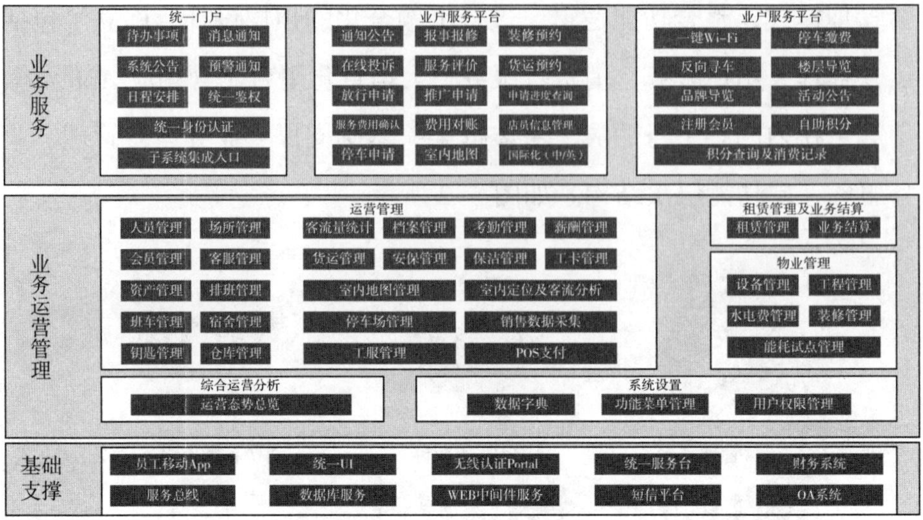

图5-3　运营管理、用户服务、消费者服务三大平台组成

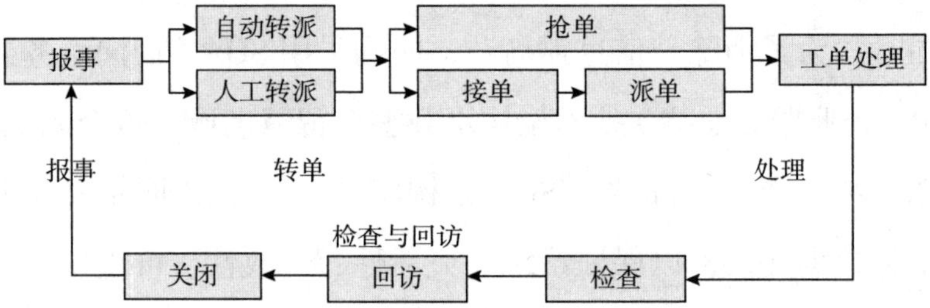

图5-4　统一服务台业务流程

同时，对运营服务中面向入驻企业、商户的装修类、货运类、放行类业务，也统一制定了与信息化运营相适应的管理模式和业务流程，并在信息化系统中固化下来。

技术创新实践。智慧运营依赖的是创新的智慧技术手段。深业上城空间巨大，管理、安保、保洁等运营操作人员繁多，为了提高运营效率、提升运营质量，智慧上城创新性地提出通过空间定位对运营操作人员的业务活动进行管理与调度。通过深业上城内布置的 1300 多个无线 AP、2200 个 iBeacon 蓝牙定位装置，可 24 小时不间断地实时对安保人员、保洁人员的工作位置、业务活动进行监测，及时提醒操作人员巡查路线，发现脱岗、漏巡等违规行为，大大提升了运营管理者对于运营态势的实时掌控能力。

除此之外，在诸如工服管理、电子化卡券、销售积分、客流分析、能耗管理等方面，也引入了当前最新技术，实现了实时处理、移动服务、精准分析，提升了运营管理效率和用户的体验感。

全面系统建设。2016 年底，智慧上城完成了总体设计。2017 年启动全面系统建设；至 2017 年底，共建成运营管理、用户服务、消费者服务三大信息化平台，含 2 个网页端系统、3 个 App、1 个微信服务号，实现了 36 个子系统、220 项功能，随着深业上城的开业，陆续投入使用。

持续优化改进。信息化运行的效果好坏，离不开持续性的优化改进。在系统投入运行后，根据实际运行的效果，以及业务流程的优化调整，持续性地对系统进行了升级改造，保持了每个月进行一次版本升级的频率，使得信息化与业务活动贴合得更加紧密，整体运转得更加顺畅，用户黏度也大大提高。

（4）实施效果

随着深业上城的开业，智慧上城全面投入使用。短时间内，系统访问量即达到数十万。每天，数以万计的消费者、数以百计的入驻企业和商户，以及内部员工，都通过智慧上城接受服务、办理业务。

通过智慧上城，众多的消费者享受定位导航、寻车缴费、免费 Wi-Fi、商铺信息、优惠活动、会员专享、自助积分、电子优惠券的领用与使用等服务。

通过智慧上城，商户的报事报修、优惠卡券核销、装修申请、货运预约、放行申请、店员管理、出入管理、服务费用对账等业务，均可线上办理，大大提高了业务办理效率。

通过智慧上城，每天繁杂的日常运营管理工作，被有条不紊地分配给每一个运营管理和操作人员。数以百计的员工，使用智慧上城进行工单、档案、人员、资产、排班、考勤、宿舍、工服、停车场、安保、装修、货运、保洁、出入、客流、会员、销售、租赁、结算、工程、仓库、卡券等管理活动，工作更有序，管理更精细，效果更明显。

2. 智慧金融监控系统

（1）概述

深圳前海作为我国金融业对外开放的试验示范窗口，凭借区位优势和政策优势促进了金融业的快速发展。截至 2017 年 11 月，在前海注册的金融企业近 6 万家。金融对外开放和金融创新促使新金融、类金融企业在前海快速增长，给前海金融风险防控提出了新要求，带来了新挑战。

为提高防范化解金融风险能力，守住不发生系统性金融风险的底线，早识别、早预警、早发现、早处置，2017 年 12 月 25 日，深圳前海管理局与国家计算机网络应急技术处理协调中心和深圳市通信管理局签署了《网络与金融安全战略合作框架协议》（简称《合作框架协议》）。

国家计算机网络应急技术处理协调中心是国家级互联网领域最权威的技术部门，是我国网络安全应急体系的核心协调机构。在《合作框架协议》下，前海将借助国家计算机网络应急技术处理协调中心的雄厚技术实力，对前海金融企业实施全方位风险监测和防控，打造金融安全示范区。

（2）建设目标

通过上线前海金融监控系统，结合深圳市地方金融监管信息系统和深圳市金融风险监测预警平台，依托国家权威机构技术力量和资源，利用互联网全程全网数据分析及云计算等高科技手段探索互联网金融风险防控的本地化“前海模式”，积累新经验、拓展新途径，形成全覆盖、全网络、全方位的金融监管布局。

（3）建设内容

前海积极与国家权威部门开展合作，通过“央地合作”方式共同打造互联网金融风险防控的示范标杆，将国家发改委目前唯一批复的国家互联网金融分析监测预警平台（简称国家互金平台）延伸到前海开展本地化应用。该平台由国家计算机网络应急技术处理协调中心（简称国家互联网应急中心）建设，为国家“一行三会”等部门提供金融风险防范支撑服务。经过积极争取，国家互联网应急中心与前海紧密合作，建设了国家互联网金融分析监测预警平台——前海监控系统，初期版本已于 2017 年 12 月 7 日上线，正式在前海开展互联网金融风险预警及防控工作。

前海监控系统将逐步建成 11 大类金融机构的动态摸底、全面监测、风险预警、统计分析、协同联动处置与风险应对等“五统一体”的全面金融风险监测平台。

一是与国家互金平台联动。前海金融监控系统作为国家互金平台的地方版，可以与国家互金平台进行充分信息交换和联动，并随着国家互金平台批复立项后的能力建设一并成长。

二是注重行为监管。根据全国金融工作会议精神，前海金融监控系统在实现机构监管的基础上，更加注重行为监管，更加关注金融机构所从事的业务活动。这有利于缓和监管职能冲突，减少监管真空及监管重叠，消除监管套利，适应混业经营趋势下防控交叉金融风险的需要。

三是支持类金融监测。前海金融监控系统进一步扩大了国家互金平台的监测范围，从互联网金融企业扩大到类金融企业。监测对象不仅包括前海地区的2000家互联网金融机构，还包括前海地区的5万余家类金融机构。如图5–5所示。

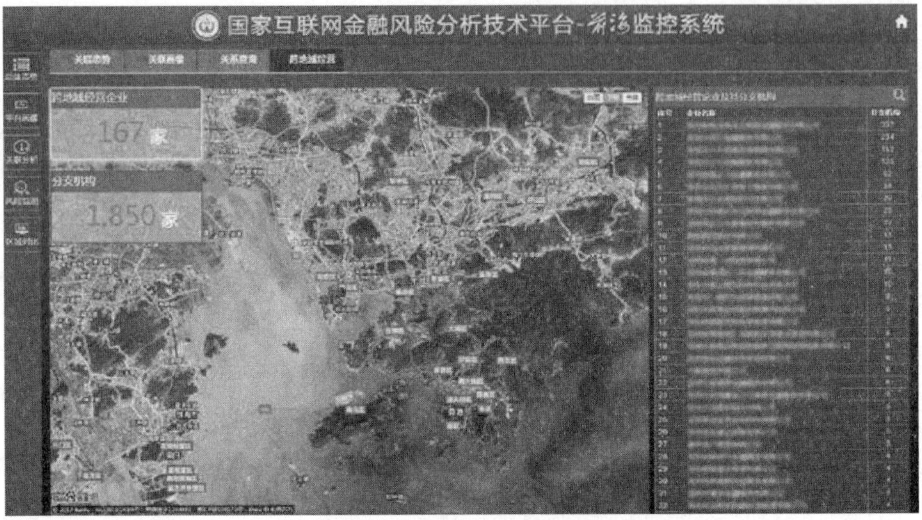

图5-5 前海金融监控系统

四是支持多业态监测。类金融方面，前海金融监控系统支持涉及地方资产管理公司、地方各类交易场所、社会众筹机构等10类业态的监测；互联网金融方面，前海金融监控系统支持P2P网络借贷、互联网资产管理、第三方支付等29种金融业态的监测。

五是支持跨地域监测。前海作为特区内的特区，许多前海企业注册时实施了“地址托管”，注册在前海的许多企业实际经营地不在前海区域。前海金融监控系统可开展对前海区内外经营企业的全部监测，有效破解跨地域经营企业的管理难题。

六是支持多区域比对。前海金融监控系统依托于国家互金平台，可以与其他省、市、自贸区的发展情况和风险情况进行比对，对前海类金融的发展态势和在全国的地位做到心中有数。

七是支持跨境监测。前海作为粤港澳湾区的核心节点，是国际交流与合作的重要区域。目前我国互联网金融行业出现了一些境内机构在境外经营的情况，以逃避国家监管，存在较大潜在风险。前海金融监控系统可识别互联网金融平台的部署位置，并已发现部分前海企业在境外运营互联网金融平台的情况。

八是支持穿透式监测。前海金融监控系统通过对前海金融企业股权关联关系的分析和对股东、企业所投资公司的监测，实现对金融企业的穿透式监测，使监测更加有效。

九是舆情实时监测。前海金融监控系统通过对互联网金融企业及平台舆情的实时收集和处理，提取负面舆情；根据舆情内容的风险大小进行分级区分，设置舆情指数，对涉嫌失联跑路、停止运营、逾期兑付等情况做到早发现早处置。

（4）实施效果

前海金融监控系统自试点以来，已发现各类违法违规机构上百家，预警高风险机构近 20 家，成效初显。

前海金融监控系统目前只是前海金融行业风险实时监控的一个开始，后期将边建边用，不断完善。未来，该平台将成为前海金融风险监控的核心技术支撑手段，成为全网、全程、全覆盖的前海金融风险预警体系的重要环节，以及前海金融监管和安全的示范项目。

3. 智慧经贸

（1）概述

深圳市经济贸易和信息化委员会是深圳市人民政府的组成部门，是承担全市农业、畜牧业、渔业、海洋经济、工业、商业、外经贸、保税区、信息化等方面职能的行政机构，内设秘书处、行政处、综合法规处等 24 个处室以及 21 个直属机构。

为提升协同治理能力、科学决策能力、产业集聚能力和公众服务能力，深圳市经济贸易和信息化委员会以《深圳市创建新型智慧城市标杆市工作方案》和《深圳市新型智慧城市建设总体方案》为指导，积极推进“智慧经贸”建设。

（2）建设目标

通过“智慧经贸”建设，推动高新技术产业化，实现业务管理一体化、智能化，实现深圳市经济贸易和信息化委员会向服务型政府职能转型。

（3）建设内容

一是推动高新技术产业化。加快大数据关键技术和核心系统研发，提升大数据产业创新能力。重点突破大规模数据采集和预处理技术、大数据存储与管理技术、大数据处理与分析技术、大数据安全保障技术等大数据关键共性技术。依托大数据相关行业协会、产业联盟和科研机构，推动企业在数据采集、存储、应用等领域开展协同创新，促进关键技术产业化应用。

健全大数据产品体系，完善大数据产业链。大力发展海量数据存储设备、数据采集产品、大数据一体机等大数据硬件产品制造，推动自主可控的大数据关键装备产业化。重点发展大型通用海量数据存储与管理软件、大数据分析挖掘软件、数据可视化软件等软件产品，健全具有自主知识产权的大数据产品体系。支持企业开发与重点行业领域业务流程及数据应用需求深度融合的大数据解决方案，形成一批大数据软件和服务重点企业，带动并培育一批特色鲜明的大数据创新型中小企业，形成大中小企业相互支撑、协同合作的大数据产业生态系统。

大力支持类人神经计算芯片、智能应用系统研究，重点攻关类人智能、人机物融合、自然交互等关键技术，实现类人视觉、类人听觉、类人语言和类人思维。加快建设文献、语音、图像、视频、地图等人工智能海量训练资源库和基础资源服务公共平台，建设支撑大规模深度学习的新型计算集群。研制相关设备、工具和平台，推动人工智能在教育、办公、医疗等关键行业形成示范应用，构建由新型芯片、基础软件、智能硬件、算法库和在线服务等构成的人工智能产业生态。

大力发展云平台、云软件、云服务等云计算产业链环节，打造高端云计算产业链，加快推动政务云、电商云、教育云等行业专有云的建设，形成完善的云计算公共服务产业体系。

大力发展物联网产业，支持物联网新技术研发、科技成果转化及产业化，加强物联网在城市管理、公共安全、环境监测等领域的示范应用。促进移动互联网产业发展，在教育、娱乐、金融等产业中形成一批领先的服务产品。推进下一代移动通信产业发展，鼓励企业开发移动智能终端芯片、网络通信芯片、移动通信芯片等关键芯片。

二是实现业务管理一体化。建立基础数据分类采集机制，将与运行调控相关的，分散在各单位、各环节的各种基础数据进行分类采集、集成共享，建立内部集成数据库，同时推动深圳市经济贸易和信息化委员会内部处室之间数据共享以及深圳市经济贸易和信息化委员会与各部门、各区数据的共建共享，建立外部共享数据库。根据业务需求，通过整合、优化、新建等方式，实现全市经贸业务、管理、运行分析系统一体化，全委一个系统、一个界面。

三是实现业务管理智能化。利用大数据、人工智能等先进技术，为产业促进、企业服务、运行调控、民生保障提供分析研判和高效便捷的智能化管理。

四是实现政府职能服务化。依据国家“简政放权、放管结合、优化服务”的要求，深圳市经济贸易和信息化委员会积极从审批型向服务型的政府职能转型。

（4）实施效果

“智慧经贸”的建设极大提升了深圳市经济贸易和信息化委员会的信息化水平和服务能力，达到的效果包括四点。

一键知全局。构建各类产业促进相关指数指标，产业、行业、区域、园区、企业等主题画像，提供全方位的顶层监测监控与总览，全面客观反映全市及各区域产业经济发展的历史和现状，为政府科学决策提供数据支撑。

一键知关联。构建产业促进与运行管理数据模型，建立相关指标、产业、行业、园区和企业之间内在关联，实现 GIS 与主题画像的联动，并提供多维度、多层次的交互式分析。

一键知要害。深度挖掘区域经济、产业发展、产业促进服务中的盲点、痛点、热点、趋势问题，实现智慧产业促进与企业服务。

一键知未来。通过大数据分析、机器学习和人工智能，对产业发展、企业发展、业务需求、运行管理等方面进行预测预判。

5.5 建设成效

按照市委、市政府打造国际一流新型智慧城市和“数字政府”的战略部署，深圳市新型智慧城市和“数字政府”建设取得了一定成效。根据国家信息中心发布的《中国信息社会发展报告 2017》，深圳市信息社会指数（ISI）达到 0.88，在全国地级以上城市中已连续 4 年位居第一，并且是国内率先和唯一进入信息社会发展中级阶段的城市。根据中国社会科学院信息化研究中心发布的《第八届（2018）中国智慧城市发展水平评估报告》，2018 年深圳市智慧城市发展水平达到 76.3，排名全国第一。清华大学国家治理研究院发布的“中国政府门户网站评估报告”中，深圳市政府门户网站得分在全国省、市、区（县）400 多个地方政府中总分排名第一。在国务院办公厅电子政务办公室委托中央党校（国家行政学院）电子政务研究中心开展的网上政务服务能力第三方评估中，深圳市网上政务服务能力排名全国重点城市首位。2018 年以来，深圳市以优化营商环境和提升民生服务水平为突破口，以体制机制创新为保障，大力推进“数字政府”建设，推行“掌上政府、指尖服务、刷脸办事”，推出了“秒批”“深圳 90”“不见面审批”“全城通办”等一系列改革措施，取得了阶段性进展。2018 年 9 月 24 日和 2019 年 2 月 16 日中央电视台《新闻联播》栏目两次报道了深圳市推进“数字政府”建设相关情况。近年来，深圳大力推进政府数据开放，“2020 中国开放数林指数”发布，深圳在全国地级（含副省级）市的数林指数排名中名次不断攀升，由 2018 年全国总排名第 20 名一跃成为 2020 年综合指数居排行榜首位。主要建设成效如下。

5.5.1　构建了高效集约的信息基础设施支撑体系

深圳市坚持集约建设、共建共享的原则，构建了包括宽带网络、党政机关网络平台、政务云平台在内的高效集约的基础设施支撑体系。

在宽带网络建设方面，深圳被授予“宽带中国”示范城市最佳实践奖，连续多年成为“最互联网城市”。截止到 2018 年上半年，家庭宽带用户光纤接入能力达到每秒 300 兆比特，光纤入户率达到 98.88%，固定宽带家庭普及率达到 99%，重要公益性公共场所免费无线宽带覆盖率达到 100%。同时，目前深圳市已基本建成覆盖全市的 NB-IoT（窄带物联网）网络，形成了智慧城市的感知信息传输网络，并在此基础上开展了智能水表、智慧燃气的自动抄表工作。

在党政机关网络平台建设方面。一是建设统一的党政机关外网和内网，其中，内网覆盖到街道办，接入400多家单位；外网覆盖到社区，接入400多家单位及500多个社区工作站，互联网出口总带宽7.5G。二是建设统一的专用IDC机房和灾备中心，市委、人大、政府、政协、纪委几套班子均不单独设立机房，除公安、市场监管、税务、国土规划等较大部门外，大部分单位均将服务器托管在全市统一的数据中心，托管单位110多家。

在政务云平台建设方面。深圳市已初步建成统一的政务云平台，为政府各部门统一提供虚拟计算、存储、数据库等服务，推动全市信息化建设由分散建设向集约化建设和云服务模式转变，提高信息化投资效益。同时，深圳市还建成了信息资源共享交换平台、统一身份认证平台、政府网站生成平台、安全管理平台等统一的应用支撑平台，为各部门信息化建设提供应用支撑服务。国家超级计算深圳中心（深圳云计算中心）建成投入使用，最快运算速度可以达到每秒1271万亿次，走在全国前列，基本可以满足全市单位、企业对于超级计算资源的需求。

5.5.2 基本形成了全市统一的信息资源体系

深圳市已建立全市统一的包括管理制度、信息资源库、信息共享平台和监督考核机制四方面的信息资源共享体系。一是印发了《深圳市政务信息资源共享管理办法》及相关配套文件，确定了“共享为原则、不共享为例外”的基本原则，提出全市政务信息共享实行“负面清单”管理制度。二是建成全市统一的公共信息资源库，包括人口、法人、房屋、空间地理、社会信用和电子证照等，以及各部门相关业务数据，数据总量174亿条（规模在各级城市中居全国前列），形成了约1823万人口、288万法人、82万楼栋、1330万间房屋的公共基础信息资源库。全市统一的空间地理信息平台包含全市十大类地下管线数据3万余公里，全市系列比例尺电子地图数据，64万栋三维模型数据，80万条地址编码数据，15大类145小类公共设施数据，12大类58种类地理国情普查数据，以及各部门1000多条专题图层空间数据。电子证照系统已经有222个部门（33个市直部门、189个区属部门）进驻，市级已发布证照目录409种，并全部开通发证服务。10个区目前已发布区级证照676个，全市电子证照开通率98.2%，累计签发证照约1926万次，有效电子证照1465万张。三是建成全市统一的政务信息资源共享平台，接入59家市直机关和全市10个区（新区），资源目录共2899类，信息指标项达81463个，每天数据交换量超过2000万条，峰值8000万条，为全市统一的政务服务提供了有力支撑。公共信用信息共享平台已归集了信用信息数据10亿多条，并与省公共信用信息共享平台联通，报送信息数据3000多万条，信息数量在全省21个地市中排名第一。

深圳市在推动大数据应用方面取得成效。一是构建统一的大数据应用服务平台，为各部门大数据应用提供数据支撑和可视化工具等服务。二是推动政府数据开放，建成统一的政府数据开放平台，并于2016年11月正式开通。截至2018年6月30日，平台累计共有注册用户9380名，数据提供单位42家（含10个区），数据目录总量1094条，数据总量7925万条，接口数量865个，接口调用次数370172次，下载数据数846项，下载数据次数57060次。同时联合中国电科等公司，举办了“中国电科杯”城市数据创新大赛，支持企业和个人基于政府开放数据的创新应用，在全国起到了很好示范效应。

三是推动各部门提升基于大数据的政府治理能力和公共服务水平，如利用公共基础信息资源库为政府各部门在教育学位配置、卫生医疗社康中心设置、人口出行分析和交通管理等方面提供科学决策支持；市地税局充分利用大数据深入开展风险分析和识别并主动推送到纳税人，有效、及时地化解风险；市市场和质量监管委利用企业信用大数据快速定位风险企业，实现高效事后监管；市人力资源和社会保障局利用大数据建立覆盖事中、事后全流程的医保审核体系，提升医保审核效率；市交警局利用大数据实现对交通违法行为的精准打击等。

5.5.3 信息惠民和公共服务创新取得积极成效

政务服务方面。政务服务已逐步实现“一网办”“自助办”“一号办”，一站式办理率达 98%，网上统一入口率达 98%。在市场监管、人力资源社会保障、公安、交通运输、住房建设等领域的 300 个事项实现“审批不见面、办事少跑腿”，简化办事流程，降低企业负担和成本。同时 2018 年率先推出政务服务“秒批”新模式，聚焦“拓”“简”“优”，推行“一库三化”，通过系统自动审批、无人工干预的机制，确保每笔业务实现“同标准审核、无差别秒批”。截至 2018 年底，深圳已有 40 余项“秒批”事项。如市人力资源和社会保障局实施普通高校应届毕业生落户“秒批”，实现申请人材料提交减少 70%，节约申请人办事成本过亿元；宝安区高龄老人津贴发放变更实现秒办秒批，辖区每年大约 2000 名老人受惠。

交通服务方面。建成深圳市道路交通运行指数系统，融合了出租车 GPS、常规公交车 GPS、地图导航 GPS、两客一危 / 货车等运营车 GPS 等多源数据，具有实时运行监测、历史数据查询和回溯分析、短时交通预测、实时拥堵街道 / 交通小区 / 热点区域 / 路段预警，以及路段运行周边分析、停车收费路段分析、公交运行评估分析等事件分析功能。交通信息通过交通信息屏、手机 App、网站、广播、电视节目“全景大交通”等渠道进行发布。截至 2019 年 3 月 12 日，深圳市共有公交车线路数合计 1970 条，市民可通过“交通在手”手机 App 实时查看 1970 条线路公交车实时行驶、实时到站信息预报。出行电子支付方面，截至 2018 年 12 月 31 日，深圳市 2018 年度公共汽车客运量（含免票客运量）为 162857.90 万人次，使用电子支付方式的客运量为 132660.51 万人次；地铁全线网客运总量 187748.10 万人次，使用电子支付方式的客运量为 155382.71 万人次。

社保服务方面。已实现 3 种社保自助服务模式，包括个人网页、微信公众号和社保自助服务终端。线上服务模式为参保人提供了全流程的自助社保服务，线下截至 2018 年底共在全市 10 个区、74 个街道部署了 1115 台社保自助服务终端，实现了服务区域全覆盖。社保异地业务联网办理方面，已实现社保关系转移、异地居住人员领取社会保险待遇资格协助认证、国家异地就医结算、养老保险待遇状态比对查询 4 项异地业务的联网办理。社保服务渠道多元化，可通过互联网、自助服务一体机、政务微博、政务微信、12345 电话等服务模式进行查询办理。

医疗服务方面。全市社康服务中心 650 家，公立医院 58 家，社会办医院 80 家，电子病历普及率为 100%。目前，全市所有公立医院之间实现了医学检验检查结果共享互认，不仅提高了诊疗效率、有效促进了信息资源共享，更减少了患者不必要的检验检查，节省了患者诊疗费用。实现了医保移动支付平台有支付宝“城市服务”的“电子社保卡”（合计 17 家定点医疗机构、1346 家定点零售药店）；微信“城市服务”的“电子社保卡”（合计 41 家定点医疗机构、430 家定点零售药店）；城市一账通（合计1家定点医疗机构、424家定点零售药店）。

教育服务方面。不断推动“互联网+教育服务”的完善升级。升级改造教育基础设施，实现学校多媒体教室普及率97.3%，学校无线网络覆盖率达到88.2%。

就业服务方面。拓展服务渠道、优化服务流程，切实为市民就业提供全方位信息保障。公共就业服务系统已覆盖全市各区、街道、社区。就业服务渠道多元化，通过互联网、微信、微博、大屏幕和一体机、“12333”电话服务等多种方式查询办理。

城市服务方面。建成“i深圳”统一政务服务App，提供虚拟一卡通服务功能，融合城市居民生活各个领域的卡证功能，目前“i深圳”已接入15个生活卡证，包括虚拟公交乘车卡、公积金、居民身份证、行驶证、驾驶证、居住证、居民户口簿、结婚证、离婚证、职业资格证书、计划生育证明、失业登记证明、敬老优待证、残疾失业人员证、残疾人证。市民通过“i深圳”开通绑定卡证，就可进行公交乘车、公积金查询提取、车辆业务、身份证明、卡证信息查询等相关操作，满足“一卡通用”的便利出行需求。“i深圳”App的虚拟一卡通功能自2018年12月底上线以来，已有8.7万人次开通使用。

5.5.4　城市精准治理取得显著成效

城市管理方面。发展智能化市政基础设施，用数字化手段对城市进行智慧管理。综合运用现代数字信息技术，构建起沟通快捷、责任到位、处置及时、运转高效的城市管理的监督和处置新机制，全面提升城市管理精细化水平，2018年城市管理事件结案率达92.82%，数字化城管覆盖率达100%。截至2018年12月，深圳市已建成阿波罗未来产业城启动区综合管廊5.15公里，空港新城启动区综合管廊

11.44 公里，2018 年新建道路同步新建综合管廊覆盖率达到 6.2%。城市多规合一水平不断提升，2018 年 12 月 1 日全面正式运行“多规合一”管理平台，实现规划预核查、征求意见等功能，可以纳入行政审批环节，为项目论证提供支撑。利用信息化手段提高园林绿化水平，截至 2018 年底，全市道路绿化精细化平台共录入市区标段数 156 个，为相关决策提供数据支撑，通过政府在线网站、城市管理和综合执法局网站和“美丽深圳”微信公众号等渠道公布绿地系统规划、城市绿线公园和相关绿化等信息。

公共安全方面。打造了全方位、多层次、立体化的信息感知“科技护城墙”。城市重点公共区域高清视频监控覆盖率 100%、视频监控摄像机完好率达 99%，城市重点公共区域视频监控联网率达 100%，一类监控探头全部接入联网平台。公共安全视频图像为社会管理提供有力支撑，2018 年，视频协破刑事案件数占刑事案件破案总数 99%，服务政府其他职能部门超过 5 个。

社会信用方面。完善社会信用统筹管理机制，设立了领导组织机构及领导体制，建立了工作考核指标体系。社会信用与各信息部门实时共享，全市 67 家社会信用体系建设成员单位，55 个市级部门向市级公共信用信息共享平台实时共享社会信用信息。

智慧环保方面。截至 2018 年底建成空气质量自动监控点位数量共 75 个，企业事业单位环境信息公开率达 100%。积极畅通投诉举报渠道，在坚持传统投诉举报渠道的基础上，着力构建集电话（12369、12345）、网络、微信于一体的诉求服务平台，及时受理群众投诉举报事项，严格环境监管执法，依法及时解决群众合理诉求，不断提升群众对环境保护工作的获得感，全年共立案受理环境投诉举报案件 97649 宗，处理率 100%。绿色节能方面，重点用能单位总数为 134 家，目前有 100 家已纳入在线监测。

5.5.5 智慧产业生态处于国内先进水平

深圳市培育了一大批实力强劲的数字经济骨干企业，21 家企业入选 2017 年中国电子信息百强，华为占据榜首，中兴通讯、比亚迪分列第 5、第 8 位，4 家企业（腾讯、迅雷、梦网科技、思贝克集团）入选 2017 年中国互联网企业 100 强，腾讯公司被评为中国最具创新能力企业。在物联网、大数据、云计算、人工智能、互联网金融等智慧城市产业领域创新能力强，涌现出一批创新型企业。如物联网领域的远望谷、优博讯，大数据领域的华傲数据，云安全领域的深信服等。

深圳市两化融合管理体系贯标试点企业数量排名全省第一，两化融合发展水平国内领先。截至 2017 年中，深圳市两化融合水平达 63.9，比全国平均水平高 24%；工业企业数字化生产设备联网率 43%；数字化研发设计工具普及率 87.2%，关键工序数控化率 53.4%。深圳市 2018 年共安排 1.45 亿元专项资金扶持两化融合项目。海能达等 3 家单位的项目入选 2017 年国家级智能制造试点示范项目，华为、腾讯、金蝶等 12 家公司入选首批广东省工业互联网产业生态供给资源池，VRII 智能制造云端可视化智能工厂解决方案等 3 个项目入选 2017 年国家级制造业与互联网融合发展试点示范项目，南山、坂田成为广东省首批“互联网 +”创建小镇。对开展“机器换人”、智能化工业互联网改造等具有应用示范效应的项目，在已享受技术改造投资补贴普惠性政策 10% 支持的基础上，叠加智能化部分给予不超过 20% 的资助，最高不超过 2000 万元。

5.5.6 智慧城市体制机制创新发展

体系机制方面，加强统筹，深圳市初步形成了全市“一盘棋”“一体化”的建设格局。建立了新型智慧城市建设的工作保障机制，成立了完善的新型智慧城市推进组织架构，包括高规格的新型智慧城市建设领导小组、领导小组办公室和专家咨询委员会，负责统一领导、协调全市新型智慧城市建设工作。先后出台了《深圳市新型智慧城市建设工作方案（2016~2020 年）》《深圳市电子政务总体框架》《深圳市政务信息资源共享管理办法》《深圳新型智慧城市顶层设计方案》《深圳新型智慧城市建设总体方案》《深圳市新型智慧城市“六个一”实施方案》《深圳市新型智慧城市建设 2018 年实施方案》《深圳市“数字政府”试点综合改革方案》，通过顶层设计不断深化，实现深圳市新型智慧城市建设的统一架构、统筹推进、资源共享和业务协同。

结　语

中国电科通过多年探索和创新实践，在新型智慧城市、数字政府理论研究和实践方面积累了丰富的经验，并联合行业领先企业共同助力深圳市在新型智慧城市建设方面取得丰硕成果，已初步形成了一批可复制、可推广的经验做法。但新型智慧城市是一项复杂的系统工程，不是一朝一夕就能够建成的，我们深入剖析当前新型智慧城市实践当中的问题，对标国内外先进城市的典型案例，通过与深圳市开展创建国际一流新型智慧城市的课题研究，经过与业内专家的广泛研讨，我们认为未来深圳新型智慧城市可从如下几个方面形成突破。

1. 将新型智慧城市建设上升到战略高度

新型智慧城市建设能够助力深圳提升城市精细化智慧化管理能力，提升城市品质和整体形象，建设国际科技产业创新中心。伴随一带一路和粤港澳大湾区规划相继被纳入国家战略层面，深圳的新型智慧城市建设成果势必将在泛珠地区、全国乃至一带一路沿线国家取得更为深远的影响力。在未来的发展进程中，要进一步树立抢占智慧城市发展战略高地的创新思维。在制定深圳城市发展规划时，将建设智慧城市提到战略高度，大力推动智慧城市治理平台的开发和创新。

2. 加强新型智慧城市建设统筹

全面统筹协调合作，实现新型智慧城市建设与数字政府建设的统筹，从条块化分割到面向对象的管理进行转变。从两方面入手解决条块化分割的局面。一是持续深化业务统筹协同和信息共享工作。对于有职能交叉的工作领域进行梳理，形成冲突 / 待解决问题清单；对各单位开展相关业务所需数据进行收集、整合，形成共享数据清单。由涉及事项的相关单位主要领导进行协调，明确各自工作界限；数据共享方面，由数据需求部门和数据提供部门主要领导进行协商，在不违反保密原则的情况下进行共享。对于相关部门之间无法协调的问题，形成待协调问题清单，提请市主要领导召开协调会进行协商，明确统筹单位及各方权责，建立工作跟踪机制，相关事项纳入各单位考核指标。二是以管理对象为单位，进行组织机构调整。以管理对象为单位，梳理各单位业务分工，形成以管理对象为中心的管理部门清单。收集业务重叠、交叉、冲突领域出现的问题，分析问题根本原因。对于业务范围严重冲突的，研究制定机构调整办法，以管理对象为主要依据进行调整。

3. 打造虚拟数字孪生城市

建立深圳市全面感知体系，为智慧城市提供了城市的感知能力，将现实世界转化到数据世界。依托"大数据湖"和可视化城市空间数字平台，全面集成感知、人流、物流、资金流、信息流和城市运行数据，实现动态监测、汇聚关联、统一呈现，在虚拟空间再造一个城市，支撑城市规划、交通、安防、应急等应用，为城市治理提供监测预警、仿真推演和辅助决策等服务。

4. 加强数据安全与个人隐私保护的法律法规与体制机制建设

在《国家安全法》等国家法律规章框架下，制定符合深圳的数据安全管理和个人隐私保护两方面的地方性法规。在数据安全管理地方性法规中对数据概念内涵、数据安全、数据安全管理中政府各部门职责分工、安全责任单位的安全保障义务、监测预警与应急处置、监督检查、法律责任等作出规范。在个人隐私保护地方性法规中明确个人隐私保护的内涵、范围，在政府数据开放法规规章中完善个人隐私保护的内容，规范政府数据开放的各个具体环节。

设立数据安全管理机构，完善数据安全管理体系建设。机构具有以下职责：制定数据安全管理制度、管理数据安全相关业务人员、指导数据安全系统建设和运维、参与数据安全规划和数据安全评审、对数据安全进行监测和治理、制定数据安全应急预案。

设立数据安全研究实验室，加强数据安全技术研究与开发。加强数据采集、数据加工、数据存储等过程的安全技术研究，鼓励数据从业人员加大隐私保护技术的技术开发，在大数据全面普及之前，建立良好的大数据安全环境。

5. 以多元化方式提高智慧城市建设市民参与度与获得感

智慧城市规划建设时需充分了解市民需求，优先解决民生热点痛点问题，为市民提供最舒心的智慧生活体验。为市民提供与深圳政府联系的统一渠道工具，方便市民通过热心发现和监督举报的形式参与智慧城市治理。如升级统一热线电话 12345，负责接受市民端所有相关领域反馈的问题，再进行内部分拨，问题的处理结果 5 日内以短信形式反馈市民；设立公众咨询委机构，邀请各街道、社区代表轮换参与公众咨询委员会日常工作，负责组织智慧城市规划、建设、实施与运营的重大环节。

参考文献

[1] 德勤.《超级智慧城市报告》（2018）

[2] 林念修，庄荣文.《新型智慧城市发展报告2017》[M].北京：中国计划出版社，2018：5

[3] 吴曼青.智慧城市顶层设计有“三大关键”[EB/OL]. http://tech.gmw.cn/2017-03/28/content_24079241.htm

[4] 中投顾问.《2017-2021年中国智慧城市深度调研及投资前景预测报告》

[5] 芮平亮.《信息系统顶层设计技术》[M].北京：电子工业出版社，2015:4

[6] 胡小明.对新型智慧城市建设顶层设计的思考[J].智慧中国，2016（7）：11-13

[7] 林念修，庄荣文.新型智慧城市发展报告2017[M].北京：中国计划出版社，2018：90

[8] PLRui, RWang, HYu. ACapability-Based Method for System of Systems Architectingin the Net-CentricEnvironment[J]. International Journal of Computer and Communication Engineering, 2012, 1（4）: 419-422.

[9] 深圳特区报. 社会管理要素有了“身份证号码”[EB/OL].http://www.sohu.com/a/137363066_437326

[10] 光明网. 25位数字编码构成每一栋房屋唯一“身份证号码”[EB/OL]. https://baijiahao.baidu.com/s?id=1590246320779334362&wfr=spider&for=pc

[11] 李石华，李胜锋，贾骅俊.打造高效实战、智能安全的平安深圳视频全联网体系[J].中国安防.2018.5

[12] 法制网.深圳“六招”以房管人破解出租屋管理治安难题[EB/OL]. http://www.legaldaily.com.cn/zfzz/content/2016/04/19/content_6592866.htm

[13] 深圳市经贸信息委关于报送广东省“互联网+”行动计划（2015-2020年）实施情况中期评估，数据截至2018年6月

[14] 《深圳市经贸信息委关于报送广东省“互联网+”行动计划（2015-2020年）实施情况中期评估》

[15] 深圳本地宝.深圳十区行政服务大厅地址、电话汇总[EB/OL].http://sz.bendibao.com/news/2018529/804613.htm.数据截至2018年7月24日

[16] 经济日报. 深圳市公共服务综合信息系统上[EB/OL]. http://m.sohu.com/a/195740391_118392.数据截至2017年9月30日

[17] 深圳特区报. 市公共服务综合信息系统上线[EB/OL]. http://sztqb.sznews.com/PC/content/201709/30/c191509.html

[18] 深圳要闻. 深圳95%以上事项可网上办理[EB/OL]. http://www.sznews.com/mb/content/2018/08/20/content_19898535.htm

[19] 易晓珊，李媛红.深圳市智慧路边停车关键技术研究及标准化探索[J].第14届中国标准化论坛论文集.2017

[20] 深圳新闻网. 完善追溯体系打造食品安全深圳标准[EB/OL]. http://news.sznews.com/content/201707/20/content_16774645.htm

附录

深圳市历年发布的新型智慧城市标准规范

标准规范类别	标准规范名称	标准号/文号	发布日期
城市基础与设施类	深圳市统一空间基础网格	SZDB/Z 4—2006	2007/3/22
	建筑物基本指标、功能分类及编码	SZDB/Z 26—2010	2010/4/28
	社会管理要素统一地址规范	SZDB/Z 281—2017	2017/12/15
信息技术与支撑类	社会公共场所人员信息采集系统技术规范	SZDB/Z 237—2017	2017/4/1
	安全防范视频监控联网系统信息传输、交换、控制应用规范	SZDB/Z 120—2014	2014/12/12
	交通运输行业视频监控联网系统通用技术要求	SZDB/Z 158—2015	2015/12/8
	公共基础信息数据元规范	SZDB/Z 159—2015	2015/12/9
	深圳市公共信息资源库管理暂行办法	深经贸信息政资字〔2015〕17号	2015/6/4
	深圳市空间地理基础信息资源管理暂行办法	深经贸信息政资字〔2015〕17号	2015/6/4
	深圳市电子政务公共资源管理暂行办法	深经贸信息政资字〔2015〕17号	2015/10/22
	深圳市政务信息资源共享管理办法的通知	深府〔2015〕99号	2015/6/4
	深圳市电子政务公共应用（平台）管理暂行办法	深经贸信息政资字〔2015〕17号	2015/6/4

续表

标准规范类别	标准规范名称	标准号/文号	发布日期
信息技术与支撑类	深圳市政务信息资源共享平台管理暂行办法	深经贸信息政资字〔2015〕17号	2015/6/4
	深圳市政务数据中心管理暂行办法	深经贸信息政资字〔2015〕17号	2015/6/4
	深圳市政务容灾备份中心管理暂行办法	深经贸信息政资字〔2015〕17号	2015/6/4
安全与保障类	深圳市统一实名用户认证系统实名认证接口规范	深经贸信息信安字〔2017〕238号	2017/8/11
	广东省网上办事大厅深圳分厅统一身份认证管理暂行办法	深府办规〔2017〕10号	2017/7/18
	深圳市网上办事大厅统一身份认证平台业务系统接入规范	深经贸信息信安字〔2017〕238号	2017/8/11
	深圳市网上办事大厅统一身份认证平台第三方信任源接入规范	深经贸信息信安字〔2017〕238号	2017/8/11
	深圳市网络与信息安全突发事件应急预案	深经贸信息信安字〔2015〕45号	2015/3/16
	云终端安全技术要求	SZDB/Z 110—2014	2014/7/25
建设与运维类	信息系统工程建设技术规范总则	SZDB/Z 5.1—2007	2007/6/1
	信息系统工程建设技术规范电机房系统工程	SZDB/Z 5.2—2007	2007/6/1
	信息系统工程建设技术规范第3部分	SZDB/Z 5.3—2008	2008/12/1
	信息系统工程建设技术规范第4部分	SZDB/Z 5.4—2008	2008/12/1
	信息系统运行维护技术服务规范	SZDB/Z 32—2010	2010/12/16
	深圳市电子政务项目建设管理暂行办法	深府〔2006〕142号	2006/8/4
	深圳市电子政务项目检测验收规范	深府办〔2008〕122号	2008/11/26
	深圳市电子政务项目运行维护经费指导意见	深信领〔2007〕8号	2007/11/1
	深圳市电子政务项目审核规范	—	2013/10/1
应用与服务类	城市可持续发展城市服务和生活品质评价指标体系	SZDB/Z 270—2017	2017/9/30

续表

标准规范类别	标准规范名称	标准号/文号	发布日期
应用与服务类	政府网站建设和管理规范	SZDB/Z 50—2011	2011/12/12
	政务服务体系构建（管理）规范	SZDB/Z 176—2016	2016/2/25
	深圳市“互联网+政务服务”暨一门式一网式政府服务模式运行规则（试行）	深府办函〔2017〕85号	2017/8/9
	中共深圳市委深圳市人民政府关于加强电子政务工作的意见	深发〔2006〕16号	2006/8/4
	电子政务应用服务规范总则	SZDB/Z 17.1—2008	2008/11/18
	电子政务应用服务运行管理框架规范	SZDB/Z 17.5—2008	2008/11/18
	深圳市政务电子证照管理暂行办法	深府办函〔2018〕77号	2018/4/19
	电子政务组织身份模型数据规范	SZDB/Z 17.4—2008	2008/11/18
	政府信息公开电子监察数据交换格式规范	SZJG 35—2011	2011/2/11
	政务信息资源共享电子监察数据交换格式规范	SZJG 36—2011	2011/2/11
	政府采购电子监察数据交换格式规范	SZDB/Z 106—2014	2014/6/19
	行政服务大厅建设规范	SZDB/Z 177—2016	2016/2/25
	行政服务大厅工作规范	SZDB/Z 178—2016	2016/2/29
	网上办事大厅建设规范	SZDB/Z 179—2016	2016/3/15
	深圳市电子公共服务数字证书使用管理暂行办法	深府办〔2011〕65号	2015/6/4
	深圳市电子公共服务数字证书技术指南	深经贸信息信安字〔2017〕174号	2017/6/15
	深圳市政务数字证书管理暂行办法	深经贸信息政资字〔2015〕17号	2017/12/14
	数字化城市管理第1部分：总则	SZDB/Z 300.1—2018	2018/5/8
	数字化城市管理第2部分：信息采集规范	SZDB/Z 300.2—2018	2018/5/8
	数字化城市管理第3部分：案件立案规范	SZDB/Z 300.3—2018	2018/5/8
	数字化城市管理第4部分：案件处置和结案规范	SZDB/Z 300.4—2018	2018/5/8

续表

标准规范类别	标准规范名称	标准号/文号	发布日期
应用与服务类	智慧中药房	SZDB/Z 283—2017	2017/12/26
	旅游气象指数等级	SZDB/Z 94—2014	2014/3/31
	气象灾害预警信号发布规范	SZDB/Z 214—2016	2016/12/27
	政法机关案件电子卷宗技术规范	SZDB/Z 264—2017	2017/9/7
	出租屋视频门禁系统技术规范	SZDB/Z 143—2015	2015/7/8
	深圳市重大危险源安全评估导则	SZDB/Z 16—2008	2008/10/7
	深圳市危险化学品重点监管企业安全管理暂行办法（试行）	深安监管〔2016〕76号	2016/7/5
	危险化学品经营单位环境风险等级划分技术规范	SZDB/Z 160—2015	2015/12/14
	电力系统安全防范系统要求	SZDB/Z 198—2016	2016/8/15
	食品安全追溯信息记录要求	SZDB/Z 219—2016	2016/12/28
	食品安全追溯数据接口规范	SZDB/Z 220—2016	2016/12/28
	深圳市突发事件应急预案管理办法（修订版）	深府办函〔2016〕127号	2016/8/23
	深圳市突发事件预警信息发布若干规定	深府办函〔2016〕81号	2016/5/3
	突发事件预警信息发布管理规范	SZDB/Z 127—2015	2015/2/9
	突发事件预警信息发布系统数据交换规范	SZDB/Z 128—2015	2015/2/9
	深圳市人民政府办公厅关于进一步加强深圳市应急物资储备工作的意见	深府办〔2011〕87号	2011/11/21
	深圳市应急物资储备标准参考指引（试行）	深应急办字〔2018〕46号	2018/3/22
	跨境电子商务通关检验检疫基础术语	SZDB/Z 182—2016	2016/3/15
	跨境电子商务通关检验检疫系统架构	SZDB/Z 183—2016	2016/3/15
	跨境电子商务通关检验检疫业务流程	SZDB/Z 184—2016	2016/3/15
	跨境电子商务检验检疫数据报文格式规范	SZDB/Z 234—2017	2017/3/2

续表

标准规范类别	标准规范名称	标准号/文号	发布日期
应用与服务类	金融数据中心基础设施监控系统建设规范	SZDB/Z 101—2014	2014/4/21
	金融服务移动应用信息安全指南	SZDB/Z 204—2016	2016/11/4
	深圳通卡通用技术条件	SZDB/Z 9—2008	2008/6/19
	电动汽车充电系统技术规范	SZDB/Z 29—2010	2010/5/19
	电动汽车充电系统技术规范（修订版）	SZDB/Z 29—2011	2011/6/29
	公交智能调度系统车载调度终端	SZDB/Z 30—2010	2010/8/6
	公交智能调度系统通信协议	SZDB/Z 36—2011	2011/3/9
	综合交通枢纽智能化设施通用要求	SZDB/Z 67—2012	2012/11/1
	城市轨道交通设施设备编码规范	SZDB/Z 84—2013	2013/12/11
	电动汽车充电系统技术规范第11部分：150A三相交流充电通信协议	SZDB/Z 29.11—2015	2015/8/10
	电动汽车充电系统技术规范第10部分：150A三相交流充电接口	SZDB/Z 29.10—2015	2015/8/11
	电动汽车充电系统技术规范第2部分：充电站及充电桩设计规范	SZDB/Z 29.2—2015	2015/8/17
	电动汽车充电系统技术规范第5部分：交流充电桩	SZDB/Z 29.5—2015	2015/8/17
	电动汽车无线充电系统	SZDB/Z 150—2015	2015/8/18
	电动汽车无线充电系统第10部分：充电站	SZDB/Z 150.10—2015	2015/12/28
	路边停车设施设置指引	SZDB/Z 175—2016	2016/2/17
	城市停车诱导系统技术规范	SZDB/Z 253—2017	2017/7/12
	路边停车数据采集系统技术规范第1部分：总则	SZDB/Z 274.1—2017	2017/11/13
	路边停车数据采集系统技术规范第2部分：车位检测器	SZDB/Z 274.2—2017	2017/11/13
	路边停车数据采集系统技术规范第3部分：中继器	SZDB/Z 274.3—2017	2017/11/13

续表

标准规范类别	标准规范名称	标准号/文号	发布日期
应用与服务类	路边停车数据采集系统技术规范第4部分：网关	SZDB/Z274.4-2017	2017/11/13
	路边停车数据采集系统技术规范第5部分：手持巡检终端	SZDB/Z274.5-2017	2017/11/13
	路边停车数据采集系统技术规范第6部分：通信协议	SZDB/Z274.6-2017	2017/11/13
	停车库（场）车位引导及定位系统技术要求	SZDB/Z282-2017	2017/12/25
	停车库（场）车辆图像和号牌信息采集与传输系统技术要求	SZJG44-2017	2017/9/19